当代世界学术名著
·政治学系列·

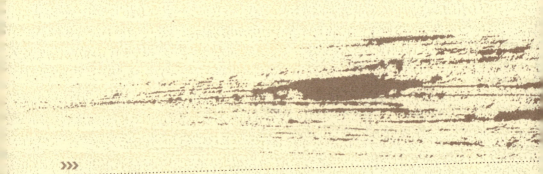

资本主义与社会民主

[美] 亚当·普热沃尔斯基 (Adam Przeworski) 著

丁韶彬 译
吴 勇 校

Capitalism and
Social Democracy

中国人民大学出版社
·北京·

时，我们也不能否认发展中的不足。与其他社会科学学科相比，特别是与邓小平提及的"法学、社会学以及世界政治的研究"相比，我国政治学的发展速度似乎更慢些，与改革开放和社会主义现代化建设的现实要求似乎还有一定的差距。中国的历史、现实和未来，都要求中国有一门成熟的政治学学科在推动中国社会全面发展中起到积极的和建设性的作用。

既然中国现代政治学是由西方传入的，那么学习、借鉴西方先进的政治学理论，并将其运用到中国问题的研究中，进而发展中国本土的政治学，是中国政治学发展的现实选择。当然，西方的理论不一定适合中国，其学术观点、理论预设等也不完全为我们所认同，但对处于相对落后的中国政治学来说，以开放的思想对待西方的理论，通过比较、鉴别、有选择地吸收，在此基础上结合中国实际进行自主创新，不失为推动中国政治学发展的一条捷径。

正是出于上述考虑，中国人民大学出版社邀请国内外政治学界的专家学者，精诚协作，组织翻译出版了这套"当代世界学术名著·政治学系列"。出版这套译丛，旨在将过去半个世纪西方政治学的经典学术著作系统地译介给中国读者，为国内政治学研究和教学提供借鉴和参考。总的来看，这套译丛具有以下几个特点：

第一，权威性。所选著作均为当今世界尤其是西方政治学界最重要、最具影响力的著作，这些著作已经得到国外学界的一致认可，并在西方主流学界被反复引用。丛书作者包括罗伯特·A·达尔、塞缪尔·P·亨廷顿、埃莉诺·奥斯特罗姆、文森特·奥斯特罗姆、安东尼·吉登斯、伊恩·夏皮罗、约瑟夫·S·奈、罗伯特·普特南……一个个政治学界耳熟能详的名字，构成了这套译丛强大的作者阵容。

第二，全面性。在过去的几十年里，国外一些政治学著作被陆续译介到中国来，但这种翻译出版不是系统性的，而是零散。本套译丛是国内系统地、大规模地翻译出版国外政治学著作的第一次尝试，它试图涵盖政治学的主要研究领域、主要研究方法，以及不同的学术流派，包括比较政治、政治学基础理论、政治学研究方法、政治思潮、政治经济学、国际关系、政党政治、政治社会学、政治心理学等领域。

第三，前沿性。本套译丛选择了西方政治学领域很有影响的学术流派，如新制度主义、后行为主义、全球治理、公共选择理论等的著作，以期促使国内政治学专业领域的学者和学生能较为及时地了解西方政治学理论研究的最新发展。

本套译丛于 2008 年由中国人民大学出版社开始策划和组织出版，并邀请美国路易威尔大学的华世平教授担任译丛总主编，他对部分原著的推荐、译者的选择以及译丛的编辑出版工作作出了重要的贡献，我们十分感激！参与本套译丛翻译工作的译者大多是本领域的学术骨干和中青年专家，都具有政治学博士学位，并有翻译西方社会科学著作的经验。中国人民大学、北京大学、清华大学、南开大学、复旦大学等多所高校政治学系的专家学者，以及社会各界人士对本套译丛的翻译工作给予了热情关注，并提出了宝贵意见。对此，我们深表谢意！

限于水平，这套译丛的编校工作还存在些许不妥和不足之处，敬请读者不吝指正为感。

中国人民大学出版社

2012 年 5 月

致　谢

本书是乔安妮·福克斯·普热沃尔斯基（Joanne Fox Przeworski）和迈克尔·布拉威（Michael Burawoy）两人共同策划的结果。大约在八年前，他们觉得已经听了我讲的足够多的内容，认为我应该把我想让他们确信的所有东西写下来。此后，幸运继续与我相伴。约翰·斯普拉格（John Sprague）和迈克尔·沃勒斯坦（Michael Wallerstein）与我合作研究问题，这些问题仅靠我自己是无法处理的。多年来，约翰·考茨基（John Kautsky）和菲利普·施米特（Philippe Schmitter）一直不同意我曾让他们阅读的几乎每一个词语。我对相同观点翻来覆去地斟酌，大部分原因在于他们。简·詹森（Jane Jenson）和厄里克·俄林·赖特（Erik Olin Wright）一次又一次逼着我寻找新观点和新资料，就是为了说服他们。我也受益于下列人士所表达的兴趣、建议和异议，他们是戴维·亚伯拉罕（David Abraham）、艾克·巴尔布斯（Ike Balbus）、皮埃尔·比恩鲍姆（Pierre Birnbaum）、费尔南多·科尔特斯（Fernando Cortés）、乔·埃尔斯特（Jon Elster）、约斯塔·埃斯平-安德森（Gösta Esping-Anderson）、J·戴维·格林斯通（J. David Greenstone）、道格拉斯·希布斯

（Douglas Hibbs）、伊丽莎白·捷琳（Elisabeth Jelin）、伊拉·卡茨内尔森（Ira Katznelson）、马克·凯瑟尔曼（Mark Kesselman）、诺伯特·莱希纳（Norbert Lechner）、玛格丽特·列维（Margaret Levi）、柯林·利斯（Colin Leys）、吉勒莫·奥唐纳（Guillermo O'Donnell）、列奥·帕尼奇（Leo Panitch）、约兰·特尔本（Göran Therborn）、厄内斯特·昂德希尔（Ernest Underhill）、耶日·维亚特尔（Jerzy Wiatr）和莫里斯·赛特林（Maurice Zeitlin），并且，我确信，我还受益于许多其他人士，他们的思想是如此彻底地融入我的著作，以至于我无法说出其来源。

如果说我敢于把自己的思想公之于众，甚至交付印刷，使之客观化，这完全是因为我有机会首先在我的芝加哥大学的学生和同事中检验它们。任何经受了这种严酷考验的人都不会再惧怕什么。

同样，我还要感谢一些机构。本书的几个章节是在国家科学基金（National Science Foundation）SOC75-17906、SOC78-04595 的资助下完成的。在不同时期，芝加哥大学给了我公休假。最后，近期的修改是在美国的德国马歇尔基金（German Marshall Fund of the United States）的资助下完成的。没有它们的支持，这本书是不可能完成的。

在本书的写作过程中，我非常荣幸地得到了诸多反馈。我希望它的出版能够被当作反复讨论中的新一轮开始。

第 1 章是一篇论文的扩展和修改版，这篇论文最初于 1980 年发表在《新左派评论》（*New Left Review*）第 122 卷上。

第 2 章是最初发表在 1977 年《政治与社会》（*Politics and Society*）第 7 卷第 343～401 页上的一篇论文的修改版。附录部分，是以发表在 1982 年《政治与社会》第 11 卷第 289～313 页上的一篇题为"约翰·罗默的伦理唯物主义"的论文为基础的。

第 3 章是和约翰·斯普拉格共同为本书原创撰写的。

第 4 章是一篇论文的修改版，这篇论文最初于 1980 年发表在《政治权力与社会理论》（*Political Power and Social Theory*）第 1

卷的第 22～66 页。

第 5 章的部分内容以"物质利益、阶级妥协和向社会主义过渡"为题，载于《政治与社会》1980 年第 10 卷第 125～153 页。其他部分是与迈克尔·沃勒斯坦共同撰写的，以"民主资本主义社会中阶级冲突的结构"为题，最初发表在《美国政治科学评论》（*American Political Science Review*）1982 年第 76 卷第 215～238 页。

第 6 章是与迈克尔·沃勒斯坦合著的一篇论文，原载于 1982 年《民主》第 2 卷第 52～68 页。

第 7 章原载于《政治与社会》1982 年第 11 期第 289～313 页。

目 录

引　言

　　这是为了不重复过去的错误：突然间复苏的对于社会民主的同情态度，是对于从社会主义运动史中汲取教训的一种迫切需要的回应。在经过了几十年鸵鸟式的、不敢正视现实的分析之后，一些基本事实最终得到承认。社会民主成为民主资本主义制度下工人组织的流行旗帜。改良主义政党赢得了工人的支持。或许赢得的更多：无论如何，社会民主是唯一能够展示有利于工人的改革记录的左派政治力量。

　　从社会民主经历中可以学到什么吗？正如多年来的**简单**拒绝的态度所表明的，答案绝非显而易见。人们可能拒绝选举替代品，就像各种各样的革命左派一百年来所做的那样。但是，如果少数派发动的起义遭到拒绝——不管是因为没有可行性，还是因为这并不能带来社会主义——那么，社会民主就会成为唯一可以寻找教训的历史实验室。重复历史错误的代价不能忽视：我们仍然生活在资本主义制度中。

　　但是，"错误"是什么？犯错误的实实在在的可能性，在预设了一个政治方案即某种策略选择的同时，也预设了独立于特定运动的客观条件。如果一个政党的策略的决定因素是独一无二的，那么"错误"的概念就没有意义：这个政党所能追求的，都是不可避免地会发生的。卡尔·考茨基（Karl Kautsky）在 1891 年对德国社会民主党爱尔福特纲领的评论中写道："我们认为现行社会制度的瓦解是不可避免的，因为我们知道，经济发展不可避免地产生使受压迫阶级反抗私有制的条件。"（1971：90）社会主义被视为经济发展的不可避免的结果，而且政党本身也必然是因果链条中一个被决定的环节。普列汉诺夫（Plekhanov）为这一观点提供了最明确的阐述："社会民主党从必然性的立场看待历史发展，它自身的活动也是那些必要条件中的一个必要环节，那些条件结合起来，使得社会主义的胜利不可避免。"（1965：vol. XI, 77）在这种历史模式中，经济因素被认为同时决定了革命的条件和这些条件下人民的行动。政党的活动因而是被预先决定了的。这就没有了错误的存身之处。在一个必然性的世界，错误问题甚至难以被提出来。

可能不那么明显的是，错误这个概念，也是在一种关于历史可能性的彻底唯意志论的理解背景中被毫无意义地提出来的。社会民主的批评者常常采用一种唯意志论的立场。对他们而言，苏维埃革命摧毁了历史的宿命论模型。既然一场革命在经济条件并不"成熟"的地方发生了，那么，它就有可能在任何情况下发生。因此，卢卡奇（Lukacs）在 1924 年的著作中断言，"历史唯物主义理论预设了无产阶级革命的普遍现实"，客观条件"不是仅仅已经'成熟'，甚至已开始变得有些腐烂"（1971：11-12）。托洛茨基（Trotsky）在 1938 年指出："现在，一切都依赖于无产阶级，即主要依赖于它的革命先锋队。人类的历史危机简化为（reduced to）革命领导的危机。"（Claudin, 1975：79）霍克海默（Horkheimer）1940 年沮丧地说："现在对不充分条件的谈论，是在掩盖对于压迫的容忍。对于革命者而言，条件总是成熟的。"（1973：11）但是，如果一切总是可能的，那么，仅仅动机就可以解释历史的进程。因为错误是方案和条件之间的关系；当且仅当在现存条件下推动一个既定方案实现的过程中，一些策略无效而同样条件下其他策略却有效时，错误才可能发生。如果一切皆有可能，那么策略选择就只是一种意愿而已；目标的选择本身也同样如此。因此，传记因素（biographical factors）成为理解社会民主的关键。麦克唐纳（MacDonald）饮国王的茶上了瘾，成为他背叛的理由；对于活动的理解简化为对于欺骗、丑闻和背叛的揭露。在一个不受客观约束的世界，"背叛"成为理解社会民主策略的合适的方式。但是，在现实世界中，对于背叛的指控并不那么具有启发意义。

尽管偶然事件可能是历史的原动力，但是，有那么多工人的政治领导人可能是碰巧成为"背叛者"，还是有些让人难以置信。即便如此，克劳汀（Claudin）仍正确地观察到："这种解释引出另一个问题：为什么工人们追随这些'背叛者'领导人？"（1975：56）我们必须承认这个事实，正如阿拉托（Arato）所指出的：

> 一种根本不能够穷尽并且部分篡改了卡尔·马克思理论设计的理论版本，试图表达产业工人阶级——所有的政治性马克思主义都不可避免地被划入这一社会阶层——的直接利益……阐述当下的客观可能性与被解放的未来之联系的实践哲学，几乎总是不与政治相关。（1973：2）

无论是"意识形态统治"还是压迫，都不足以说明资本主义条件下工人的组织和行为方式。工人阶级不可能永远受骗上当，也不是被动的牺牲品。实际上，工人组织了工会，并且在多数国家组建了政党。这些组织有其自身的政治方案，它们选择并从事各种策略，直到成功或失败。尽管工人阶级自身是资本主义关系所锻造的，但却是变革资本主义的一支积极力量。除非我们在工人自身的利益和行动中寻求解释，否则我们永远无法理解资本主义的适应力。

如果我们要从历史经验中吸取教训，我们就不能假定政治运动的实践完全是由任意客观条件所决定的，也不能假定政治运动独立于它们试图变革的条件，可以任意而为。这些条件在每时每刻都构成了选择的结构：行为者在这个结构中盘算目标，察觉替代性选择，并对它们进行评估，选择行动进程，并且循此创造新的条件。

任何寻求变革历史条件的运动都是在这些真实的条件中进行的。以社会主义为目标的运动在资本主义社会中发展起来，并且面临来自这个特定社会组织的明确选择。这些选择具有三重性：（1）是在资本主义社会的现存制度内，还是在现存制度外去寻求促进社会主义；（2）是排他性地在工人阶级内部寻求向社会主义转变的原动力，还是依赖多阶级甚至是非阶级的支持；（3）是寻求改良、部分改善，还是竭尽全力去彻底地废除资本主义。

这些选择构成了本书的主题。尽管参与的问题只是当作故事的开场白简单地加以讨论，但是社会主义运动和工人阶级之间的关系问题，以及向社会主义转变的策略问题，都将被系统阐述和实证地分析，并被应用于分析具体的历史事件。本书尽管是一部写作时间跨越六年的文集，但其中心集中于分析两个重要的主题：（1）在选举竞争过程中，社会主义政党被迫削弱工人组织的阶级性；（2）在资本主义条件下，工人和资本家之间在经济议题上的妥协是可能的，有时甚至优先于更为激进的策略。这两个假设解释了为什么在许多民主资本主义国家，工人过去是，并且继续是通过多阶级取向的、经济上奉行改良主义的选举性政党组织起来的，无论它们贴上什么标签，这些政党都是"社会民主"政党。同时，这些假设也意味着改良并不是不可逆转和不断累积的，因而为批判社会民主提供了基础。

本书第 1 章"作为历史现象的社会民主"，为全部分析提供了总的理论和历史框架。接下来的两章分析了政党在把工人组织为一个阶级的过程中所起的作用。第 2 章"无产者成为阶级：阶级形成的过程"，评述了马克思主义者关于阶级形成过程的历史文献。其核心观点是，阶级性的政治组织应当被视为由于不断冲突带来的偶然的（contingent）历史产物，在此过程中，阶级得以组织、分裂和重组。这一理论路径在第 3 章中也被用来分析选举性社会主义政党的策略，以及自 19 世纪末 20 世纪初以来，这些策略对于七个欧洲国家个体工人的投票行为的影响。分析表明，社会主义政党在追求选票和把工人组织成为一个阶级之间面临着选择；对于社会主义变革（transformations）而言，压倒性的任务不是为了选举的可能结果而不顾政党采取的策略。

其后三章专注于讨论民主资本主义条件下工人面临的经济策略选择问题。第4章"同意的物质基础"，提出了民主资本主义的经济结构和政治制度的诸要素，它们构成了工人的有效选择的条件。这一章提出了分析策略问题的总的理论框架。第5章要论证的观点是，在有些情况下，对于追求物质福利最大化的工人而言，向资本主义产权形式持续存在作出妥协是有利的。尽管社会主义在满足物质需求方面更具有优越性，但是投资收缩（disinvestment）的威胁可能阻止了工人对于过渡（transition）策略的支持。第6章强调，生产工具的私人所有制和政治民主的结合是一种妥协的结果，该章还强调了当前右翼的攻击带给民主的威胁。

最后一章回顾了构成全书基础的理论原理。在与约翰·罗默（John Roemer）提出的剥削和阶级理论的争论中，这一章对未决的理论问题进行了陈述。最后，本书的附录回到关于社会主义的前景和社会民主的变革能力的问题上来。

本书来自一个折磨人的念头，这个念头就是，被放弃的各种可能性正隐藏在我们日常经历的幕后的某个地方。要研究这些可能性，必须重构在资本主义社会内的社会主义运动所面临的选择逻辑；它必须重建作出每一个选择时所被开启和封闭的历史可能性，并且找到过去的哪些决定限制了我们现在的选项。

这些任务要求一种特殊的方法论。在这里，社会关系被视为作为历史行为者的个人和集体在每个历史时刻作出可行选择的结构，并且反过来，也是早些时候某些政治力量所采取的策略的结果。因此，行为（behavior）被当作策略行动（action），它以目标为导向，以权衡盘算为基础，是对可觉察的各种备选方案作出的回应，来源于决策。有些备选方案相当清楚，至少在回顾时是这样——以至于它们能够借助于数学模型加以分析。选举策略和经济策略都是如此。有些其他选择虽然非常易于理解，但是，无论对于涉及其中的行为者还是观察者而言，却难以计量，因为备选行为过程的结果具有高度不可预测性。但是，还必然存在一些我们没有意识到的可供选择的方案。特别是在今天，左翼似乎不仅丢掉了其作为解放力量的承诺，甚至失去了其作为下一次选举的候选对象的独创性。要说没有其他可能性，这仍然是让人难以相信的。正是为了揭示这些被放弃的可能性，我们才有必要回溯历史。

第1章　作为历史现象的社会民主

决定参与

关键的选择是是否参与。早些时候的事件确立了政治领域中的民主原则。然而，如果政治权利伴随着在社会领域中盛行的强迫和不平等，那么，它就只是形式上的东西。社会主义在 1850 年左右出现时还只是一场运动，这场运动将要通过夺取"社会权力"完成由资产阶级开启的那场革命，就像资产阶级赢得政治权力那样。从此以后，社会运动反复出现的主题，一直是民主原则从政治领域向社会领域——实际上主要是向经济领域——的"扩展"问题。

然而，正是由于民主原则已经在政治制度中存在，如何实现社会主义，看起来就需要加以选择。早期提倡公有社会的社会主义者的方案，是要在社会之中建立一个社会，这是工场和制造业中联系密切的生产者组成的共同体，在其中他们像消费者那样彼此协作，并管理自己的事务。这个生产者联合组成的社会，目标是要确立对于资产阶级世界的完全独立；它只是要越过新兴的资本主义秩序，并且在很大程度上要越过工业秩序。然而，一旦新兴资产阶级社会建立了其政治制度——首先是官僚机构和常备军，然后是民选议会，这种漠然独立的姿态可能就难以为继了。人们可能像蒲鲁东（Proudhon）那样，不再主张社会改革不可能来自政治变革。即便政治行动的确无法带来社会改革，但是新的政治制度一旦建立，就会或者被视为一个敌人，或者被当作一个潜在的工具。这就要在"直接的"行动和"政治的"行动之间做出选择：工人世界和资本世界之间的直接对抗，或者是通过政治制度进行斗争。在社会之中建立一个社会做得并不够，还有必要赢得政治权力。正如 1864 年马克思在向第一国际所做的就职演讲中所言："为了能够解放工人阶级，必须在国家层次上发展合作制，这意味着必须处置国家财产……在这些条件下，工人阶级的重要职责是赢得政治权力。"（1974：80）因此，马克思主张工人阶级必须组织成一个政党，这个政党必须赢得通往建立社会主义社会之路的权力。但是，令人头痛的问题是，这样的政党是否应当利用现存的制度去寻求政治权力。政治民主，尤其是普选权，是工人阶级可以利用的现成武器。在工人"从政治解放到社会解放"的前进道路上，这个武器是应当抛弃还是应当加以利用？

　　无政府主义者对这一问题的回答是断然否定的。他们所担心的和所主张的，不仅是政治行动是不必要的和无效的，而且认为，与资产阶级制度的任何牵连，无论是何种目的、何种形式，都将破坏真正的社会主义运动。1870 年，在（瑞士）秀德坊（Chaud-de-Fonds）召开的无政府主义者大会（Anarchist Congress）上提出警告："工人对于资产阶级政府政治的所有参与，除了巩固既有国家事务状态并进而使无产阶级的社会主义革命瘫痪以外，不会有其他任何结果。"（Droz，1966：33）对改善资本主义社会中工人状况的一次真正的考虑，即 1889 年第二国际成立大会上对国际劳工保护法典的讨论，致使无政府主义者立即惊呼：谁接受改良，谁就不是真正的社会主义者（Joll，1966：45）。1888 年，瑞典社会民主党的创始人之一亚历克斯·丹尼尔森（Alex Danielsson）主张，选举参与将改变社会主义，"从一个关于社会和世界的新理论变成一个纯粹的议会政党的无意义的纲领，到那时，工人骨干的热情将会消失殆尽，社会革命的理想也将退化为对于以所有工人利益为代价的'改良'的追求"（Tingsten，1973：352）。埃利科·马拉特斯塔（Errico Malatesta）在回顾过去时指出："无政府主义者总是保持自身的纯洁，仍然是出类拔萃的革命性党派，也是有希望的党派，因为他们能够抵制选举赞歌的诱惑。"（Guerin，1970：19）

　　成为社会主义者的那些人，在工人拥有政治权利的社会决定利用这些权利，在工人可以赢得政治权利的社会决定为这些权利而斗争。节制主义（abstentionist）潮流在 1873 年之后的第一国际中失去了支持，那些刚刚形成的社会主义政党——大多数建立于 1884—1892 年间——都支持政治行动原则和工人自治原则（Haupt，1980）。

　　然而，社会主义政党对于选举参与的态度往往模棱两可。这种模棱两可并不是理论上的：对于马克思论述资产阶级民主的每一个词进行再三解读，也得不到什么支持选举参与的信息。道理很简单，马克思本人以及那些引领这些新生政党投入到选举战斗中的人，都不能十分确定对选举竞争的期望是什么。主要的问题是，如果社会主义通过选举取得了胜利，那么资产阶级是否愿意尊重自己的法律秩序。由于这一问题不可能一劳永逸地解决，所以它在历史上一直存在。如果社会主义者利用资产阶级在反对专制的斗争中确立起来的普选制以赢得选举，并且通过立法使社会向社会主义转变，那么，资产阶级能不诉诸非法手段以维护自己的利益吗？这是 1851 年在法国实际发生的，它看起来好像还会重演。

　　因此，正如亚马尔·布兰廷（Hjalmar Branting）在 1866 年所指出的，社会主义政党所面临的基本问题是，"即使上层阶级被要求废除特权，他们是否愿意尊重大众的意愿"（Tingsten，1973：361）。瑞典社会民主党左翼领导人斯特奇（Sterky）是众多的明确持否定观点者中的一员，他认为："假设……工人阶级能够占有立法机构中的多数议席，这也无法让他们获得权力。人们能够确信，资产阶级那时将会小心行事，不会继续沿用议会道路，而会求诸刺刀。"（Tingsten，1973：361）例如，奥地利社会主义者在 1926 年的林茨纲领（Linz Program）中承诺，"严格按照民主国家的规则进行管理"，但是，他们不得不警告，"如果资产阶级通过联合抵制革命力量，竭力为能够给劳工行使权力带来保障的社会变革制造障碍，那么，社会民主党将被迫采取专制手段以打破这种抵制"（Lesser，1976：145）。对此，没有人能够完全确信。正如奥古斯特·倍倍尔（August Bebel）在 1905 所年指出的，关于选举参与的主要疑惑是，是不是在任何情况下革命都没有必要"作为一种纯粹防御性手段，确保通过选票合法获得的权力的运作"（Schorske，1955：43）。

在这些条件下，对于选举参与的审慎态度是可以理解的。社会主义者谨慎地参加选举政治，"只是为了宣传的目的利用选举"，并且发誓"不与其他政党结成任何联盟，不接受任何妥协"［德国社会民主党 1870 年爱森纳赫代表大会（Eisenach Congress）决议］。尽管如马克思在 1850 年所指出的，普选权作为一种工具，"具有从阶级斗争中解脱出来的无与伦比的优点……"（1952a：47），然而，许多人认为，普选权充其量不过是各种工具中的一种。选举只是被用来进行组织、鼓动和宣传的现成论坛。这种典型立场在 1889 年提出的动议中得到了很好的说明："由于瑞典社会民主工人党是一个从事宣传的政党，即（它认为）其主要目标是传播有关社会民主的信息，并且由于选举中的参与是一个很好的鼓动途径，因此，代表大会建议本党参与选举。"（Tingsten，1973：357）在为领导力量提供关于"人民大众的革命热情"的看法方面，选举也是有用的。但是，这是社会主义者决定参与选举时所作的全部承诺。恩格斯在世时出版了《家庭、私有制和国家的起源》，在该书的最新版本中仍然包含 1891 年作出的论断，即普选权仅仅是"衡量工人阶级成熟的指标。在现代国家中，普选制不能而且也永远不会提供更多的东西"（1942：158）。

走向选举参与的每一步都会重新引发争议。德国社会民主党争论，是否允许它的一个党员成为德国议会的副议长（deputy speaker），是否对预算进行投票，甚至是否在第二轮选举中进行选票交易

(Schorske，1955)。1906 年，挪威工党拒绝在第二轮选举中进行选票交易，尽管这并不意味着妥协（Lafferty，1971：27）。1898 年，一项关于第二国际杰出领导人的民意调查显示，尽管对资产阶级政治的干预有时被认为是可取的，但在所有被调查者中，只有 6 人在关于参加政府的问卷中选择"绝不"（jamais），11 人承认只在"十分特殊"（très exceptionnellement）的情况下有可能参加；12 人中的少数人认为，这种参加或者总是值得期待的（desirable），或者至少在米勒兰（Millerand）案例中是值得期待的（Fiechtier，1965：69~75）。1911 年，关于瑞典社会民主党是否应当加入自由党政府，该党 69 名用电报表达意见的党员中，有 63 人回答反对参加（Tingsten，1973：418）。在第一次世界大战结束之前，一些政党"搁置"阶级斗争并且进入联合政府。在英国，1924 年组成第一届工党政府的决定，成为激烈争论的主题，并且被当作获得社会主义时代所必需的经验的一次机遇而被赋予合理性（Lyman，1957）。

反对参与的人似乎在政治谱系中占据一块永久的地盘。当成熟的政党向充分参与每迈进一步时，就会有新的声音出现，以继续一种传统；根据这种传统，对于"青蛙和老鼠之间"（Luxemburg，1967：37）的议会战斗的信念，是马克思所称的特殊环境下的"议会矮呆症"（parliamentary cretinism）的一个明证（1952a：77）。霍克海默在 1940 年无政府主义者纪念会上重申，"融入（integration）是个人和团体为了资本主义条件下的繁荣必须付出的代价"（1973：5）。"选举，为傻子准备的陷阱"，是萨特（Jean-Paul Sartre）在 1973 年法国议会选举前夕撰写的一篇文章的题目，"投票，就是放弃"（Voter, c'est abdiquer）的呼声，曾在 1968 年巴黎的墙垣间回荡。

民主资本主义与政治参与

对于工人政党而言，放弃选举从来就不是一个可行的选择。参加选举也不再只具有象征意义。只要民主竞争为不同的群体提供了在短期内促进其某些利益的机会，任何想把工人动员起来的政党都必然会利用这个机会。

资本主义是一种特殊的生产和交换的社会组织形式。它是以先进的劳动分工为基础而形成的一种体系，其中，生产以他人的需求以及交换为导向。因此，资本主义是这样一种体系，在其中，即使是那些直接参与把自然物转变成有用产品的人，即直接生产者，也不能独立地生存。而且，资本主义也是这样一种体系，在其中，那些不拥有生产工具的人必须出卖自己的劳动力。工人获得工资，工资并不是他们生产的特殊产品的任何一部分的权利，而只是获取任何商品和服务的一种抽象媒介物。他们必须生产利润，以作为继续得到雇佣的条件。

工人作为直接生产者，对于劳动产品的配置或分配并没有制度上确认的权利，在此意义上，劳动产品是被私人占有的。作为利润的占有者，资本家在多种条件制约下决定如何分配产品，尤其是决定哪一部分用于投资，投向哪里，如何以及何时投资。这些配置受到资本家之间相互竞争以及可能受到政治体系的影响这一事实的制约。生产工具所有制形式也赋予其所有者组织生产（或代表生产组织）的权利。作为雇主，资本家管理劳动组织，尽管他们可能再一次受到源于政治体系的规则的制约。工人作为直接生产者，对于指导他们参与的生产活动没有制度上确认的权利。

在这些条件下，政治民主为工人追求其某些利益提供了机会。选举政治构成了每一个作为公民的人表达对于商品和服务拥有权利的一种机制。尽管作为直接生产者，工人对于产品没有制度性的权利，但是作为公民，他们可以通过政治体系主张这种权利。此外，作为公民，不同于作为直接生产者，他们可以干预生产活动的组织和利润的分配。

资本家能够在生产体系内的日常活动过程中寻求实现自身的利益。当资本家决定是否投资、雇用还是解雇工人、是否购买国家债券、进口还是出口时，他们是在不断地为社会资源的配置进行"投票"。相比较而言，工人只能集体性地和间接地通过嵌入代表制度的组织——主要是工会和政党，来主张他们的权利。因此，参加选举对于工人利益的实现是必要的。革命理想可能推动历史，但它们既不能提供营养也不能遮风避雨。就像熊彼特（Schumpeter）观察到的：

> 对于任何在重要性上不是微不足道的政党而言，要持完全否定的态度是不可能的，尽管这种态度在原则上十分令人满意。这种态度将与有组织的劳工的大部分现实考虑相冲突，而且，如果坚持一段时间，将会使其追随者减少为一小部分政治禁欲主义者（political ascetics）……没有对当前利益作出期许的纲领，任何政党都不能生存。（1942：316－317）

如果工人要利用民主所提供的机会，他们就必须作为参与者组织起来。并且，尽管这个机会是有限的，但它是唯一制度化的机会，同时也是工人作为集体可以利用的唯一机会。如果工人想要进行其他形式的斗争，包括与资本家的直接对抗，工人对民主政治的参与就是必要的。社会主义者面对的是一个有敌意的国家，在这个国家，常备的有组织的镇压力量为地主或资产阶级所控制。在此情势之下，武装起义由于战争艺术中的技术变革而变得不可行——这一观点恩格斯在1895年就强调过，议会参与是工人可以利用的唯一资源。重要的是，在围绕经济问题组织起来的总罢工失败之后，几个社会主义政党的策略出现了转折。尽管以扩大普选权为目标的罢工在比利时和瑞典获得了成功，但是，为了经济目标而进行的群众罢工却总是导致政治灾难：1902 年在比利时（Landauer，1959，I；472－473），1909 年在瑞典（Schiller，1975：208－217），1920 年在法国（Maier，1975：158），1921 年在挪威（Lafferty，1971：191），以及1926 年在英国（Miliband，1975：148）。所有这些罢工都以失败告终，随后，大批工会消失，残酷的立法得以通过。这些失败和遭镇压的共同经历对于一些社会主义政党转向选举策略具有决定性影响。议会代表制对于防止运动遭到镇压是有效的，这是社会主义领导人得出的教训。正如考茨基在1891年就指出的，"经济斗争需要政治权利，而政治权利并不是从天上掉下来的"（1971：186）。

另外，参加选举是必要的，因为由于普选权的影响，大量个人即便没有组织起来也能产生政治影响。除非工人被组织成为一个阶级，否则他们可能会基于其他集体身份参加投票，如天主教徒、巴伐利亚人、妇女、讲法语的人、消费者，等等。一旦选举被组织起来，并且工人获得了投票权，他们就不能不作为工人而组织起来投票。

事实上，只有那些选择参加资产阶级制度的组织才能持久存在下去。因为，除非在促进工人短期利益方面参加选举总体上是无效的，所有的工人组织都必然要么加入资产阶级政府，要么消失。

选举参与和阶级组织

卷入资产阶级社会代议政治的问题引发了持续的争议，其原因在于，"参与"这个特殊体系的行动塑造了社会主义运动，也塑造了它与作为一个阶级的工人的关系。反复争论的问题是，卷入选举政治可能导致社会主义，还是会强化现行的资本主义社会秩序。对于社会主义运动而言，是否可能在罗莎·卢森堡（Rosa Luxemburg）所指出的"两个暗礁"，即"放弃群众特征或者放弃最终目标"之间找到一条通道？（Howard，1973：93）如果社会主义运动是为了在工人中寻求大量支持，参与选举政治就是必要的，但是这种参与看来阻碍了最终目标的实现。为今天工作还是为明天工作，看来是一种两难的选择。

选举参与为作为一个阶级的工人的组织打上了特殊的结构印记。关于参与对于阶级内部关系的影响，卢森堡做过很好的分析：

政治斗争和经济斗争的划分及其独立，即使从历史的角度看也是可以理解的，只不过是议会制时期人为的产物。一方面，在和平发展时期，即资本主义社会的"正常"时期，经济斗争被分割成为众多的限于每个公司、每个生产部门的局部（partial）斗争；另一方面，政治斗争不是由群众通过直接行动来进行的，而是根据资产阶级国家结构，以代议制的形式，通过对立法机构施加压力的方式进行的。（1970a：202）

因此，"资产阶级国家结构"的第一个影响是，雇佣劳动者以大量独立而常常又是竞争性组织——最常见的是工会和政党——的形式组织成为一个阶级，但也以合作组织、社区协会、俱乐部等形式组织起来。资本主义民主的一个典型特征，是在政治和意识形态层次上阶级关系的个体化（Lukacs，1971：65-66；Poulantzas，1973）。生产体系中的人们，无论资本家或者雇佣劳动者，在政治层面都是作为无差别的"个人"或"公民"出现的。因此，即使一个政党在政治制度领域成功地形成了一个阶级，经济组织和政治组织也从来不会恰好相合。多种多样的工会和政党常常代表不同的利益，并且相互竞争。此外，尽管工会的阶级基础限于某些或多或少得到长期雇用的人群，而组织雇佣劳动者的政党，必须动员那些非工会会员。因此，在工会代表的狭隘利益和政党代表的广泛利益之间存在着长期的紧张关系。在具体的历史冲突中，作为参与者组织起来的阶级并不是作为单一行为者出现的（Miliband，1977：129）。

"资产阶级国家结构"的第二个影响，是阶级内的关系被结构成为代表关系。议会是一个代表机构，其席位提供给个人，而不是群众。因此，代表关系通过资本主义民主制度的性质对阶级产生影响。群众不是直接维护自身利益，他们委托代表维护自己的利益。对于工会和政党而言，这都是事实：集体讨价还价的过程与作为选民的群众的日常经历相距甚远。领导人成为代表，而群众被领导人代表：这就是资本主义制度中工人阶级组织的模式。选举参与通过这种方式动员群众。

组织的两难困境甚至进一步延伸。为社会主义而斗争不可避免地导致了社会主义运动的资产阶级化（embourgeoisement）：这正是罗伯托·米歇尔斯（Roberto Michels）经典分析的要义。斗争需要组织；需要持久的机构，一个拿薪水的官僚阶层；需要运动从事自身的经济活动。因此，社会主义斗士们不可避免地变成了官僚、新闻编辑、保险公司经理、殡仪馆馆长，甚至是党员酒吧的管理员（parteibudiger）。所有这些都是小资产阶级职业。米歇尔斯总结说，"他们被打上了明显的小资产阶级的烙印"（1966：270）。正如一个持不同政见的法国人最近所说："工人阶级在管理他们想象的堡垒时迷失了方向。伪装成贵族的同志们忙于城市垃圾场和学校咖啡厅的工作。抑或是这些贵人伪装成同志？我不知道。"（Konopnicki，1979：53）

一个政党参加选举，就必须放弃一些其他策略：这是被频繁诊断的策略性两难处境。只要工人不享有充分的政治权利，就必然无法在暴动和议会策略之间加以选择。实际上，不拥有政治权利的人只有通过院外（extra-parliamentary）活动才能够获得政治权利。布拉班康社会党（Parti Socialiste Brabançon）的创始人德·帕普（César de Paepe）1877年写道，"在自由使用宪法赋予的权利和合法手段时，我们不放弃革命的权利"（Landauer，1959，I：457）。这一观点常常得到响应，显著的例子是1895年由恩格斯做出的。瑞典左翼社会主义者亚历克斯·丹尼尔森以一种更实用主义的态度主张，社会民主党人不应当遵从"将会约束党在任何情况下都按照同样的惯例行事的策略教条"（Tingsten，1973：362）。群众罢工应当被用来实现普选权（那意味着男性的普选权），这是没有疑义的，比利时和瑞典的政党都成功地领导了群众罢工，扩大了选举权。

然而，一旦获得了普选权，就要在"合法"策略和"院外"策略之间做出选择。工党主席麦格克（J. McGurk）1919年曾尖锐地指出：

我们要么是立宪主义者，要么不是。如果我们是立宪主义者，如果我们相信政治武器的效力（我们已经这样做了，否则我们为什么要有一个工党呢？），那么，由于我们不能够获得多数选票，从而扭转局势并且要求我们应当取代罢工，那将是既不明智也不民主的。（Miliband，1975：69）

为了赢得群众的选票而不是工人的选票（尤其是小资产阶级的选票），为了形成联盟和联合，为了按照工人的利益管理政府，一个政党不能表现得"不负责任"（irresponsible），对于议会游戏规则和限制的信奉，不能显得不那么全心全意。有时，政党甚至要约束自己的追随者可能损害选举进展的行为。而且，正如葛兰西（Gramsci）所指出的，一个以局部改良为取向的政党，一个其领导人—代表过着一种小资产阶级生活的政党，一个多年来羞于在街头抛头露面的政党，都不可能"穿过小孔进入战壕"（pour through the hole in the trenches），即使当这个开端是由一场危机导致时也是如此。据埃里克·霍布斯鲍姆（Eric Hobsbawm）的观察，"在稳定的工业社会，革命左派的问题并不在于机会从来没有出现过，而在于当他们被要求作为革命者行事时，其必须活动于其中的正常条件阻止了他们开展可能抓住罕见时机的运动……在像我们这样的国家中，作为一个革命者恰好遇上这样的机会是困难的"（1973：14-15）。

当民主——资本主义社会的代议民主特征——不再仅仅是一种策略，并且被当作未来社会主义社会的基本原则受到拥护时，这种两难情形甚至更为严重。社会民主党认识到政治民主是一种超越不同形式的生产组织的价值。饶勒斯（Jean Jaures）认为："社会主义的胜利将不会中断法国大革命，而是法国大革命在新的经济条件下的实现。"（1971：71）爱德华·伯恩施坦（Eduard Bernstein，1961）把社会主义看作仅仅是"民主带给它的合乎逻辑的结论"。对于社会民主党人而言，代议民主制既是手段，也是目标；既是实现社会主义的工具，也是未来社会主义社会的政治形式；同时是战略也是纲领，是工具也是预示（prefigurative）。［关于考茨基和卢森堡的更为谨慎的观点，可以分别参见萨尔瓦多利（Salvadori，1971）和格拉斯（Geras，1976）的著作。］

因此，社会民主党人面临一个两难的处境，盖伊（Gay）在其撰写的伯恩施坦传记中渲染道：

> 那么，民主社会主义不可能吗？或者说，只有当社会民主党愿意暂时抛开民主的方式，而采用暴力途径夺取权力，希望一旦牢牢地控制了政权就可能回归议会制的时候，它才可以实现吗？的确，第二种选择包含着可悲的可能性：一个诉诸威权（authoritarian）方式实现目标的民主运动，不可能长时间成为民主运动。另外，第一种选择——在各种环境下都坚持民主程序——可能注定该党在政治上持续地软弱无能。（1970：7）

选举的期许

尽管有各种矛盾心理，尽管有短期紧急事务的压力，社会主义者还是参与到资产阶级政治中去赢得选举，去为革命性转变获得压倒性的授权（mandate），去通过立法使社会转变为社会主义。这是他们的目标和期望。

选举参与是基于这样一种信念，即民主不仅是实现社会主义的必要条件，也是充分条件。1891年，恩格斯在一封信中写道："如果有一件事情是确定的，那就是我们的党和工人阶级只能在民主共和国的形式下取得政权。这甚至是无产阶级专政的特殊形式。"（1935：486）饶勒斯把民主看作"工人阶级可以立足的最大也是最牢固的地带……是反动的资产阶级在地面上没有裂缝并把自己扔进去的情况下，不可能溶解的岩床"（Derfler，1973：59）。米勒兰的观点总是非常尖锐："为了立即实现能够减轻工人阶级负担的改革，从而能够使他们为自己赢得自由，并且以事物的本质为条件，开始生产工具的社会化，对社会主义政党而言，通过普选努力夺取政权是必要而又充分的条件。"（Ensor，1908：54）

　　社会主义者参加选举，是因为他们不得不关心工人状况的即刻改善；然而，他们是为了实现社会主义而参加选举。这种原因和目的之间的背离是合理化（rationalization）的一个征兆吗？最终目标的令人痛惜仅仅是一种自欺欺人的形式吗？

　　这些问题最好还是留给心理学家解答。但有一件事情是确定的。那些把社会主义政党引入选举战斗的人相信，占统治地位的阶级可以"在它们自己的游戏中被打败"。社会主义者被完全说服他们将赢得选举，他们将获得对社会主义的压倒性的多数的支持。他们把全部希望和努力都放在选举竞争上，因为他们确信选举的胜利触手可及。他们的优势是数量，而选举是一种数量优势的表达。因此，普选似乎确保了社会主义的胜利，如果不是立即胜利，那么也是在不远的将来。革命将会在选票箱里发生。在关于这种确信的许多表述中，恩格斯1895 年所作的辩解是引人注目的：

　　　　德国工人……向所有国家的同志们表明了如何利用普选权。……由于成功地利用了普选权……无产阶级斗争的一个全新方式开始起作用，并且这种方式迅速得到进一步发展。人们发现，国家机构——资产阶级规则在其中组织起来——给工人阶级提供了与这些国家机构进行斗争的进一步机会。

恩格斯作出预言：

　　　　如果它（选举进步）以这种方式继续下去，那么到本世纪末，我们将成为国家的决定性力量，所有其他权力都将在它面前折腰屈服，不管它们是否愿意这样。（1960：22）

产生这种信念的基础在于理论和实践两个方面。马克思恩格斯已经在《共产党宣言》（*Communist Manifesto*）中把社会主义描述为"绝大多数人"（the immense majority）的运动（1967：147）。在1850年在纽约《每日论坛报》（*Daily Tribune*）、后来又于1867年在波兰流亡者的报纸《自由之声》（*Glos Wolny*）上发表的《宪章派》（Chartists）一文中，马克思重申，"对于英国工人阶级而言，普选权相当于政治权利，英国的无产阶级构成了人口的绝大多数……"考茨基的《阶级斗争》（*The Class Struggle*）可能是早期社会主义运动最有影响的理论阐述，他认为，"在所有文明国家中"，无产阶级已经成为最大的阶级（1971：43）。即使第一次选举战未能以胜利告终，即使无产阶级还没有形成大多数，选举的胜利看来也只是迟早的事，因为资本主义正在壮大无产阶级的阵营。工厂生产的发展以及资本和土地的必然集中，将会迅速导致工匠、手艺人、商人和小农的无产阶级化。根据《共产党宣言》，甚至"医生、律师、牧师、诗人和科学工作者"都正在被转变成为无产阶级。为工资而出卖劳动力的人数的增加不是偶然的、暂时的或者可逆转的：这被认为是资本主义发展的一个必然特征。因此，"除了少数剥削者"以外的所有人，变成无产者只是个时间的问题。社会主义符合几乎每个人的利益，绝大多数人将通过选举表达自己对社会主义的愿望。1919年，一个年轻的瑞典理论家对这种推论作了如下阐述：

> 为国家而斗争是政治性的。其结果在很大程度上由向社会成员——其无产阶级性已由资本主义生产过程所产生——开放的适当影响政治决策的可能性而定。如果民主得以实现，那么，资本主义的增长就意味着动员相关的力量对抗资本主义体系本身。因此，民主包含着一种自动起作用的设置，它增强了与资本主义发展成比例的反对力量。（Tingsten，1973：402）

的确，尽管那些最终成为共产主义者的人在俄国革命中发现，成功的暴动总是可能的，但对于社会民主党人而言，依赖于少数人暴动的必要性，意味着仅有那种条件对于实现社会主义来说还是不成熟的（Kautsky，1919）。例如，当布兰廷坚持认为"社会主义的全部发展观念被布尔什维克抛弃了"时，他与葛兰西对俄国十月革命的第一反应是相同的。他得出明确的结论：社会主义者应当等待，直到条件成熟到绝大多数人通过选举表达向社会主义转变的意愿这一时点的到来（Tingsten，1973：405）。因为他们彻底被说服，相信那种条件将由于资本主义的发展而出现，社会民主党人不会因选举失败而沮丧，因为选举失败只能说明那个时点还没有到来。甚至当社会民主党人不得不放弃对政府的控制时，他们也不去努力推进历史进程。历史通过人民说话，人民用选举说话，没有人怀疑历史将会使得人民表达他们对社会主义的愿望。

这些以对于历史未来进程的深信不疑为基础的预期，几乎立即为社会主义政党的选举进展所确证。德国的党——被恩格斯视为效仿的模范——历经多年消沉，其获得的选票，从 1871 年的 125 000 张，增加到 1881 年的 312 000 张、1890 年的 1 427 000 张和第一次世界大战前夕的 4 250 000 张。实际上，反社会主义的法律一失效，社会民主党就在 1890 年成为德国第一大党，获得了 19.7% 的选票。到 1912 年，它获得了 34.8% 的选票，是第二大党所获选票的两倍。难怪倍倍尔在 1905 年时能够使"他的社会主义同道们所广泛持有的假定更加明确：工人阶级将会不断增加，党终有一天会获得多数的支持……"（Schorske，1955：43）。有几个党甚至更引人注目地加入了对选票的竞争。1907 年，芬兰社会民主党人在实行普选后的首次选举中，就获得了 37% 的多数票。奥地利社会民主党人在 1907 年男子获得普选权后获得了 21.0% 的选票，1911 年为 25.4%，到 1919 年获得了 40.8% 的多数。当 1894 年纳税选举制（régime censitaire）被废止时，比利时工人党（Parti Ouvrier）赢得了 13.2% 的选票，并且保持跳跃式增长，到 1925 时获得了 39.4% 的多数。这一成功，"促使他们希望，不断的工业化将会产生不断增加的社会主义工人阶级选民"（Mabille and Lorwin，1977：392）。甚至在那些首次选举不那么令人兴奋的国家，选举方面的进展看来也是不可阻挡的。在宗教政治化的荷兰，社会主义大踏步前进，获得的选票份额从 1896 年的 3％，增加到 9.5％、11.2％、13.9％，至 1913 年，达到 18.5％。丹麦社会民主党经过竞争，1884 年首次选举所获的选票占 4.9％，而 1889 年仅获 3.5％的选票。此后，该党获得的选票份额不断增加，直到 1935 年达到 46.1％为止。于是，"有一种普遍的预期：作为代表劳工运动的唯一政党，它应当通过绝大多数选民的支持获得权力"（Thomas，1977：240）。瑞典社会民主党刚开始只是在与自由党的联合选票单上提供候选人。1902 年它仅获 3.5％的选票，1905 年到达 9.5％，1908 年为 14.6％，到 1911 年选举权扩大后，猛增到 28.5％，在 1914 年的两次连续的选举中，其选票份额增加到 30.1％和 36.4％，1917 年，该党与其左翼支系（off-shoot）一起，赢得了 39.1％的多数选票。挪威工党从 1897 年获得 0.6％选票开始，每次选举中大约增加 5％的选票，1915 年达到 32.1％。

实践正在证实理论。在一次又一次的选举中，社会主义的力量在不断增强。每一轮选举都是一次新的胜利。社会主义者的选民人数，在最初的艰难时期充其量只有几千人，现在扩大到数百万人。进步看来是不可阻挡的；在这一进步过程中，社会主义获得选民的多数支持和授权，不过是几年时间和两三次选举的事情。通过民众意愿的势不可挡的表达，进一步的努力和人性将会被引领进入一个新的阶段。倍倍尔在爱尔福特代表大会上说："我深信，我们目标的实现是如此切近，在座的大多数人都会看到那一天的到来。"（Derfler，1973：58）

社会民主和工人阶级

社会主义政党是工人阶级的组织。正如伯古尼奥克斯（Berg-ounioux）和曼宁（Manin）观察到的："在政治领域之外的工人自治，或者并非针对特定工人的政治解放，是马克思和恩格斯致力创建国际工人联合会（International Workingmen's Association）时的两种趋势。"（1979：27）马克思的决定性影响在于对这两种立场进行的综合：社会主义成为工人阶级在政治领域中的一场运动。马克思倡导的是一个新的方向：组织一个只属于工人阶级的"政党"，这个政党独立于并且反对所有其他阶级。工人组织"成为一个阶级，进而成为一个政党"（Marx and Engels，1967：144），对于工人获取政治权力是必要的，在马克思看来，这不应当也不会影响工人阶级作为一种政治力量的自治。用一句著名的话说，"工人阶级的解放，应当是工人阶级自己的使命"。

我们知道为什么马克思希望工人成为社会主义的推动力量：由于工人身处于资本主义社会，他们是受资本主义特有方式剥削的阶级，同时也是一旦资本主义关系被废除唯一有能力依靠自己组织生产的阶级（Mandel，1971：23）。然而，这种对于社会主义和工人阶级之间"有机联系"——这种联系被视为历史使命和历史主体（agent）之间的关系——的强调，并不能够独自解释为什么社会主义者在早期试图组织的仅仅是工人，而且是所有工人。社会主义政党和工人阶级之间的这种特殊联系，相较于马克思历史理论中可以发现的其他联系，显得更为直接，也更加实际。

首先，资本主义是这样一种体系：工人彼此竞争，除非他们被组织成为一个阶级。工人分享的利益把他们置于相互竞争的境地，主要是因为他们为了受雇用而降低工资，因此，地位的相似性并不必然导致团结一致。阶级利益附属于作为一个集体的工人，而不是作为个人的集合的工人；附属于工人的"群体"（group）利益，而不是"一系列的"（serial）利益（Sartre，1960）。工资的普遍增长是所有工人的利益，但这并不影响他们之间的关系。反之，一项确立最低工资水平、扩大义务教育、提前退休年龄、或者限制工时的法律，会影响工人相互间关系，但并不必然影响每个工人的利益。实际上，有些工人宁愿在正常退休年龄后继续工作，即使他们正在成为其他工人找不到工作的原因；有些没找到工作的人在工资低于最低标准时也愿意工作，即使这降低了总的工资水平；有些人愿意取代罢工工人，即使这导致罢工的失败。阶级利益并不必然与作为个人的工人的利益相一致。作为个人的工人和作为具体企业或部门的工人一样，都有以牺牲其他工人利益为代价追逐其特殊利益的强烈动机，除非某种组织——工会、政党，或者直接是国家——采取措施执行集体的纪律。因此，为了克服竞争，工人必须以一个集体的力量加以组织并采取行动。正如马克思所指出的："联合总是有着双重的目的：停止工人之间的竞争，并以此使他们与资本家之间进行全面竞争。"（n. d.：194）社会主义政党将成为这样的组织：为了对抗阶级敌人而限制阶级内竞争。动员整个阶级，对于防止特殊的工人团体由于与有组织的阶级成员进行竞争而腐蚀阶级团结是非常必要的。

其次，强调工人阶级特征鲜明的利益，对于防止作为个体的工人融入资本主义社会也是必要的。在资本主义条件下，资本家似乎自然就是未来普遍利益的承担者，而所有其他集团的利益似乎不利于未来的发展，因而是特殊的。普遍主义（universalism）是资产阶级天然的意识形态，因为只要生活在同一个社会中的人们被认为拥有某种"一般的"、"共同的"或"公共的"经济利益，作为一个阶级的资本家就代表这些利益。

工业革命后在西欧被制度化了的新社会，是这种普遍主义的体现。经济上居统治地位的阶级在历史上第一次把自己描绘成整个社会的未来：这是资产阶级引入意识形态领域的一场革命（Gramsci，1971：260）。资产阶级法律规范确立了"个人"的普遍地位，他们在对于物的关系上是平等的，无论是生产工具还是消费工具；在与他人的关系上也是平等的，无论他们在契约形式上是劳动力的出售者还是购买者（Balibar，1970）。同时，资产阶级意识形态预设了个体公民间利益的基本和谐。

资产阶级政治制度表达了社会的这一观点。议会将成为为了追求普遍利益而进行理性审议的论坛。经济学被视为由狭隘的自利动机产生的激情的领域，而政治学则是独立存在的理性领域。政党以及其他基于利益而聚合的部门，被认为是恶的和危险的。政治高居于社会的经济分工之上。

如果社会主义运动不被吸纳进这一意识形态和这些制度之中去，那么，就有必要转变这种对于政治的看法。社会主义者把抽象的"纯政治"的理性主义，与一种反映分化为不同阶级的社会的利益冲突的观点并列起来。社会主义者用寻求共同利益取代理性个人的想象，提出了作为阶级利益载体的人们的"现实性"。以利益和谐为基础的社会观被阶级冲突的意识形态彻底否定。

社会主义者声称，资产阶级不仅具有特殊的利益，而且与工人利益相对立。工人不是资本主义社会中的"个人"；他们是分裂为不同阶级的社会中的一个特征鲜明的阶级。如果说他们的利益在资本主义社会中是特殊的，是因为这个社会就是在不同阶级的特殊利益基础上建立起来的。只有通过把自己与其他阶级区分开来，工人阶级才可能追求其利益，并进而实现其解放整个社会的历史使命。马克思在1850 年的《告共产主义者同盟书》（Marx and Engels，1969，I：117）中强调："为了要达到自己的最后胜利，首先还是要靠他们自己努力：他们应该认清自己的阶级利益，尽快地采取自己独立政党的立场，一时一刻也不要由于受到民主主义的小资产者的花言巧语的诱惑而离开无产阶级政党保持独立组织的道路。"[①] 罗森伯格（Rosenberg）指出了 19 世纪 60 年代德国社会主义者的这种倾向："自我孤立，强调自己区别于所有其他团体的特征和区别于富裕阶级倾向性的特征。在此阶段，激进的无产阶级运动尤其倾向于把贵族、农民、制造商和知识分子看作是'一个一致的反动群体'（a uniform reactionary mass）。"（1965：161）参加 1863 年巴黎选举竞选的第一批劳工候选人也持有同样的看法（Rosenberg，1965：165）。"一个单一的反动群体"（one single reactionary mass）的概念构成了 1875 年哥达纲

---

① 本段译文参考了《马克思恩格斯全集》，中文 1 版，第 7 卷，299 页，北京，人民出版社，1985。——译者注

领的基础，在 1889 年瑞典政党的纲领中得到重述（Tingsten，1973：357）。直到 1891 年，当恩格斯受邀评论爱尔福特纲领草案时，他反对 "一般人"（the people in general）的提法，他问道："那些人是谁?"（n. d.：56）1890 年，盖德（Jules Guesde）在里尔（Lille）以他典型的雄辩风格指出："对你来说，义不容辞的革命只是在这种意义上是可能的：你仍将不知道也不想知道可能存在于资本主义世界中的分裂。"（Fiechtier，1965：258）

实际上，社会主义者最初面对的困难在于，工人不信任来自其阶级外部的任何影响。与日常经验相比，社会主义似乎是一种抽象而又另类的意识形态。工人并不清楚，要改善他们的条件，就要废弃雇佣劳动制度。伯古尼奥克斯和曼宁指出，根据对第三共和国初期法国工人的研究，工人对于社会主义的消息有一种抵制倾向，他们强调工人和雇主之间的直接冲突，而忽视了政治（1979：25）。在比利时，一个带有社会主义标签的政党，比利时社会党（Parti Socialiste Belge），于 1879 年建立，但是在劝说工人协会成为其分支机构时就遇到了困难。根据兰道尔（Landauer，1959，I：457－458）的说法，工人不相信社会主义者的宣传。德·帕普认为："'社会主义'这个字眼让许多工人害怕。"因此，1885 年成立了比利时工人党（Parti Ouvrier Belge），用工人政党代替了社会主义政党。在英国，工联主义者反对、并且直到 1918 年都成功地阻止了工党接纳其他阶级个体成员。如果社会主义者获得了成功，他们的党必将成为工人的政党。在瑞典，社会民主党的第一个地方基层组织实际上称为 Arbetarekommuner，即工人公社（Worker's Communes）（Fusilier，1954：29）。社会主义者急于强调运动的阶级属性，并且愿意为了在工人中间灌输社会主义而作出原则性妥协。

选举的两难

社会主义者希望在选举中赢得支持的大多数人，是由工人构成的。无产阶级——为其利益而行动，并且意识到自己的使命——是推动社会进入社会主义的社会力量。但是，无产阶级过去不会，将来也很难成为任何社会中在数量上占多数的选民。那种所谓传统的中产阶级中被替代的成员或者将成为无产阶级，或者会加入失业大军的预言，都没有成为现实。

传统的中产阶级，尤其是独立的农业经营者，作为一个群体，几乎在大部分西欧国家都消失了，而他们的儿女更可能在办公室或者商场而不是工厂找到一份工作。另外，在资本主义发展过程中，当从事任何家庭外活动的成年人口的比例急剧下降时，那些被从有收益的活动中排挤出来的人并不会成为无产阶级的后备力量。义务教育的扩大，强迫退休，大规模的常备军，以及妇女经济参与的有效壁垒，所有这些都对减少人口进入无产阶级产生了影响。结果，从1890年到1980年，无产阶级一直是选民中的少数。比利时建立了大批企业，其工人占选民的比重在1912年达到50.1％，突破了不可思议的多数，这在欧洲国家中是第一次。从那以后，这一比例不断下降，到1971年降至19.1％。在丹麦，工人占选民的比例从来没有超过29％。在芬兰，这一比例从未超过24％。法国的这一比例则从1893年的39.4％降到1968年的24.8％。德国工人占选民的比例有所增加，从1871年的25.5％增加到1903年的36.9％，此后一直保持在1/3左右。在挪威，1894年工人占选民的33％，到1900年达到34.1％的高峰。在瑞典，工人占选民的比例从1908年的28.9％，增加到1952年的40.4％；然后，到1964年下降至38.5％。

尽管民主博弈的规则是带有普遍性的，并且有时是公平的，但并没有表现出同情心。如果一个政党想要单独执政，而不受调和联盟影响和妥协义务的拖累，那么，它必须获得某种特定比例的选票，与50％相差无几。选举制度的产生，先于那些想把它作为实现社会主义的工具的政党；那些制度自身包含着基本规则，使得孤立的少数不可能获得胜利。一个政党，如果它所代表的阶级的成员数量，比结合起来的其他各阶级更少，就不可能赢得选举。

一方面是处于少数的地位，另一方面是多数原则，这两者的结合构成了社会主义者不得不在其中活动的历史条件。这种客观条件强加给社会主义政党一种选择：社会主义者必须在两者之中择其一，即同质的阶级诉求但注定长期选举失败的政党，或者为了选举斗争的胜利而以淡化阶级特性为代价的政党。这不是在革命和改革之间做出选择。没有先验的理由和历史的证据可以假设：工人单一阶级的选举性政党，将会比阶级基础异质的政党更具革命性。事实上，工人单一阶级的选举性政党，可能会在资本主义社会的约束下全力以赴去维护工人的特殊利益，魏玛共和国时期的德国社会民主党可能是一个主要的例证（Hunt，1970）。这类阶级政党可能易于成为纯粹的选举性利益集团，为了获得国民生产的更大份额而施加压力，而丝毫不顾生产的方式。一个构成了选民的多数的纯粹工人政党，将可能保持其最终承诺而无须作出妥协，就像社会主义者所说的，当他们看到工人阶级成为多数时，他们将会这样做。但是，在一场需要多数支持——甚至需要压倒性多数的授权才能实现这些目标——的博弈中，持续作为一个只是致力于最终目标的少数党，将是一个荒唐的选择。无论为了什么样的目标——从最终目标到最直接的目标，工人阶级政党要想获得选举的影响，必须寻求其他阶级成员的支持。

　　鉴于工人在资本主义社会的阶级结构中的少数地位，决定参加选举就改变了革命性变革问题的逻辑。民主制度跟社会主义者的意图开了一个玩笑：工人阶级的解放不可能是工人自身的任务，如果这种解放将要通过选举来实现的话。有待回答的唯一问题是，为了实现社会主义所需要的多数，是否要通过寻求工人阶级之外的支持来补充。

　　当代观察家中有一种奇怪的倾向：把吸引异质阶级基础的战略视为社会主义运动"去激进化"（deradicalization）的相对晚近的影响。德国的中间阶层战略（Mittlekless Strategie）被视为这种新方向的原型，舒马赫（Kurt Schumacher）则被视为其设计师（Paterson，1977）。按照这种解释，社会主义政党是在它们放弃社会主义目标之后才开始谋求工人之外的其他集团的支持的。

　　这种观点完全不正确。一旦选举胜利的前景变得真实可信，社会主义政党就会在工人阶级之外寻求支持，此后，它们就会在寻求联盟和重视工人阶级之间徘徊游离。1895 年恩格斯所作的胜利预言，即社会主义者将成为"所有其他权力都不得不低头弯腰"的一种力量，是以他的关于社会主义政党成功"征服大部分中间社会阶层、小资产阶级和小农"这一观点为条件的。他对法国政党的劝告——这是没有必要的，因为他们实际上已经正在做了（Landauer，1961）——是相同的：吸纳小农。1891 年爱尔福特纲领确立了这种基调，其中对"中产阶级"的求助被表达为：他们的利益与无产阶级利益"类似"；他们是无产阶级的"天然盟友"（Kautsky，1971）。在法国，1893 年盖德一被选进议会，盖德派（Guesdists）就开始主张联盟（Derfler，1973：48）。在比利时，1894 年工人党实施的第一份纲领就求助中低层阶级和知识分子（Landauer，1959，I：468）。在瑞典，早在 1889 年就争论过多阶级策略，此后，社会民主党一直在向异质的阶级方向移动，直到 1920 年完全接受这一策略（Tingsten，1973）。英国工党在 1912 年确实挫败了一个开放成员的提案，该提案建议该党允许"经理、领班以及独立从事商业活动者"以个人为基础加入。但是到了 1918 年，随着工党采取了向左转的实用主义立场，该党向"脑力劳动者"敞开了大门。的确，在 1969 年与比尔（Beer）的争论中，麦基宾（Mckibbin）把 1918 年纲领中对社会主义的强调，解释为努力争取"职业中产阶级"（1974：97）。无论哪里的修正主义者都断言，工人并非多数，工人政党必须寻求来自工人阶级之外的支持。伯恩施坦、饶勒斯、麦克唐纳都独立地得出这样的结论：一旦一个政党致力于选举竞争，他们就不得不赞成这个结论。到 1915 年，米歇尔斯已经能够把社会民主战略的特征作如下概括：

　　　　为了在选举中获得优势，工人政党寻求社会中的小资产阶级的支持，这或多或少会对政党自身产生广泛的反作用。工党变成了"人民"的政党。它不再仅仅向体力劳动者发出号召，而是向"所有生产者"，向"全体劳动人口"，这些用语适用于社会的所有阶级和所有阶层，除了依靠投资收入生活的游手好闲者。（Michels，1962：254）

战后几个社会民主政党向更广泛意义上的中产阶层的转向，与其说是一种新的策略姿态的结果，不如说是西欧阶级结构不断变化的反映。20世纪，农业人口比例下降，其中20世纪50年代下降的速度比前几十年中的任何十年都快。"新的中产阶级"在数量上几乎取代了"老的"中产阶级。尽管有些滞后，但政党的策略反映了阶级结构在数量上的演变。因此，比较新的只是工薪雇员成为社会主义潜在支持者的明确指标。毕竟，是伯恩施坦引入了人民党（Volkspartei）的概念，而不是舒马赫或者勃兰特（Brandt）。寻找联盟是选举主义（electoralism）的内在要求。

一旦决定竞争"天然盟友"——不管他们是老的还是新的中产阶级——的选票，社会主义者就必须求助于人口中的绝大多数。根据布兰廷1889年的估计，"人民"占瑞典社会的95%，但鉴于他的"人民"的定义，这个数字可能有些夸大了（Tingsten，1973：135）。为了平均分配第一次世界大战的债务负担，瑞典工党在其纲领性文件《工党和社会新秩序》（*Labour and the New Social Order*）中断言，"通过这种方式，工党有理由获得全国4/5选民的支持"（Henderson，1918：125）。没有理由怀疑，今天的工人阶级与其盟友一起，构成大约80%的法国人口（Parti Communiste Français，1971）或美国人口（Wright，1976）。除了产业工人，如果我们再加上白领雇员、小资产阶级、家庭主妇、退休人员、学生，几乎没有人会代表与社会主义对抗的利益。剥削者仍然只是一小撮人："具有免税支出账户的商人、享有免税资本收益的投机者以及享有免税裁员补贴的公司退休董事"，这是1959年工党选举声明所说的（Craig，1969：130）。

然而，任何国家的社会民主政党都从来没有获得过4/5选民的选票。只是在少数情况下，它们获得了实际投票人数一半的支持。它们远远没有获得它们声称所代表的那些人的全部选票。另外，它们甚至不能获得全部工人——传统意义上这个词指的是无产阶级——的选票。在几个国家，多达 1/3 的体力劳动者把选票投给了资产阶级政党。在比利时，多达 1/2 的工人没有给社会主义者投票（Hill，1974：83）。在英国 1979 年选举中，工党失去了工人阶级 49% 的选票。当社会民主党是一个阶级政党时，它们似乎被贬黜于少数地位；当它们寻求成为群众性政党时，它们似乎受到了同样的贬黜。作为一个纯粹的工人政党，它们不能赢得实现社会主义的委托授权；作为一个全民政党，它们仍然难以取胜。

为什么没有一个政党曾经以社会主义转型纲领赢得多数支持，一些原因无疑在选举制度之外。然而，社会民主政党面临着一个纯粹的选举困境。只要工人被作为工人在政治上组织起来，阶级就会塑造个人的政治行为。如果政党不是把人们当作工人动员，而是当作"大众"（the masses）、"人民"（the people）、"消费者"、"纳税人"或者仅仅是"公民"来动员，那么，工人不大可能把自己定义为阶级的成员，并且最终也不会以工人身份投票。而通过把动员向"大众"扩展，社会民主党人削弱了阶级作为个人政治行为的一个决定因素所具有的普遍重要性。

以赢得选民支持为导向的策略，不仅对于工人和其他阶级之间的关系产生了影响，而且对于工人阶级内部关系也产生了重要影响。为了在选举竞争中获胜，社会民主政党必须代表不同的集团，成为实现其直接经济利益的工具。所谓直接，是指一旦该党在即将到来的选举中获胜，这些利益就能够实现。超阶级联盟必须以工人阶级和其他集团的直接经济利益的趋同为基础。社会民主党人必须为小资产阶级提供信贷，为工薪雇员提供养老金，为工人提供最低工资，为消费者提供保护，为年轻人提供受教育的机会，为家庭提供补贴。这种趋同不可能在增强工人阶级反对其他阶级的凝聚力和斗争性的措施中发现。当社会民主党人扩展动员对象时，他们必须承诺：不是要为作为一个集体的工人的特殊目标而斗争——这些目标对于作为一个阶级的工人而言构成了公共物品——而是要为工人作为个人与其他阶级的成员共享的那些目标而奋斗。这种共享的利益基础，可以在税赋从间接税向直接税的转变中找到，可以在消费者保护法中找到，也可以在公共交通的开支中以及其他方面找到。这些方面都是作为个人的工人与其他低收入者、消费品购买者、坐公交车上班者共同关心的问题。它们不是作为一个阶级的工人的利益，而是作为穷人、消费者、通勤者，以及其他人的共同利益。

上述这些方面没有一个意味着，由于社会民主政党求助于大众，就不再代表工人的利益了。尽管这种趋同从来就不完美，并且工人的有些利益常常被放弃，但是社会民主政党仍然代表工人作为个人与其他人分享的那些利益。因此，转向"人民"的社会民主政党仍然是作为个人的工人的政党；它们不再是通过把工人置于其他阶级的对立面来训练他们与其他人进行竞争的作为一个阶级的工人组织。阶级冲突——这种冲突发生在具有内在凝聚力的集体之间——由于工人政党变成了群众性政党而达成妥协。

然而，阶级诉求的分化，并不仅仅影响作为一个阶级的工人的组织。由于它恢复了一种无阶级的政治幻想，它还对资本主义社会中政治冲突的形式产生了根本的影响。当社会民主政党变成"全民"政党，它们加强了政治是界定"社会所有成员"集体福利的过程的幻想。政治又一次被以个人—国家的维度界定，而不是被以阶级的维度界定。

这种对于阶级冲突的淡化反过来会影响工人。由于阶级身份变得不再重要，对于工人而言，社会民主政党失去了特有的吸引力。社会民主政党不再与其他政党有什么本质的区别，阶级忠诚也不再是自我身份的最强有力的基础。工人认为社会是由个人组成的；自己是集体的成员，而不是阶级的成员；自己的政治行为以宗教、种族、地区或者某种其他亲密关系为基础。他们成为天主教徒、南方人、讲法语的人，或者仅仅是"公民"。

现在清楚的是，这种困境彻底回到了选举竞争制度中。社会民主政党还要继续在阶级的纯洁性与广泛支持之间做出选择，因为当它们试图增加工人之外的选举支持时，其动员工人的能力就会降低。这种选择对于任何一个政党来说都不是一劳永逸的，也不代表单向性的演变。实际上，如果在吸引大众和赢得工人之间存在一种选举权衡，那么，纯粹从选举的角度看，战略性的转变是非常必要的。特定政党的历史充满了战略的逆转，充满了方向、争论、分裂等方面的重要变化。1905 年，德国社会民主党重新强调阶级；瑞典社会民主党人曾于 1926 年放弃成为多阶级政党的努力，1953 年又继续这种努力；挪威工党也于 1918 年强调其阶级取向；德国年轻的社会主义者十年前对中间阶级战略（mittleklass strategie）发起猛烈的攻击；工运主义者倾向与多阶级倾向之间的冲突，今天仍然困扰着一些政党。从纯粹的选举角度考虑，社会民主党人面临着一个困境。他们被迫在强调阶级和求助于全民之间徘徊不定。他们看来不能赢得任何一种策略的成功，并且在面临困境时他们像理性人那样行事：他们惋惜、悔恨，改变策略，然后再惋惜、悔恨。

社会民主党人没有成功地把选举转变成一种向社会主义过渡的工具。为了在选举中取得实际效果，他们不得不与在社会主义旗帜下加入工人队伍的那些人结成盟友，然而，同时他们又实实在在地侵蚀了作为工人力量之源的意识形态。他们不能仅仅保持工人政党的身份，而他们也从未停止过作为工人政党的身份。

改良与革命

社会主义者为达到其最终目标而参加选举。第一国际海牙代表大会指出："要确保社会革命的胜利及其消灭阶级的最终目标的实现，有必要把无产阶级组织为一个政党。"（Chodak, 1962：39）瑞典社会民主党的第一个纲领特别指出："社会民主党不同于其他政党，因为它渴望彻底改变资本主义社会的经济组织，并且实现工人阶级的社会解放……"（Tingsten，1973：118－119）即使是最具有改良主义倾向的修正主义者米勒兰也警告说："谁不承认社会所有权取代资本主义所有权是必然的、渐进的，谁就不是社会主义者。"（Ensor，1908：51）

这些目标将以选举表达的多数授权为基础，作为普选权体现的意志，通过立法得到实现。社会主义者将消灭剥削，摧毁社会的阶级分裂，消除所有的经济和政治的不平等，结束资本主义生产的浪费和无政府状态，根除不公正和偏见的所有来源。他们将不仅解放工人，而且解放人类，将建立一个以合作为基础的社会，合理地调整能源和资源以满足人的需求，为个性的充分发展创造社会条件。理性、正义和自由是社会民主运动的指导性目标。

这些是最终的目标，由于政治以及经济原因，这些目标不可能立即实现。社会民主党人不愿意等到这些目标能够最终实现的那一天。他们声称，不仅将来，而且在"现在"——即在资本主义社会——代表工人和其他集团的利益。饶勒斯领导的法国社会党，在1902年的图尔大会（Tours Congress）上宣称，"社会党反对孤注一掷的政策，追求一个可以立即成为现实的改良纲领"，并且就民主化、世俗化、司法组织、家庭、教育、税收、劳工保护、社会保险、企业国有化以及外交政策等问题列出了54项具体要求（Ensor，1908：345ff.）。1897年瑞典社会民主党的第一个纲领提出如下要求：实施直接税制，发展国家和市政的生产性活动，开展包括国家对于农场主进行信贷控制在内的公共信贷，进行工作条件、老年人、疾病和意外保险方面的立法，促进法律平等，保障结社、集会、言论和出版自由等。（Tingsten，1973：119－120）

这种对于立即改善的转向，从未被其始作俑者看作是对最终目标的偏离。既然社会主义被认为是必然的，那么就没有理由要求社会主义政党不得提倡立即有效的措施；这些措施可能阻止不可避免之事的发生，这种危险是不存在的，甚至一点可能性也没有。正如考茨基指出的："认为这样的改良可能延误社会革命将是一个极端的错误。"
（1971：93）最终目标将会实现，是因为历史站在社会主义一边。如
果说有什么不同的话，社会主义运动中的修正主义者，甚至比那些倡
导暴力革命策略的人更具有决定论倾向。例如，米勒兰在圣芒代
（Saint-Mandé）演讲中主张："人们现在不会、将来也不会建立集体
主义，它是自己一天天建立起来的；如果允许我用一句话来表述的
话，它被资本主义制度掩盖了。"（Ensor，1908：50）

即使社会民主运动离开历史的保护去重新在伦理价值中发现社会
主义的正当性，社会主义领导人的意识中也不会出现什么困境。伯恩
施坦著名的放弃最终目标的观点，并不意味着它们仍然无法实现，它
只是意味着实现目标的方式是专注于最近的目标。在谈到工人获取政
治权力时，饶勒斯提供了经典的比喻："我也不相信，必然会有一个
突如其来的跳跃，可以跨越深渊；可能我们将会意识到我们进入了社
会主义国家的地带，就像航海家意识到在穿越半球的分界线——这并
不是说当他们在穿越一条延伸到海洋、提醒他们航行通道的线时，他
们能够看得见；而是说他们会随着船的前进被一步步地领入一个新的
半球。"（Ensor，1908：171）实际上，对于社会民主党人来说，即时
的改良是向着社会彻底重构的逐渐积累，在此意义上，它们构成了
"步骤"。德国社会民主党巴伐利亚派的领导人福尔马尔（Georg von
Vollmar）预料到了伯恩施坦的观点。他在爱尔福特代表大会上指出：
"在总目标或最终目标之外，我们发现一个更为切近的目标：预先满
足人们最直接的需求。在我看来，最直接需求的实现是主要的，不仅
因为它们具有重要的宣传价值，并有利于动员群众，而且因为在我看
来，这种逐渐的过程，这种逐渐的社会化，是强烈地指向渐进过渡的
方法。"（Gay，1970：258）

改良和革命不是要求在社会民主党的世界观内作出选择。为了带
来"社会革命"——这个短语在 1917 年之前意指社会关系的转变，
并不必然是一场暴动——循着改良路线就足够了。改良被看作是累积
性的和不可逆转的。饶勒斯的观点没有什么值得奇怪的，"正因为是

一个革命的党……社会党是最积极改良主义者……"（Fiechtier，1965：163）改良越多、越快，社会革命就越临近，社会主义航船就会越快地驶入新的世界。即使采取新的步骤的时间不够宽裕，即使政治和经济环境要求推迟改良，最后，每一次新的改良仍将是建立在过去成就基础上的。缓解资本主义的影响，并一步步地改变它，最终将导致社会的彻底重构。在评论米利班德（Miliband）1969 年的著作时，巴伯（Benjamin Barber）很好地表达了这种观点："确实，在某一时刻，缓解变成了改变，衰减变成了废除；在某一时刻，资本主义的'让步'毁灭了资本主义……这并不是说这一时刻已经到来，只是说必然存在这样的一个时刻。"（1970：929）

经济方案和政治现实

社会民主党人预想的"社会革命"是必然的，因为资本主义是非理性的，也是不正义的。这种无效率和不平等的根本原因是生产工具的私人所有。尽管私人占有偶尔也被看作完全不同的邪恶事情——从卖淫和酗酒到战争——的源头，但是，人们总是认为它对于资本主义的非理性以及由它导致的不正义和贫困负有直接责任。

在《社会主义从空想到科学的发展》这部社会主义运动最重要的理论著作中，恩格斯就已经强调指出，在每个工厂中资本主义生产的不断增加的理性，伴随着，也必然伴随着在全社会规模上生产的混乱和无政府状态。恩格斯写道："社会化生产和资本主义占有之间的矛盾，表现为个体工厂中生产的有组织性和整个社会中生产的无政府状态之间的对抗。"（1959：97-98）布兰廷在 1920 年重申："在现代社会秩序的基本前提下，不存在令人满意的保证——或者作为实体的生产被赋予最理性方向的可能，或者从国民经济和社会角度来看，各个部门的利润得到了最佳的使用。"（Tingsten，1973：239）

私人占有的第二个影响是它所产生的物质报酬的不公平分配。工党的一个理论家写道：“社会主义的经济情形，在很大程度上是以机器化大生产时代资本主义不能够带来商品的任何公平甚至可行的分配为基础的。”（Cripps，1933：475）即使是 1959 年断然背离马克思主义传统的哥德斯堡纲领也承认，“市场经济自身并不能够保证收入和财产的公正分配”。

鉴于这种分析，生产工具的社会化或国有化是实现社会主义目标的主要途径，因而是社会民主党人获取权力之后所要完成的首要使命。廷斯滕（Tingsten，1973：131）写道：“社会革命，总是被认为意味着社会民主党工人阶级领导下的系统而又深思熟虑的社会化。”社会化或者国有化——术语的模棱两可是重要的——是社会革命得以实现的途径。

在第一次世界大战前，由于社会党致力于获得普选权，并把工人组织成一个阶级，而对于实现社会化的手段很少有（即使如果有的话）明确的想法。当战争摧毁了既有秩序，释放出占领工厂的自发运动，并打开政治参与之门时，所有社会主义政党惊讶地发现，它们可能正处于追求社会化纲领的位置。实际上，对于成熟的社会主义政党和工会而言，发生在奥地利、德国、芬兰、意大利和瑞典的占领工厂风潮，其对于权威和组织的威胁，似乎与对于资本主义秩序的威胁一样多（Maier，1975：63；Spriano，1967：50-63；Williams，1975：121-145；Wigforss，1924：672）。

当这些自发运动受到压制或耗尽能量时，议会主义的逻辑重新掌控了社会民主运动。事实表明，国有化的努力在几个国家里非常相似，因而可以加以简要概括。社会化的议题被迅速提上奥地利、芬兰、德国、英国、荷兰、意大利和瑞典的社会民主政党和法国总工会（Confederation Generale du Travail）的议事日程。在几个国家里，显著的是德国、英国和瑞典，议会分别成立了“社会化委员会”，而在法国，利昂·布卢姆（Léon Blum）则在议会中提出一个铁路业国有化的法案。这些委员会获准制定社会化的详细方案——有的是所有基础产业的社会化方案，有的是特殊产业——典型的是煤炭业——的社会化方案。英国的委员会在劳合·乔治（Lloyd George）漠视其建议后很快草草收场；在德国，煤炭业国有化的问题在第一个委员会辞职后也停滞不前；瑞典的社会化委员会运行了 16 年，大部分时间耗费在对于其他国家类似努力的研究上，最后没有提出任何建议就寿终正寝了。尽管在几个国家里，社会民主政党组建或进入政府，但是这些最早的社会化努力的全球性影响却是一无所获。在两次世界大战整个间歇期，除了 1936 年法国军备业，西欧的社会民主党政府甚至没有对任何一家公司实行国有化。

通过改变生产性组织的基础推动社会革命的这场运动，以甚至在没有触及资本主义政治制度根基的情况下就融入了这一制度而告终，这种情况何以发生？当马克思 1850 年对资本主义民主进行解剖时，他确信，除非退缩，否则普选权将导致从"政治解放到社会解放"，就是说，工人一旦被赋予政治权利，他们将通过生产工具的社会化，立即开始摧毁资本主义的"社会权力"（1952a：62）。1928 年，威格弗斯（Ernst Wigforss）也认为这种结果是不可避免的："普选权与社会分裂成一个小的有产阶级和一个大的无产者阶级的状况是不相容的。要么富人和有产者取消普选权，要么穷人在投票权的帮助下获得不断积累的财富的一部分。"（Tingsten，1973：274-275）然而，当社会民主政党在奥地利、比利时、丹麦、芬兰、法国、德国、英国、挪威和瑞典执政时，富人仍然几乎未受触动，生产工具的私人占有当然也没有受到干扰。

人们可以举出很多理由。不应忽视的是"剥夺剥夺者"（expropriation of expropriators）的方案在理论上的模糊性。一个难题在于"社会化"包含的把产业交给它们的雇员，与"国有化"意指的国家决定其基本方向之间的关系是模棱两可的。一方面，正如科尔施（Korsch，1975：68）、威格弗斯（Tingsten，1973：208）和其他一些人所指出的，由直接生产者直接控制特定工厂的做法，并不能够消除生产者和消费者（即其他工厂的工人）之间的对立；另一方面，转向国家集中控制将产生由政府的官僚权威取代资本的私人权威的后果，苏联是一个突出的反面例子。在德国，管理者（gestionnaire）趋势占主导地位，这一原则甚至被纳入宪法，瑞典也是如此；在德·曼（Henri de Man）的影响下，计划（planiste）的趋势在比利时和法国找到了最重要的连接。第一次世界大战刚结束，就出现了一波制宪研究的潮流：奥地利的奥托·鲍尔（Otto Bauer，1919），德国的卡尔·考茨基（1925），英国的科尔（G. D. H. Cole，1919），比利时的德·曼——所有这些人都争先恐后地设计一种途径，以便把作为一个整体的社会层次的理性和直接生产者对其生产活动的控制结合起来。

然而，相对于现实政治的需要而言，理论活动的爆发来得太晚了。社会民主主义政治家常常承认的一个事实是，他们不知道如何推进其纲领的实现。哪些产业实行国有化的选择、融资方式、管理技术，以及部门间相互关系等问题，都是社会民主党人没有准备的技术性问题。因此，他们建立研究委员会并且等待。

但是，社会民主政党的这种惰性的原因，远比其计划的模棱两可复杂。无论哪个国家的社会主义者，都没有赢得议会多数的足够选票，从而能够无须其他政党的支持或者至少是同意就可以对任何事情进行立法。值得关注，也非常令他们惊讶的是，在几个国家中，社会主义政党受邀作为少数政府执政，或者作为多党联合政府的一员参加政府。作为一个少数政府，社会主义政党在应当做些什么的问题上面临着如下的选择：或者该党追求其社会主义目标，并迅速被击败，或者它像任何其他政党那样行事，管理着政治体系，并且只进行少量的改革，从而能够达到议会多数。

每一种战略都被根据其长期影响来审视。最高纲领战略的支持者主张，党应当对选民进行社会主义纲领的教育，应当揭露资产阶级政党的反动本质。他们认为，这样人民就会转而使该党以多数身份执政，并且授权其实现社会主义纲领。只有挪威采取了这种战略；1928年，该政府仅仅持续了三天；四年之后，在修改了社会主义目标使之变得温和之后，该党才重新执政。

最低纲领的支持者主张，党可以实现的最重要任务是显示它"适合统治"，即它是一个从政的党（a governmental party）。1924 年，麦克唐纳说："我们不打算为准备普选而接受职务，我们将为工作而担任公职。"（Miliband，1975：101）他们的期望反过来依赖于这样的信念：改良是不可逆转的和不断累积的。正如莱曼（Lyman）指出的：

> 渐进主义者想象，社会主义可以分阶段地实现，每个阶段的进步，在没有遭到保守党过于严重阻碍的情况下就被接受了，就像工党不那么激烈地反对保守党政府那样。于是，每次进步都在不受保守党统治损害的情况下保存下来，并且作为基础，下一届工党政府可以继续社会主义共和国的建设。（1965：142-143）

因此，社会主义政党将去执政，进行那些改良，并且只是进行能够集聚议会多数支持的那些改良，然后，当获得选民的新授权后，就转而实现社会主义目标。"我们只是希望尽可能长久地继续执政，当然，尽可能的长期执政，将使我们能够做些好的工作，消除许多可能阻碍未来政府的障碍，如果他们发现我们知道如何去面对的问题的话"，这是 1924 年英国工党的意图（麦克唐纳语，莱曼引用，1957：106；1920 年布兰廷的相似表述可以参见廷斯滕的著作，1973：238）。因此，布卢姆在"运用权力"和"获取权力"之间作了区分：作为少数派的社会主义者只能够运用权力，但是他们应当以终将导致获取权力的方式来运用权力（Colton，1953）。

妥　协

如果社会主义者不能够实行即刻进行国有化的纲领，那么他们在此期间又能做些什么呢？他们可以采取并且确实采取了改善工人条件的具体措施：开发住房项目，提出最低工资法案，对失业提供一些保护，所得税和遗产税，养老金。这些措施尽管有利于工人，但是既不会在政治上不可行，也不会带来经济上的震荡——它们延续了俾斯麦（Bismarck）、迪斯累利（Disraeli）和吉奥里提（Giolitti）的改革传统。这些措施既没有改变经济结构，也不会改变政治力量的平衡。

实际情况是，直到 20 世纪 30 年代，社会民主党人才拥有某种自己的经济政策。左派的经济理论是这样一种理论：它批判资本主义，主张社会主义的优越性，并因而主张引入一个生产工具国有化的纲领。一旦这个纲领被搁置——它还没有被抛弃，就没有什么社会主义经济政策是左派的了（Bergounioux and Manin，1979：110）。社会主义政党像所有其他政党一样行事：在分配问题上对它们的选民有一些偏袒，但是对于平衡预算、紧缩通货的反危机政策、金本位制等金科玉律满怀敬意。工党的斯基德尔斯基（Skidelsky）的概括具有普遍有效性："英国政治文化具有相对的同质性，存在着某种为所有明智的人都接受的主导观念或思维模式。在经济思想领域尤其如此。20世纪 20 年代的政治家展示的许多经济智慧，实际上是被视为 19 世纪的成功实践的某种知识结晶……"（1970：6）据说布卢姆"在纯粹教条主义的社会主义和资本主义的自由运转之间想象不出什么中间阶段……"（Wall，1970：541），看来任何其他人也无法做到这一点。人们唯一知道的改良理论是要求国有化的理论，不存在其他有条理的可替代方案。

然而，这样的替代方案作为对大萧条的应对之策出现了。在瑞典、挪威，较小程度上在法国，为了应对失业问题，社会主义政府采取了一系列打破既有正统经济观念的反周期政策。这留下了一个引起争论的问题：瑞典的政策，是从马克思经由威克塞尔（Wicksell）自行发展而来的，还是对于已在传播的凯恩斯理论的一个应用（Gustafsson，1973）？事实上，各国的社会民主党人很快就在凯恩斯的理论中，尤其是在其《就业、利息和货币通论》面世之后，发现了某种他们迫切需要的东西：管理资本主义经济的明确政策。凯恩斯主义革命给社会民主党人提供了一个目标，并且因而为政府发挥作用提供了正当性，同时也在观念上改变了对工人阶级有利的分配政策的重要性。

国家几乎在一夜之间就从经济循环的消极牺牲品，转变为社会借以管理危机从而维持充分就业的制度。在描述 1932 年瑞典政府所实行的政策时，失业方案的制定者古斯塔夫·默勒（Gustav Möller）强调指出，先前的失业救济是一种"意味着只是向失业人员提供最低限度必需品的制度，并没有抵制萧条的目的……据说，经济周期遵循着自然经济法则，政府对于经济的干预基本上是漫无目的的，从金融的观点来看，长期而言甚至是危险的"（1938：49）。默勒和威格弗斯都描述了瑞典社会民主党人如何发现如果国家在衰退期间奉行反周期政策，允许赤字以资助生产性公共产业，而在经济扩张时期偿还债务的话，就可以减少失业，整个经济可以被赋予活力（1938）。对于资本主义市场的反复无常，社会并不是无助的，通过国家的积极作为，经济可以得到控制，公民的福利可以持续得到增加：这是社会民主党人的新发现。

但是这还不是全部，凯恩斯主义不仅证明了社会主义者参与政府的正当性，在社会民主党看来，更为幸运的是，它还意外地承认了工人利益的普遍地位。以前，所有的增加消费的需求都被看作有悖于国家利益：高工资意味着低利润，进而意味着减少了投资和未来发展的机会。对于危机的唯一可以想象到的应对措施，是降低生产成本，也就是降低工资。1929 年，工党仍然持有这种观点。但是根据凯恩斯的逻辑，高工资，特别是工资是由于就业增加而不是由于提高工资率（直到 1936 年，瑞典都没有提高工资率）而增加，就意味着总需求的增加，这包含着增加利润、增加投资，从而刺激经济增长的预期。尽管仍然不清楚这种政策是否受到凯恩斯著作的影响（Colton，1969：198），法国人民阵线（Front Populaire）在 1936 年引入了一项新政策，"通过增加工资缩短工作周，实施公共工程，以及增加旅行和休假支出……购买力和消费需求将会增加，工厂将增加生产以满足不断增长的需求……经济衰退将得以克服"（Colton，1969：190）。增加工资曾经被视为国民经济发展的阻碍，现在被当作一种刺激。工人以及其他把大多数收入用于消费的人的短期特殊利益，如今被认为与整个社会的长远利益相符合。20年代社会民主党人追求的法团主义式（Coporatist）的维护工人利益的政策，以及走向"人民"的选举策略，如今在真正的经济理论中找到了意识形态的正当性。意识形态话语的用语发生了变化；俄林（Bertil Ohlin）在1938年写道："健康服务的成本，代表着对于最有价值的生产性工具——人本身的投资。近年来，显而易见，许多其他'消费'形式——衣、食、住、休闲娱乐，也同样如此。因此，重点放在'生产性'社会政策方面。"但是这种革命有另外的含义，俄林继续写道："趋势是'消费的国有化'，与马克思社会主义的'生产工具'国有化的主张相反。"

这种向凯恩斯主义的转变，很快就导致了社会民主党人发展出完备的"福利国家"理论（Briggs，1961）。社会民主党人把自己的角色定义为缓和市场的恣意力量，实际上放弃了完全国有化的方案。凯恩斯主义工具的成功应用，被看作一种宣示：国有化——被证明充满了问题和不确定性——不仅不可能通过议会的方式实现，而且也根本没有必要。凯恩斯写道："国有化不是国家采取的生产工具所有制的重要形式。如果国家能够决定用于增加生产工具的资源总量和对于资源拥有者的基本报酬率，那么它就能够实现所有必要条件。"（1964：378）正如威格弗斯进一步指出的，特定行业的国有制，只会导致社会主义政府被迫像资本主义工厂那样行事，受"市场的无序"所支配；而通过间接控制，国家使作为一个整体的经济合理化，并且围绕总体福利运行（Lewin，1975：286）。

这种新观点的理论基础，是在作为管理权威的产权概念和作为合法所有物的产权概念之间做出区分。伯恩施坦曾经指出："社会化的基本问题是，我们把生产，即经济生活，置于公共福利的控制之下。"（Korsch，1975：65）无须直接所有制，国家可以通过影响私有企业根据普遍利益行事，来实现社会主义者的所有目标。德·曼在1934年写道："国有化的本质，是产权的转移少于权威的转移。"（Bergounioux and Manin，1979：114）如果国家在必要时能够管理私有企业，并且这种管理能够减轻市场力量自由活动的影响，那么直接所有制就是不必要的，也是不可取的。这成为凯恩斯主义革命之后社会民主主义的座右铭。

总之，在20世纪30年代中期，作为少数派政府，社会民主政党不能贯彻社会主义纲领，而是找到了一种能够为其政府作用辩护的明确的经济政策，它阐明了一系列能够在资本主义范围内成功实现的中间改良措施，并且为一些国家提供了成功选举的平台。社会民主党人在20年代曾陷入要么全有要么全无的处境，现在，他们发现了一条以普遍福利方案取代国有化方案的改良道路。这种新方案的确涉及与那些被谴责为剥削者的人之间的根本性妥协，但它在经济上是有效的，在社会上是有益的，可能更重要的是，在民主条件下它在政治上也是可行的。

放弃改良主义

放弃生产工具国有化的计划，并不意味着国家不再涉入经济活动。在当代西欧国家，现在有5%～20%的生产总值（gross product）是由国家以某种形式完全所有的企业生产的（*Le Monde*，1977）。这种"公共部门"借以发展的途径多种多样，在这里难以详述。在意大利和西班牙，公共部门主要由法西斯主义的遗产构成；在奥地利，绝大部分由征收的德国人的财产构成；在英国和法国，第二次世界大战结束之后进行了一波国有化浪潮。尽管彻底的国有化——现存的私有企业转为国有财产——非常少见，但是，在几个国家中，还是开展了自己的经济活动。在大多数国家，公有企业拥有与私有企业相同的法律地位，并且以和私有企业同样的理性进行经营，国家只不过是一个股东。在意大利、英国和法国，国有企业偶尔被当作经济政策的工具。然而，尽管有这些不同，公共所有制的基本哲学还是广为分享：

只要可能，社会民主党人会致力于自由市场；如有必要，则支持公共所有制。

独特的是，国有企业被限制在信用机构、煤炭、钢铁、能源生产和分配、交通运输以及通信等行业。除此以外，只有那些受到破产威胁因而要裁减雇员的企业，才会被交到公众手中。国家从事最终需求产品的生产和销售的例子是极其罕见的，似乎仅限于汽车工业。国家从事那些对于整个经济而言是必要的经济活动，主要是向私有企业出售产品和服务，再由这些私有企业出售给消费者。因此，国家不与私人资本竞争，而是为整个经济的可获利运行提供必要的投入。

国家与市场的划分在"国家的公共物品理论"中备受推崇（Samuelson，1966；Musgrave，1971）。这种理论假定，资本主义市场是经济活动的自然形式，市场及其法则的存在是给定的。国家的角色被假定限于提供所谓的"公共物品"，即那些不可分割的，如果被提供给任何一个人，那么也应提供给其他每一个人的物品。对于国家而言，修建公共道路或者培训劳动力是合适的。理性的私有企业不会去修建道路，因为它们不能阻止人们使用道路，或者阻止把新获取的技术出售给竞争者。因而，国家的角色被假定限于那些对于私有企业而言不能盈利又为整个经济所必需的活动。当然，在几个国家中，国家也从事私有企业物品——如煤炭和钢铁——的生产。但是，当这些产业在国际竞争的条件下不能盈利的时候，或者因为这些产业不盈利，它们几乎没有例外地又转交给公共部门。的确，这些都是易于被国有化并且在公共部门中得到维持的产业，因为其所有者没有理由反对无利可图的产业的国有化。

因此，由社会民主党人建立的资本主义制度的结构产生出以下几个方面结果：（1）国家开展那些对于私人企业而言无利可图但又为整个经济所必需的经营活动；（2）尤其是通过实施反经济周期政策，国家对私营部门的运行进行管理；（3）国家通过福利措施，缓解市场运行产生的分配效应。

国家的管理活动基于这样的信念：私人资本家可以被引导，以公民希望的并在选票池中表达出来的方式分配资源。基本观点是，在资本主义民主国家，资源可以通过下列两种机制加以配置：一是"市场"机制，决策者偏好的权重与他们所控制的资源相匹配；二是国家机制，偏好的权重均等地配置给具有公民身份的人。当代社会民主的本质，是确信市场可以直接作用于公民所喜欢的任何物品——无论是公共的还是私人的——的分配；也确信通过使经济活动逐渐理性化，无须改变私有财产的法律地位，国家就可以把资本家转变为为公众服务的私人职员。

国家对于经济生活的干预是受效率这一标准指导的，这与对正义的关切迥然不同。效率的观念独立于任何分配上的考虑。根据为不同的政治路线所共享、并被视为技术上的标准，资源的有效分配是这样一种分配：没有人能够在其他人不过得更糟的情况下过得更好。在这种配置中，一些人可能比其他人过得更好，但是按照这种观点，分配问题在被事后处理时可以得到更好的解决。因此，社会民主党人的社会政策，很大程度上是由缓解效率原则指导下资源配置的分配效应构成的。这种政策不是要改变经济体制，而是要纠正其运行的影响。

社会民主党人作出承诺，要维持生产工具的私人所有权以确保效率，并承诺要减缓其分配上的影响，因而他们放弃了改良主义运动。（尤其是勃兰特的观点，可参见 Brandt, Kreisky, and Palme, 1976。）改良主义总是意味着向着结构性变革的逐渐进步；传统上，这样的信念证明了改良主义的合理性：改良是累积的，它们一步一个脚印，它们指引着某种方向。按照社会民主党人的逻辑，他们当前的政策不再允许改良的积累。

放弃改良主义是已经实现的改良措施的一个直接的后果。既然国家几乎排他性地参与那些在私人看来无利可图的活动，它也就被剥夺了继续国有化进程所必需的财政资源。即使公有产业是那些利润很高的产业，那么利润也可能被用于购买或者发展其他产业。但是，由于社会民主党人已经卷入了亏损的部门，他们逐渐扩展公共领域的能力就受到了削弱。另外，意识形态的影响也不容忽视：按照私人资本家的标准，公共部门的低效率声名狼藉，局面就是在这样的情况下形成的，结果是对于国家扩大活动领域的强烈抵制。也就是说，落户于公共部门的企业基本上是那些按照资本家的标准看来低效率的企业，现在看来，它们之所以无效率正是因为它们是公共的。因此，所有政府，不管是不是社会主义政府，它们的主要预设都被打了折扣，这转而意味着，公有产业即使被作为宏观经济政策的工具——例如，通过降低钢铁价格来减少通货膨胀的压力，也不能被当作工具来利用。

同时，由于增强了市场的作用，社会民主党人就有必要长期地减缓市场运行带给分配的影响。资产阶级政府甚至没有必要强行"废弃"福利改革。任由市场自我运行，不平等增加，失业波动，劳动力需求的转移使新的群体遭受贫困，等等，这就足够了。正如马丁（Martin）对英国的评论："'充分就业福利国家的基本结构'并未像克罗斯兰德（Crosland）的分析引导人们预期的那样具有持续性。然而，这并非因为 1951—1964 年间的保守党政府开始摧毁它……对于保守党政府而言，要削弱充分就业福利国家，必须要做的仅仅是不要采取任何措施来抵制这些过程。"（1975：28）这种减缓并没有成为转变。的确，没有转变，就有必要采取长久的减缓措施。社会民主党人发现，他们自己正处于在马克思看来是路易·波拿巴所处的局面：他们的政策看来是相互矛盾的，因为他们被迫在增强资本生产力的同时去抵消它的影响。

这种路线的最终结果是，社会民主党人再一次发现，当他们面对一场国际体系危机时，他们并没有属于自己的可供选择的方案。当他们处于执政地位时，他们被迫像其他政党一样行事，依赖于通货紧缩、削减开支的措施，以保证私人获利及其投资能力。以增进工作场所的民主为导向的措施——这是社会民主党人的最新发现（Brandt，Kreisky，and Palme，1976）——并没有令人惊喜地迎合 20 世纪 20 年代社会运动的立场，这是左翼缺少自己的宏观经济手段的另一个时期。这些措施将不会解决紧迫的经济问题。如果当前的国际危机严重削弱社会民主党人的选民基础，这种状况还将出现。

阶级妥协的经济基础

第一次世界大战结束后，社会民主党人一组成政府就发现，他们对于正义的关切不能够与增加生产力的目标直接相容。用威格弗斯的话说，就是"由于社会民主党致力于财产和收入的更加平等和更加公平的分配，它必须永远记得，人们必须先生产，然后才有东西分配。"（Tilton，1979：516）对于恢复和扩大工业生产能力的关注，在德国和瑞典很快主导了关于工业社会化的第一次讨论（Maier，1975：194；Tingsten，1973：230）。当然，财产的公平分配并非社会主义者的承诺，为了提高整体富裕水平，社会民主党人不得不集中精力发展生产力。

但是，在不进行生产工具国有化的条件下，生产力的增加需要私营企业提高盈利能力。只要积累的过程是私有性质的，整个社会就要依赖于维持私营企业的利润，依赖于资本家分配这些利润的行动。因此，社会民主党人管理经济和减缓社会影响的效能，像其他任何政党一样，依赖于私营部门的盈利能力和资本家的合作意愿。社会民主党人管理经济的真正能力依赖于资本的利润。这是难以打破的结构性障碍：任何政策的限度都在于，投资以及利润从长期来看必须受到保护。既然利润是私有的，因而关心投资规模和投资方向的个体资本家的决策，构成了国家干预的有效性的条件，并且必须被预料到。国家对于经济的干预，依赖于资本家为了种种目的——扩大财源、获取信息、提高制定政策和计划的能力、提高提供社会服务的能力，等等——而采取的行为。另外，对于任何特定政府的选举支持也依赖于资本家的行为。当人们把选票投给某个政党的时候，他们并非专门为"公共物品"投票。当他们的个人收入降低或者失业人数增加的时候，他们会投票反对现任政府（Kramer，1971；Stigler，1973）。因此，任何政党都依赖于私人资本，即使是为了通过选举继续执政。

在资本主义社会，任何政府都依赖于资本（Offe and Runge，1975：140）。掌权的政治力量的本质，不是要影响这种依赖性，因为它是结构性的：这是这种体制的特征，而不是政府职位占有者即选举获胜者的特征。处于"执政地位"释放不了多少权力，社会民主党人与任何政党都受制于同样的结构性依赖。

因此，社会民主党人与私人资本的基本妥协，是资本主义社会真实结构的一种表现。如果生产工具的私人所有权保持不变，资本家占有利润就成为雇佣劳动者的利益。在资本主义条件下，今天的利润是将来进行投资进而生产、就业和消费的条件。正如施密特总理（Chancellor Schmidt）所指出的："企业今天的利润就是明天的投资，明天的投资就是后天的就业。"（Le Monde，July 6，1976）当前的利润将转化为雇佣劳动者未来物质条件的改善，这种预期成为社会民主党人赞成资本主义的基础。社会民主党人同意资本家保留部分社会产品的权利，因为资本家占有的利润被预期为被保存、投资和转化为生产能力，并且有一部分是作为收益分配给其他群体。因此，这种同意依赖于一个经济基础，它是对资本主义社会中雇佣劳动者物质利益的一种反映。

社会民主党人保护利润免受大众需求的影响，因为激进的分配政策并不符合雇佣劳动者的利益。没有人画出蓝图，然而资本主义制度被设计成这样一种方式：如果利润不够充分，那么最终工资率或者就业就会下降。资本主义危机不符合任何人的物质利益；它们对雇佣劳动者是一种威胁，因为在资本主义制度下，经济危机的负担必然会落到劳动者的肩上。

这就是社会民主党人放弃废除生产工具私有权，而与资本家合作提高生产率和分配收益的原因。这就是社会民主党人不仅努力地再生产资本主义，而且努力改善它，甚至反对抵制资本主义的原因。通过选举来实现生产工具的国有化已被证明是不可行的；激进的分配政策导致的经济危机也不符合雇佣劳动者的利益；如果能使资本家合作，而雇佣劳动者又能够训练有素地持续等待，那么整体的富裕水平就能够提高。

社会民主与社会主义

社会民主党人不会把欧洲社会引入社会主义，即使工人愿意在社会主义制度下生活，在社会主义被组织起来之前，向社会主义过渡的过程也必然导致一场危机。为了登上高峰，人们必先翻越山谷，在民主条件下，这种下降不会完成。

假设社会民主党人赢得了选举，并且努力利用他们的地位促进向社会主义的民主转型。在资本主义社会的既定社会结构条件下，这种选举的胜利只有在获得几个团体支持的情况下才有可能。这几个团体包括：产业工人、非体力劳动的雇员、小资产阶级、农民、家庭主妇、退休人员以及（或者）学生。因此，要求物质条件显著改善的压力来自若干个团体。工资，尤其是最低工资或"维持生计必需的"工资（vital，在智利称为 sueldo vital，法国称为 SMIC），必须增加；失业必须减少；转移支付，尤其是家庭津贴，必须提高；为小企业和农场提供的信贷，必须以较高的风险变得更便宜、更易于获取。这些需求可以通过下列方式得到资金：（1）个人收入的再分配（通过直接税或者减少工资差别），（2）提高潜在生产能力的效用，（3）花费外汇储备或者借款，以及（4）降低利润率（Kolm，1977）。前三种来源的总和将不足以满足需求。高收入的再分配不会有多少数量上的影响，而且，在不威胁到工薪雇员对选举支持的情况下，收入不可能降得太低。突然被激活的潜在生产能力会产生瓶颈，并且会被迅速耗尽能量。如果不想把通货置于外国借款人和投机商的掌控之下，外汇储备的花费必须小心谨慎。此外，即使以货币结算的账户结余平衡，组织起来生产某些商品和服务的经济体，也难以在一夜之间完成满足对于工资品（wage good）新需求的转型。

如果资本家被迫支付较高工资和把就业率维持在有效水平之上，他们可能只有通过提高工资品的价格来应对了。通货膨胀也会受到因进口工资品的必要性和来自投机的压力而带来的支付平衡困难的刺激。因此，要么通货膨胀的原动力开始启动，要么如果物价受到控制，短缺会出现，黑市也会形成，等等。最后，名义工资的增加受到侵蚀，正像 1936 年法国出现的情形（Kalecki，1936），以及在智利和葡萄牙出现过的那样。

在正常情况下，人们可以预期，总需求的增加将会刺激投资和就业。再分配措施，尽管包括无机的发散（inorganic emission），但是其合理性通常不仅要求公正，而且要求效率。当最低收入提高时，对工资品的需求也随之增加。潜在生产能力和外汇储备的利用，被认为是一种缓冲措施，在投资恢复并且最终导致供给增加之前的短时期内，它将防止价格受到需求增加的影响。人们预期，更大的销售额带来的利润将被再投资，因而经济将受到刺激，从而以更快的速度发展。在正常情况下，这并不是毫无道理的，智利的伍什科维奇计划（Vuskovic Plan）就是一例。

然而，当经济需求自发增加并且伴以结构转型的时候，这样的计划不可能成功。在此情形下，工资需求就像被没收了一样；资本家预期，这些需求将被实施，或者至少受到政府的宽恕。贝文（Bevin）指出："我们将处于不得不倾听我们自己的人民呼吁的位置上。"（Lyman，1957：219）政府干预的增加确切地表明，非市场的理性被强加到积累过程之上，就是说，资本家被迫做出从利润来看是次优的配置。由国家实行的国有化措施、土地的分配、信贷和外汇的垄断，威胁着私人利润制度。在这种情形下，理性的私人资本家将不会去投资。如果投资回报被预期为零或者为负值，并且风险很高时，理性的企业家就不会投资。

然而生产必须继续下去：用考茨基的话就是："如果生产不继续下去，整个社会就会消亡，无产阶级也包括在内。"考茨基继续说：

"因此，胜利的无产阶级不仅完全有理由在不能立即实行社会化的所有部门促进资本主义生产的继续，而且还应当防止社会化引发经济危机。"（1925：273）但是，那些生产工具暂时没有被社会化的资本家，如果担心社会化运动将会来临，将不会投资。这就是兰格（Lange，1964：125）认为国有化必须"一举"完成的原因：

> 决心实现社会主义的政府，必须决定一举完成社会化纲领，否则就彻底放弃。这样的政府一旦掌权，必然会引起财政恐慌和经济衰退。因此，社会主义政府必须保证私有财产和私营企业不受影响，以使资本主义经济正常运转，但这样做就放弃了社会主义目标；或者必须坚决地以最快的速度实行社会化纲领。

然而，即使社会主义政府是果断的，即使它像兰格所建议的那样，做出所有必要的努力让小企业和财产所有者放心，生产关系的转变也必然伴随着一场经济危机。即时消费的压力在公有企业和私有企业一样起作用。即使这些企业是自我管理的，为自己的产品收取高价仍然会使每个企业境况更好。防止突然转向工资品生产的刚性不仅是组织上的，也是物质上的。而且，国有化会产生自身的经济问题。就像波洛格纳（Bologna，1972）和马格林（Marglin，1974）所争论的，不管资本主义生产是不是一种审慎的政治战略，在议会运动的余波中，它都会以这样的方式组织起来：直接生产者作为一个阶级，失去了自主管理其生产体系的能力。就像马克思所看到的，工人阶级不仅具有受剥削的特征，而且同时具有在全社会层面组织社会主义生产体系的能力。然而，即使这个判断曾经是正确的，如今，直接生产者即刻控制社会生产的过程也不再具有可能性，或许任何一个厨师都可以学会如何管理社会生产过程，但是一个较长的学徒期是必要的。社会主义变革所要求的组织和管理能力，不可能在一夜之间获得。这里没有蓝图，经验是有限的。通过从试验及其中包含的错误中学习，是不可避免的。

　　因此，向社会主义过渡必然会产生经济危机。投资迅速下降，物价上升，名义工资收益受到侵蚀，最终产出下降，需求滞缓，失业也会作为一个主要问题再次出现。所以，阿连德（Allende）所主张的纲领是不可能实现的，他说："我们政府所采取的社会主义取向的政治模式，要求社会经济革命与不间断的经济扩张同时进行。"（De Vylder，1976：53）布卢姆的信念——"更好的分配方案……将会在满足正义的同时恢复生产"，也是不可能实现的（Weill-Raynal，1956：54）。以"增加基本工资和福利待遇……"开始的向社会主义的过渡，同样不可能实现（Parti Socialiste Français，Parti Communiste Français，1972：Ⅰ.1.1）。

　　面对一场经济危机，受到失去选举支持的威胁，为法西斯分子反革命的可能性而担忧，使得社会民主党人放弃了过渡到社会主义的计划，或者至少停下来等待更好的时机。他们找到了向工人阶级做出解释的勇气：受到剥削比开创一种包含着反对自己之风险的局面要好得多。他们拒绝拿自己的命运作赌注，把它押在危机的恶化上面。他们作出妥协，他们维护现状并为之辩护。剩下的问题就是，是否存在一条回避帕姆（Olof Palme）左派所定义的可选择的方案："要么回到斯大林和列宁的路线，要么走符合社会民主传统的道路。"（Brandt，Kreisky，and Palme，1976：120）

第 2 章　无产者成为阶级：
阶级形成的过程

导　　论

　　马克思主义理论在分析具体资本主义社会的阶级结构时所遇到的难题，在社会主义运动形成时期就已经出现了。其根源可以在马克思所做的有疑问的阐述中找到，其中阶级形成的过程，被视为从一个"自在的阶级"（class-in-itself）向一个"自为的阶级"（class-for-it-self）的必然的转变过程，在这一阐述中，经济关系具有客观条件的地位，而所有其他关系构成了主观活动领域。

　　为了替代这一阐述，我们必须沿着下面的路线进行思考，这也是马克思建议的。其中，经济、政治和意识形态条件，共同影响着阶级的形成、瓦解或者重组。因而，阶级必须被看作经济、政治和意识形态同时起作用的客观条件所构成的斗争结果。

　　阶级分析是把社会发展与具体的历史行为者之间的斗争联系起来的一种分析方式。这些行为者是处于特定历史时刻的斗争集体，并非只是由客观条件所决定的，甚至不是由经济、政治和意识形态的总体条件所决定的。确切地说，由于阶级形成是斗争的产物，这个过程的结果在每个历史时刻都具有一定程度的非决定性。

　　阶级分析不能仅限于在生产体系中占有地位的那些人。一定数量的社会可用的劳动力找不到生产性岗位，这是资本主义发展的一个必然结果。这些剩余劳动力可能被社会以一些不同的形式组织起来。这些组织形式不是由积累过程决定的，而是直接由阶级斗争决定的。

　　工人形成一个阶级的过程与剩余劳动力组织的过程不可分割地交织在一起。因此，在历史的任何时刻，出现一些可供选择的阶级组织都是可能的。

1890 年的科学社会主义

　　卡尔·考茨基的《阶级斗争》有几个理由让人感兴趣。它是德国社会主义党的半官方文件：它对 1891 年爱尔福特代表大会所采纳的纲领做了全面评论，而这个纲领很大程度上就是由考茨基构思的。因此，它构成了战士们为实现社会主义所追求的政治行动目标而提出的社会主义学说的权威阐述。为了使这种理论为积极的社会主义者所了解[1]，它采用政治上易操作的形式阐述了科学社会主义理论。除了《共产党宣言》和恩格斯的《反杜林论》的部分内容之外，确切地说，是考茨基的《社会民主党的教义问答》(*Catechism of Social Democracy*) 这本书——考茨基自己在该书的德文第一版的前言中这样描述这本书——使（不仅在德国而且包括存在社会主义政党的任何其他地方的）社会主义者的思想和成就得以条理化。[2]考茨基作为党的理论刊物的编辑，是那时该党的官方理论家，而乔（Joll）则称他为"社会主义的教皇"（1966：91）。[3]

　　可能更为重要的是，考茨基的著作代表了"正统马克思主义思想"，这种思想不仅在当时的辩论中起作用，而且在持续将近一个世纪的时间内起作用。马克思担心正统思想被简单化，拒绝承认自己是

"一个马克思主义者"。考茨基是一个马克思主义者，他的书是一部"马克思主义"的精简读本。[4]

要理解《阶级斗争》在马克思主义思想史中的地位，就要理解1890年正是马克思主义、社会主义理论和社会主义运动在欧洲大陆社会主义内相互融合的重要时刻。早期的社会主义思想是受道德以及非历史的理想所激发的，这种伦理基础在伯恩施坦以改变了的形式回归康德时得到再现。社会主义最初是道德上敏感的资产阶级的一个发明。这种社会主义，马克思和恩格斯称之为乌托邦，是建立在对现实和未来社会公正与否的个人判断基础上的。

马克思主义是科学社会主义理论。现实社会被定义为资本主义社会，是历史的产物，因而是注定要消亡的。一个新的社会主义社会必然会出现在历史舞台上，这并不是因为资本主义在道德上是错误的或不正义的，而是因为，对于资本主义社会发展规律的探究足以说服任何一个没有偏见的观察者相信，资本主义社会行将"崩溃"是这种社会的组织结构的必然结果。[5]

人们认为，马克思已经发现了资本主义社会的运动规律。说它们是规律，是基于这样的意义：它们从某个较长时期（即使不是特定的长期）来看，是必然要起作用的。它们所描述的发展是必然的：既不是资本家发挥创造性来维护资本主义关系，也不是工人的被动性可以改变长期的发展。但是这些发展可以通过组织起来的阶级行动而放缓或者加速。另外，这种必然性本身通过人力而产生作用。它把历史使命赋予资本主义关系中受苦最深的特定阶级，只有这个阶级处于能够改变这种关系的位置上，这就是无产阶级。作为资本主义发展的必然结果的社会主义，和"失去的只是锁链"、它的解放将带来全世界解放的工人阶级，两者被作为历史使命和代理人而联系在一起。考茨基强调："当我们说社会革命的不可抵抗和不可避免时，我们预先假定：人就是人，而不是玩偶；他们被赋予了某些需求和冲动，拥有试图按照自身利益而加以使用的某些体力和脑力……我们认为，现存社会制度的崩溃是不可避免的，因为我们知道，经济变革必然造成将会迫使

被剥削阶级起而反抗私有制的条件。"（1971：90）

　　因此，社会主义不过是历史必然性的一种进步的表达方式。要成为社会主义者，就要有科学态度，就要理解社会发展的必然规律。要有科学态度就要成为社会主义者，就要拒绝认为任何社会关系体系都永恒不变的资产阶级意识形态。[6]因此，成为社会主义者就要成为马克思主义者。[7]

　　因此，考茨基的著作成为对一场处于发展关键时期的政治运动的表达，是理解社会主义者带到工厂和议会、家庭和演讲大厅的学说的源泉。然而，它的重要性体现在当代。不界定当代关于阶级概念争论的根源，就不可能理解这些争论。我认为，这个根源恰存在于科学社会主义学说中：在马克思主义理论中，表现为其作为社会主义运动的指导学说的政治形式中。其中，考茨基的著作是一把钥匙。

　　考茨基关于阶级的讨论可以分为两个主题。他首先说明了影响资本主义生产关系结构的资本主义发展的诸方面。这是一种"空位置"（empty places）理论——位置处于完全由资本主义生产主导的社会结构之中。在这个层次上，阶级只是作为借助生产工具和生产过程而占据相似地位的一类人而出现的。具体的人只是作为那种类型的"化身"（personification），作为那个位置的"载体"（carriers）或"支持者"而出现的。这是"自在的阶级"那种层次，阶级是根据客观特征来界定的。在这个层次上，位置的占据者是"土豆包"（sacks of potatoes）：他们与生产工具的关系是相同的，因而具有相同的客观利益；然而他们仍然只是一种类型，而不是主体。

　　在界定了资本主义发展对于生产体系内位置结构的影响之后，考茨基系统地考察了每一种类型与社会主义运动的关系。特别是，他分析了资本主义发展和资本主义意识形态关系的那些影响，这些意识形态关系使得特定类型的人倾向于根据自己的利益支持或反对社会运动。

　　在考茨基看来，资本主义发展把社会成员分成不同经济类型。这些类型的成员被组织为阶级。政治分析的问题就是要界定利益易受阶级组织伤害的产生于资本主义发展过程中的类型。

这是一种从自在阶级转变为自为阶级的"历史主义"的阐述吗？阶级只是在生产关系的层次上形成，只是作为附带现象、作为生产关系的上层建筑层次上的必然反映而在政治上出现的吗？什么是推动历史前进的"阶级"，是在生产关系中被界定为位置的阶级，还是作为政治力量出现的阶级？最后，社会主义运动在阶级形成的过程中具有怎样的功能？

这些问题只是在最近才成为明确的问题。它们当然不是考茨基思想的组成部分。马克思主义思想史上所发生的是，在《哲学的贫困》中所提出的、建立在自在阶级和自为阶级之间的一种或另一种形式的区别基础上的阶级问题，以一种特殊的方式被概念化了。自在阶级是一种定义为"基础"层次上的类型，这个基础同时是客观的和经济上的。自为阶级是这个术语的社会学含义中的团体，也就是说，是以团结的组织和意识为特征的阶级。鉴于这些类型，问题——无论是理论方面的还是实践方面的——就要根据从"客观"（即经济的阶级关系）向"主观"（即政治的和意识形态的阶级关系）的转变来加以阐述。

这种阐述，不论它们假定在具体历史情形中的具体形式如何，都只能产生两个答案。第一个答案是在决定论的阐述中，客观关系必然会转化为主观关系。既然客观关系规定了利益，既然政治是实现利益的斗争，决定论就变成了一种推演：生产关系中的客观地位，在表达的利益和政治行动中得到了"反映"。以一种方式或另一种方式，或早或晚，客观的阶级关系会自发地在政治行为和意识层面"找到表现形式"[8]

第二个回答最终是唯意志论的。根据这种观点，客观条件"就其本身而言"并不会自发地导致政治性的阶级组织；或者就像一个著名的分析中表述的那样，充其量只能导致无产者的改良主义、工联主义或资产阶级意识的形成。阶级在政治上的形成，只能是一个持久存在的行为者即政党有组织干预的结果。由于缺少一种政治形式，自发组织的过程会停滞下来。这种政治形式只能通过政党在具体的历史危机条件下灌输。[9]

那么，就马克思主义思想的这种外在问题而言，考茨基处于什么立场呢？他断言，社会主义运动的功能在于"赋予无产阶级的阶级斗争以最有效形式"。社会主义者的职责是"通过促进政治和经济制度的建立、完善来支持工人阶级进行不断斗争"。社会主义政党的这些功能的界定出现在考茨基对《共产党宣言》的讨论中。马克思和恩格斯的著作使"社会主义超越了乌托邦的观点"，并且"奠定了现代社会主义的科学基础"。马克思和恩格斯给予"富有战斗精神的无产者关于自身历史使命的一种明确观念，使他们朝着伟大目标继续前进……"，因此，无产者似乎是在经济关系的层次上被定义为一个阶级，它自发地获得了关于自身历史使命的意识，政党的功能只是帮助、支持和参与这个在经济上定义的阶级的政治斗争（1971：199）。

然而，这些表述清楚的斗争看来与考茨基关于阶级斗争问题的阐述中隐含的理论观点相矛盾。实际上，按照马克思和恩格斯在《共产党宣言》中提出的共产主义运动的功能，考茨基的问题得到了很好的界定：使无产者形成一个阶级（1967：150）。马克思坚持认为，无产者只有在积极地反对资产阶级的斗争中才能作为一个阶级的存在，只有在斗争的过程中才能组织成一个阶级，只有当它作为一个政党组织起来时才能成为一个阶级。现在还不清楚，马克思如何看到阶级从经济类型向政治上组织化的转变——他赋予了自发的自组织（self-organization）何种角色[10]，或者赋予政党或阶级结构的其他行为者何种角色。[11] 然而，他认为阶级是在阶级斗争的过程中形成的，并且在历史分析中，他尤其强调意识形态关系和政治关系对于阶级形成过程的独立影响。

考茨基的分析假定了政党和其他政治力量在阶级形成过程中的积极作用。这个过程的某些方面是自发。例如，在他看来，工人自发地不相信社会主义意识形态是从外部引入的。然而，社会主义政党、工会以及表面上的非政治性的组织，都在阶级形成过程中扮演重要角色。的确，阶级斗争的真正问题是关于社会主义政党组织工人的条件问题。

那么，为什么在成问题的结构和关于社会主义运动的作用的明确表述之间，会有明显的不一致呢？我相信，其中的原因对于理解长期存在的关于阶级作为工人组织的困难，是至关重要的。考茨基似乎相信，到1890年，无产者组织成为一个阶级是既成事实；无产者已经成为一个阶级，并且将来也仍然是这样。组织起来的无产者除了实现其历史使命，别无所求，而且无产阶级政党只是参与这种实现。

当马克思和恩格斯写作《共产党宣言》的时候，社会主义对于工人而言是一种只能"仰望"（from above）才可接近的思想。考茨基本人认为："社会主义比无产者的阶级斗争历史更长……社会主义最早的根源，是上层阶级的慈善家们对于生活穷苦和不幸之人的同情，社会主义是资产阶级慈善心最深刻和最华丽的表达。"（1971：192）就此而论，这是一种从外部灌输给工人阶级的思想。然而，无论其确切的地方是皮特龙（Peterloo）、里昂还是巴黎，在19世纪上半叶的某一时候，无产者作为一支明显不同于无组织的"下层社会"群众的政治力量，出现在历史的舞台上。这正是马克思分析"六月起义"的观点，在他看来，"六月起义"标志着出现了资本主义阶级斗争的特征，即资产阶级和无产阶级之间的政治斗争。[12]

到了1848年，问题是把这个正处于形成过程中的无产者组织成一个阶级，把它从人民（le peuple）中分离出来，给这个阶级灌输阶级地位和阶级使命的意识，并且把它组织成一个政党。相比之下，到了1890年，无产阶级确实好像已经组织成一个阶级。工人们富有战斗精神，他们组织成政党、工会、合作社、俱乐部和协会。他们投票选举、参加罢工、在示威中露面。在1890年，存在着可以明确认定为无产阶级的群众性政治组织。尽管如此，正如伯恩施坦（1961：105）所指出的，真实的情况可能是，无产阶级尚未全面组织成一个群众性政党，考茨基关于政党的角色的认识看来只是自然的。[13]

那个时期像考茨基这样的主要的社会主义理论家，试图用马克思主义一般原理把那些仅在工人中实际表现出来的观点统一起来。然而，如果坚持认为考茨基和他的朋友们创造了第二国际的原则，将是完全错误和不符合历史事实的。相反，1889—1914

年间第二国际的社会主义工人运动，是欧洲无产阶级演变而形成
的历史产物。这种类型的工人运动必然是由 1889 年之前形成的
条件所导致的。(Rosenberg，1965：291)

由此看来，考茨基似乎认为，《共产党宣言》所确定的任务——
把无产者组织成一个阶级——已经完成。无产者已经组织成一个阶
级，社会主义政党不是别的，只不过是"富于战斗精神的无产者的一
部分"(1971：183)。伴随着其他阶级开始无产阶级化的过程，各种
群体将加入到无产阶级的行列，并且成为工人阶级的一员，于是，他
们变成了"绝大多数"(immense majority)。现在，政党的作用仅仅
是支持已经组织成一个阶级的无产者的斗争。

谁是"无产者"

但是，谁是将被组织成一个阶级的无产者，而社会主义政党只是
其中一部分的无产者？在写作《阶级斗争》一书三年前，考茨基发表
了一篇文章，对"无产者"和"人民"这两个概念进行了区分。他在
这篇文章中认为，尽管将来"人民"可能会无产阶级化，社会主义运
动可能会发展为马克思所说的"为了绝大多数人的绝大多数人的"运
动，但是此时，无产者在任何一个国家都不是大多数（Tingsten，
1973：135）。在《阶级斗争》这本书中，他认为，无产者在"所有文
明国家"都已经成为最大的阶级。他不断地在无产者的狭义和广义定
义之间摇摆不定。狭义上，无产者是工业、运输、农业中的从事体力
劳动的雇佣劳动者；广义上，无产者包括那些所有自己没有生产工
具，因而必须出卖劳动力以维持生计的人。实际上，在某个时候，他
甚至认为无产者包括"大多数农民、小生产者、商人，（因为）他们
至今拥有的微薄的财产只不过是一层薄纱，与其说防止了不如说是掩
盖了他们的依附性和受剥削性"(1971：43)。
因此，无产者的概念具有水纹的层续性：它的核心主要是产业工

人构成的体力劳动者；在核心周围的是那些与生产工具相分离的各种类型的人群；而处于外围的那些人尚拥有生产工具、但其生活状况——用韦伯式的话来说就是——区别于无产者的只是他们的"自负"（pretensions）。[14]

要理解考茨基概念使用的模棱两可的原因，就有必要注意，对于科学社会主义的创始人而言，无产者这个概念的含义似乎是不证自明的。无产者是那些生活贫苦的人，他们失去了土地，把自己作为商品，"像其他每件商品一样"，一件一件地出卖给资本家。他们是"机器的附属品"，他们所要求的"只是最简单、最单调，也最容易学会的技巧"（Marx, 1967：141）。恩格斯写道：无产者由于机器的使用而出现，最早的无产者属于制造业，是由制造业直接造成的（Marcus, 1975：142）。[15]他们没日没夜地苦干，紧靠着机器，身处噪音和灰尘之中，他们不知道是否能够活到明天以便可以再次出卖自己。

同时，无产者是重要的，因为他们是推动生产工具社会化的人。尽管农民和独立的小生产者也"工作"，但是生产的社会化是未来资本主义发展的必经阶段。因此，无产者在资本主义社会中处于一个独特的位置：他们是真正使用现代生产工具生产所有制品（produce all）的人；他们是必然要生产社会需要的所有东西的唯一的人群，他们不需要那些自己无所事事、只能靠无产者的劳动来生活并占有其劳动果实的人，就可以自立地生产。[16]正如曼德尔（Mandel）所强调的，马克思和恩格斯"赋予无产者在即将到来的社会主义中以关键作用，与其说是由于其所遭受的苦难，不如说是因为其在生产过程中所处的位置"（1971：23）。

1848年，人们可以简单地知道谁是无产者。因为全部标准——与生产工具的关系、劳动的体力特征、生产性就业、贫困以及堕落——都共同提供了一个一致的印象。"如果一个工人没有在很远就可以闻到的汗臭味，他就不是真正的工人。"（Bull, 1955：67）[17]"阶级地位"（class position）和"阶级状况"（class situation）是同义语。罗莎·卢森堡观察到："欧洲产业工人被灌输的阶级意识，使

他们把重点放在自己的特殊地位上，放在那些使他们区别于所有其他经济集团的因素上。"（1965：291）

　　概括地重申一下要点：在 19 世纪中期，无产者概念的理论内涵，是按照与生产工具相分离来定义的，与按照从事体力劳动（主要是产业劳动）的劳动者来构想的无产者的直观概念完全相符。尚没有歧义产生，因为物质条件与他们的理论描述完全相符。

　　因此，可能具有指示意义的是，恩格斯觉得有必要引入一个无产者的定义，来为 1888 年英文版《共产党宣言》作一个注脚。根据这个定义，"使用无产者这个概念，（指的是）不拥有自己的生产工具的现代雇佣劳动者阶级，他们为了活下去只能出卖自己的劳动力"（1967：131）。考茨基赞同这一定义："无产者，也就是……与生产工具相分离、依靠自己的努力无法生产任何东西因而被迫出卖他们所拥有的唯一商品，即劳动力的那些人。"在一份关于 1958 年由共产主义期刊和研究机构举办的一个国际研讨会的概述中，苏联评论家把无产者界定为"与生产工具相分离，因而不得不靠出卖劳动力给资本所有者，并且在资本主义生产中受剥削的人们构成的阶级"（Przemiany，1963：43）。

　　但是到了 1958 年，这个定义包括秘书、行政人员、护士、公司法律顾问、教师、警察、计算机操作员和执行董事。他们都是无产者，他们都与生产工具相分离，并且都为了工资而出卖自己的劳动力。然而，一种不安的感觉——考茨基已经有所觉察——不断地表达出来。不管是什么原因，有些无产者既不像无产者那样行动，也不像无产者那样思考。在 1958 年的讨论中，一个声音接一个声音重复着同样的信息：靠薪水生活的雇员也是无产者，但是，他们还没有意识到自己是。德国经济研究所在参加讨论时主张，大多数拿薪水的雇员"像工人一样，并不拥有生产工具，并且被迫出卖他们的劳动。为了这种商品——他们的薪水——而得到的价格，在大多数情况下并不比工人高。尽管如此，众所周知，大部分拿薪水的雇员并不把自己纳入工人阶级，并且倾向于资产阶级意识形态。造成这种情况的原因，首先在于他们的工作与工人不同。美国劳动问题研究所（The American Institute of the Problems of Work）和英国《当代马克思主义》（*Marxism Today*）杂志驳斥了他们的德国同志，但却同意了他们对事实的判断。美国劳动问题研究所指出："如果说过去曾经存在过允许我们把白领工人看作中产阶级代表的客观条件的话，那么，现在这些条件已经消失了。只是他们对其所处状况的主观评价还没有改变……"英国期刊的编辑重申："就工作条件和收入多少而言，白领工人正变得越来越像工人了，尽管他们大多数人还没有意识到这一点。"苏联人所作的概要也反映了讨论的情况：受薪的雇员也是工人，但是他们还没有意识到这一点，所以工人阶级的联合尚未能够实现（Przemiany，1963：78，88，96，54）。

这场争论的战线如此广泛，以至于把这场讨论挑出来作为一个特别关注的主题可能显得有些特别。[18]但是，关于这些分析的引人注目之处，在于对于工薪雇员"尚未"（not yet）形成意识和组织的状态的反复强调。马克思和恩格斯在《共产党宣言》中已经注意到，资本主义"已经把医生、律师、神职人员、诗人和科学家转变成雇佣劳动者"（1967：135）。在期待了 65 年的"尚未"之后，考茨基赞同马克思的观点，他说："第三类无产者……已经在通往完全发展的道路上走了很远——受过教育的无产者……这些无产者只能靠其自负与其他无产者相区别的日子为期不远了。他们中的大多数想象自己比无产者要强一些。他们幻想自己跻身于资产阶级之列，就像仆人认为自己与其主人属于同一阶级那样。"（1971：36，40）

到了 1890 年，无产阶级这个词似乎已经失去了《共产党宣言》时代所表达的直觉含义。再来听一听同时代的一个观察者的看法是有教益的。松巴特在其 1896 年的著作中分析了这个词的含义：

> 为了得到关于这个阶级的一个正确概念，我们必须使自己免受以下画面影响，即在我们阅读马克思的著作之前，这个词在我们头脑中形成的一群衣衫褴褛的大众的画面。"无产阶级"这个词现在被赋予专门意义，用以描述为资本主义企业家服务

以换取工资和类似要素的那部分人口。这个词的此种意义，取自法国的作者，并由斯坦因（Lorenz von Stein）于 1842 年引入德国。

同样的问题又出现了。按照松巴特的说法，这个阶级的大部分人是由"自由的雇佣劳动者"组成的。但他们是少数，大约占德国人口的 1/3。松巴特继续描述道："当真正的无产阶级，纯粹的无产阶级，加上无数的半无产者——人口中最贫穷的阶级，即群氓，以及那些过着无产者一样生活的小农和技工，还有像邮政官那样的最底层官员出现的时候，情景就变得完全不同了。"（1909：6）这个问题甚至由于下面的事实而变得更为复杂：雇佣劳动者并不总是最贫困的人口，他们不仅过得比某些国家的农民或苦力好，而且某些雇佣劳动者挣得比大学教师还要多，并且"在美国，这个阶级的平均工资比普鲁士的杰出大学教授的最高工资也少不了多少"（1909：6）。难怪马克斯·韦伯觉得有必要在"阶级地位"（class situation）和"身份地位"（status situation）之间做出区分（Goldthorpe and Lockwood，1963）。

到了 19 世纪 90 年代，使用无产者这个抽象定义的时候，它包括"纯粹血统的"和"半血统的"，雇佣劳动者和其他像他们一样生活的人，那些衣衫褴褛的人和那些穿着普鲁士官员制服的人。1958 年，苏联理论家不厌其烦地指出，只有那些不能用辩证法思考的人可能犯不能理解工薪雇员就是无产者的错误。然而，他们却以同样的语气争论道，无产者的不同部分所起的作用是不一样的，出体力的产业工人在阶级斗争中起主要作用；另外，苏联共产党的纲领中坚持"工人阶级和广大的工薪阶层以及大部分知识分子之间结成联盟"（Przemiany，1963：54）。"纯粹血统的"和"半血统的"、蓝领和白领、无产者和"人民"、工人和"受剥削与受压迫的大众"、所有这些词汇都表明一个明显的理论困难，一个与 19 世纪 90 年代相比今天似乎仍没有更接近于解决方案的难题。

无产化和阶级结构

考茨基错了。无论是他还是马克思本人，都没有从马克思的资本发展的理论中得出阶级结构演变的结论。造成无产者概念含糊不清的原因，在于资本主义发展本身的动态性。

我将在下文中指出，到 19 世纪末，无产者仍没有一劳永逸地成为一个阶级，因为资本主义发展不断地改变着生产体系、资本实现以及资本主义主导的其他生产方式中位置的结构。更确切地说，资本主义生产方式对于所有经济活动领域的渗透，导致了不同的团体与生产工具所有权的分离，或者与把自然物转变成有用产品的有效能力的分离。同时，相对于劳动生产率的不断提高，资本主义劳动力的效益降低了。结果，与生产工具相分离意义上的无产化（proletarianization）过程，与创造生产性工人位置意义上的无产化过程背道而驰。这种背离产生了在资本主义生产方式的阶级条件下不确定的社会关系，因为它确实导致了人们与任何有组织的社会生产过程相分离的情形。

让我们详细地考察一下这个观点及其包含的意义。考茨基关于资本主义发展及其对阶级结构影响的描述，是以爱尔福特纲领的第一版为基础的，纲领主张：

> 小规模的生产是建立在劳动者拥有生产工具所有权的基础上的。资本主义社会的经济发展必然导致这种生产方式的颠覆。它把工人与生产工具分离开来，把他变为一无所有的无产者。生产工具变得越来越为少数资本家和地主所垄断。（1971：7）

考茨基详细考察了在资本主义发展过程中被摧毁的位置的类型。他首先谈到"中产阶级——小商人和小农——的消失"。由于资本主义渗透到所有生产形式，各种小私有权都被摧毁，尤其是在危机时期资本高度集中的时候。只有小商店幸存下来，但是它们正"失去根基"，越来越依赖于资本主义积累的节律。无产化的另一种机制，是传统上由家庭进行的诸如纺织、缝纫、编结和烘烤等服务和生产性工作，也为资本主义组织所替代。源自家庭的生产和服务的外化，确实构成了与生产工具相分离的一种形式，因为先前从事这些工作的人，尤其是妇女，由于不断加剧的贫困而被迫走出家庭寻找工作，并且被迫购买原来在家庭中产生的产品和服务。[19]

当小所有者、手艺人、工匠和妇女无产化的时候，同时创造的位置是什么？他们与生产工具或者他们自己的生产工具分离了吗？有些人处于产业无产者的位置。当这个过程在任何地方都无法得到系统描述时，考茨基似乎认为，资本主义发展不断地增加工厂工人的数量。[20]而且，这些产业无产者被认为正变得越来越具有同质性。当考茨基异常痛苦地观察他所认为的工人基于技能的内部分工的残余物时，他越来越相信，机器的引入——将消除对于技能的需要，以及剩余劳动力的增加——推动工资的下降，正在消除无产者的内部差异，同时增加其内在的同质性。

但是无产化的过程扩展到了经济活动的其他领域，而不仅仅是工业生产领域。考茨基认为："资本主义制度除了通过大生产的扩展导致无产者的生活条件越来越像全部人口的生活条件外，还通过这样的事实达到这一点：从事大生产的雇佣劳动者的条件，为所有其他部门中雇佣劳动者的条件奠定了基调。"于是，例如在大商场，"雇员——没有自立希望的真正的无产者——人数不断增加"（1971：35-36）。

然而，最重要的是，资本主义摧毁小生产的比率，要大于它产生的生产性资本主义就业岗位的比率。与生产工具相分离的无产化过程，创造了"剩余劳动力大军"。考茨基断言："被迫失业是资本主义生产体系下的一个持久现象，并且是与它分不开的。"（1971：85）

因此，"无产化"是一个具有双重意义的概念。就前资本主义生产组织和早期资本主义生产组织中所破坏的位置而言，它意味着与生产工具所有权的分离，与独自改造自然能力的分离。但是，就先进的资本主义结构内所创造的新位置而言，它并不必然意味着生产性的、体力劳动的新位置的产生。手艺人、小商人和农民不能转变为生产性的从事体力劳动的工人。他们转化成各种群体，其身份在理论上模糊不清。当代的争论充分表明，这种差距在过去的 80 年中扩大了。经济结构概念化的问题，尽管不仅仅是，但主要是在各种被称为工薪雇员、白领工人、非体力劳动者、工人知识分子、服务业工人、技术人员、新兴中产阶级的人中间出现。

考茨基的著作还提供了关于这种困难起源的一些有趣的线索。"闲置劳动力"（idle labor）包括失业人员、"住在贫民窟的人"、个体服务人员、军人，以及以某种方式寻找能维持生计的工作的大量人口。因此，"闲置劳动力"不应被理解为未被以某种方式消耗的劳动力，而应仅仅理解为未被用来生产社会需要的任何产品的劳动力。然而，这种闲置劳动力是通过什么机制成为这些特殊的社会形式的呢？

尽管小所有权的破坏和"被迫闲置"的产生是被当作资本主义发展的必然结果，以结构的措辞来加以讨论的，但是这种劳动力所呈现的特殊形式的产生似乎是由单个企业家导致的。最富有启发性的是考茨基对其称为"受过教育的无产者"这一群体的讨论。这种类型的人是如何在资本主义发展过程中产生的呢？

在列举了无产者在大工业生产部门和商业中的出现之后，考茨基宣称"还存在着第三类无产者——受过教育的无产者，他们已经在通往完全发展的道路上走了很远"（1971：36）。这时，讨论忽然集中于家庭。我们被告知，小资产阶级知道，他能够防止他的儿子沦为无产者的唯一方法是送他去上大学。但是，他必然不仅关心他的儿子，而且关心他的女儿。劳动分工导致从家庭开始的外化进入诸如纺织、缝纫、编结和烘烤这几种活动的行业。因此，对妻子只是家庭主妇的家庭来说，要维持这个家庭已经成为一种奢侈，一种小资产所有者越来越承担不起的奢侈。考茨基认为："于是，女雇佣劳动者的数量增加了，不仅在大大小小的生产企业和商业，而且在政府机关、电报和电话服务业、铁路和银行、艺术和科学领域。"（1971：38-39）对于能够解释政府职位、电报和电话服务业、铁路和银行等不断增长的需求的那些资本主义发展规律，考茨基什么也没有说。人们，特别是中产阶级妇女，被迫去接受教育。因此，他们成为受教育者，从而被雇用担任这些职位。但这些职位是从哪里来的呢？全部争论限于供给方面。这是一个"人力资本"的论题。

考茨基完全预计到新兴中产阶级的增长了吗？他提到了在家庭演进背景下的办公室职员。后来，他预计到某些个体服务职业以无产化形式的出现，而不是以诸如理发师、侍者、出租车司机等个人形式出现（1971：167）。但是，考茨基认为不断增长的群体是"一帮社会寄生虫，由于所有通往生产性工作的道路都对他们关闭，他们试图通过各种职业苟延残喘；这些职业大多数是完全多余的，不少对社会还是有害的——例如经纪人、酒馆老板、代理人、中间人等"（1971：85）。这些多余的寄生虫正是现代资本主义社会的痛处。所有这些职业——职员、理发师、经纪人——考茨基认为，人们从事这些职业，只是因为他们与生产工具相分离，而又不能够找到生产性就业。因此，他们只好依赖这些多余的职业维持生计。

这就是考茨基在《阶级斗争》[21]一书中不得不谈的关于生产体系中的如今可能构成劳动力一半以上[22]的那些位置的所有内容。关于"新兴中产阶级"的出现，他一点也没有谈到结构方面，而是把所有中产阶级职业都看作短暂的、边缘的形式，被抛出生产过程的人们，在其中试图逃避自己被资本主义发展所抛弃的厄运。难道这只是一个杰出的而又难免犯错的马克思主义理论家的个人局限性吗？只是其一个偶然的错误吗？

哪里适合"中产阶级"

自 19 世纪 90 年代人们第一次对无产者的概念产生疑问以来，一次又一次，一个场合接着一个场合，这个问题随着理论和政治的紧张局势反复出现。谁是资本主义以不断加速的步伐产生的那些人？谁与生产工具相分离？谁为了工资而被迫出卖自己的劳动力？谁完全不像无产者那样工作、生活、思考和行事？他们是工人，是无产者吗？或者他们是"中产阶级"吗？或者像社会调查研究者在实践中所称呼的"非体力劳动者"？或者新生的小资产阶级？或者资本主义再生产的代理人，因而就称为资产阶级？

这个问题不可能通过命令来解决。所需要的是某种"发达阶级结构"的模型，某种放弃杜撰的关于资本主义社会构成的阶级分工两分法的方法，某种分析阶级地位的方法——这种阶级分析方法应超越与每一种生产方式相联系的两个阶级，再加上持久存在的小资产阶级的观念。考茨基的方法是认为所有阶级而不只是无产阶级和资产阶级在资本主义历史过程中升到或降至这些基本"极点"，进而按照他们运动的方向来分类。在由库尔特克斯（Courtheoux）对法国 1962 年人口调查所做的鲜为人知但非常有趣的分析中，再次使用了这种方法。但是，关键性的影响是韦伯的分析带来的。

韦伯对马克思阶级概念的批评，为分析资产阶级社会学中的社会分化（阶层划分）提供了理论基础。这种批评断言，生产关系（生产工具所有权）中的地位不足以决定阶级地位，因为分配关系（市场、生活方式和伴随的身份）中和权威（权力）关系中的地位并不仅仅反映财产关系。而且，身份和权力不具有两分性。划分阶层体系把人们划分到一个连续的谱系当中，中间凸出的部分形成了"中产阶级"。产生的结果是众所周知的："社会经济地位"的经验主义描述变得与任何历史认识无关；把阶级作为历史行为者的观点被收入分配、教育、声望的统计分析所取代；社会分化的分析与对冲突的分析相分离。注意力集中在"身份的差异"上，领班（foreman）成了这种疾病的一个典型牺牲品。

在回顾盖格（Geiger）1925 年所作的分析时，达伦道夫（Dahrendorf，1959）系统地考察了这种韦伯式的不加拒绝地倾向于马克思阶级理论的后果。他的分析结果是一种"客观的多元主义"（objective pluralism）。达伦道夫认为，现代资本主义社会是由许多群体组成的，但是这些群体不是任意形成的，而是由客观关系——彼此相互独立的财产关系和权威关系——产生的。他最后拒绝的正是马克思分析的真正基础，即认为财产关系是由处置生产工具和产品的权威来界定的。因此，财产只是权威的一种特殊的外壳，社会建立在权威而不是剥削等基础上。

赖特 1976 年发表在《新左派评论》上的文章重新提起了阶级的客观决定的疑问。既然连美国从事经济活动的人口都不能轻易地"分类列入"（pigeon-holed）工人和资本家的类别，赖特着手建立另外的维度。赖特认为，"构成阶级关系的实质性的社会过程"，把每个个人归并到与"阶级关系的法律类型"无关的阶级中。一种等级方法被用来区分对资源、生产工具、劳动力的"完全"控制、"部分"控制、"最低限度的"控制和"没有任何"控制，以及法律所有权的程度（1976：33）。结果是"自相矛盾的定位"：这些等级所处的所有位置并不完全相符。领班作为"最接近工人阶级的矛盾定位"再次出现。然后，划分到每一类的人数根据 1969 年美国数据计算，结论是，"大约有 1/4～1/3 的美国劳动力，可以划分到接近于无产阶级的这些定位"。加上无疑是工人阶级的40%～50%，这些数字构成了"在社会主义中有实际利益"的绝大多数（1976：41）。于是我们可以说：

> 阶级斗争将决定社会主义运动中那些处于矛盾定位上的人多大程度上与工人阶级联合。……在发达资本主义社会，一场引人注目的社会主义运动的可能性，部分地取决于工人阶级组织创造能使这些矛盾定位与自己建立紧密联盟的政治和意识形态条件的能力。（1976，44）

或者就像考茨基所预言的："现存的生产体系越令人难以容忍，它就越明显地丧失信誉……就会有越多的人从非无产者阶级流入社会

主义政党，并且与不可抵挡的先进的无产阶级并肩作战，追随无产阶级旗帜去争取胜利和成功。"(1971：217)

客观定义的阶级与作为历史行为者出现的阶级之间的关系问题，通过任何分类的方法都不会得到解决，无论分成两种或多种客观的阶级，无论有没有矛盾的定位。这个问题将持续存在，因为这样的分类——无论是由政党高层还是学界作出的——要不断地接受生活的检验，或者更严格地说，接受政治实践的检验。赖特所说的"自相矛盾的定位"仅在这样的意义上是矛盾的：他关于"在社会主义中有实际利益"的断言，不能由那些被假设为有这种利益的人的意识和组织来证实。从理论上讲，人们可以把人归并到他所希望的任何一类中去，但在政治实践中，人们遇到的是真实的人，他们有着自身的利益并意识到这些利益。并且这些利益，无论它们是不是真实的，都不是任意的；他们的意识也不是任意的；他们所参与的形成这些利益的政治实践也不是任意的。

有关自在阶级的疑问把分类问题置于分析的中心，因为作为历史行为者的阶级，其进行的斗争是历史发动机的阶级，被认为是由客观地位以唯一方式决定的。构成这种疑问的基础的，是确信工人（雇佣劳动者）和资本家（剩余价值占有者）之间的短期物质利益存在着客观冲突。资本主义被认为是以短期物质利益的客观冲突为特征的，这种短期物质利益的冲突，是由于个人处于不同地位，他们是客观位置的载体或人格化。自在阶级被认为是一种类型的个体，他们由于占有相同的地位而具有共同的利益。同时，保护短期客观利益被假定构成了一种机制，通过这种机制，阶级组织得以启动，最终导致长期的客观利益在社会主义得以实现。因此，客观地位（定位、位置、阶级）的分类，似乎足以界定出决定那些相互斗争的阶级的利益。一旦客观地位得到界定，潜在的自为的阶级就被以独特的方式决定了。在这里，"阶级"是指位置的一群占据者；在这个疑问中所要分析的问题仅仅是，一个位置的个体占据者的集合（a collection of individual-occupants-of-places），是如何成为一个斗争集体（a collectivity-in-struggle）以争取实现其客观利益的。

这种关于阶级问题的阐述，确实因非体力劳动雇员的出现而变得非常棘手。他们在资本主义社会中的出现可以被纳入这个问题的唯一途径，是对于决定阶级形成客观基础的那些关系进行重新定义。因此，需要对客观地位进行新的分类；同时，这样一个分类足以解决这个问题。

我将在这一章的余下部分证明，非体力劳动雇员的阶级身份问题迫使我们重新思考整个阶级形成问题。作为历史行为者的阶级，不是唯一地由任何客观地位给定的，更不是由工人和资本家的客观地位给定的。我将表明，作为历史行为者的阶级（斗争中的阶级）与生产关系中的位置之间的关系，必然是成问题的。阶级并不是由任何客观地位单独给定的，因为它们构成了斗争的结果，并且这些斗争不是仅仅由生产关系所决定。传统的阐述不允许我们从理论上思考阶级斗争，因为它或者把阶级斗争降低为一种附带现象，或者使阶级斗争从客观决定论中摆脱出来。阶级斗争既不是附带现象，也不能脱离客观的决定。它们是由经济、政治和意识形态关系的总和所构建的，并自发地影响阶级形成过程。但是，如果阶级斗争确实对阶级形成有自发的影响，那么，生产关系中的位置，无论它们是什么，在"自在的阶级"成问题的意义上，也就是说，在唯一决定什么阶级将作为斗争中的阶级而出现的意义上，都不能再被看成是客观的了。这样说的意思是，地位的分类必须被看作是（可能）导致阶级形成的实践所固有的。这种阶级理论必须被看作特定政治方案所固有的。生产关系内的地位，以及就此而言的任何其他关系，在阶级斗争更优先的意义上，都不再被看作是客观的。只是在某种程度上，即只是在它们使阶级形成的实践有效或无效的程度上，在它们使历史上特定方案能够或不能够实现的程度上，可以说它们是客观的。这里，决定的机制不是唯一的：在一个特定关头，可能有几个方案都是可行的。因此，社会关系内的地位构成了对成功的政治实践的限制，但是，在这些历史的具体限制中，斗争中阶级的形成是由导致阶级形成的斗争所决定的。

阶级是发生于资本主义发展的一个特定阶段的斗争结果。我们必须把处于具体历史关头的斗争和发展理解为一个过程。

阶级形成过程

葛兰西（Gramsci，1971）的伟大贡献——由普兰查斯（Poulantzas，1973）加以发展——是认识到，意识形态关系和政治关系对于阶级斗争而言是客观的。进而至少可以区分出两种决定关系：生产关系对意识形态组织和政治关系的决定；这些客观关系的总体对于作为这些关系载体的具体人际关系的决定，其中包括对阶级斗争关系的决定。经济关系、意识形态关系和政治关系作为一个总体，为阶级斗争强加了一种结构，但是它们被转变为阶级斗争的结果。普兰查斯的"双重连接"（double articulation）在这个背景中是一个新颖而重要的概念。阶级斗争的形式是由表现特定历史环境特征的经济关系、意识形态关系和政治关系的总体决定的，但是这种决定仅以阶级斗争对这些关系可能产生的影响为限度。简言之，在一个给定的特定关头，有很多实践都可能得到发展，但有效实践——也就是能够产生转变客观条件的影响的实践——的范围，正是由这些客观条件决定的。这种认为意识形态关系和政治关系具有阶级斗争客观条件的地位的观点，摆脱了关于"自在阶级"的阐述中所固有的经济主义和历史主义要素。

普兰查斯拒绝接受被他称作"历史主义"的这种观点，历史主义认为，阶级作为历史行为者是由生产关系产生的、以一种或另一种方式自发地出现的。他强调意识形态和政治组织在阶级形成过程中的独立作用。然而，在与历史主义的激烈论战中，历史似乎被同样的火焰烤焦了。它变成了一种从关系到结果没有任何人类机构的历史（Cardoso，1973）。

普兰查斯按照社会关系结构的政治领域中的"相关结果"（pertinent effects）来考虑阶级，这种社会关系结构转而是由一个给定社会经济结构中经济关系、意识形态关系和政治关系组织形式的总体决定的。经济、意识形态和政治之间的"水平"差异，引导着普兰查斯发展出大量分类学的类型，借助这些分类，无须考察它们的组织，就能够界定阶级的政治影响。因此，他发展了一套复杂精细的术语来区别"权力集团"（block in power）中不同阶级和团体的位置：统治、霸权、管理、支持，等等。然而，这些阶级仍悬在空中。它们从未得到过整体性的描述；它们从来都只是转而影响其他事物的"结果"，因为普兰查斯从未探究过阶级从生产关系中以特殊形式出现的方式。严格说来，在普兰查斯的语言中，没有什么能允许他谈到"工人阶级"、"资产阶级"等。阶级就这样在"社会关系"的层次上出现了，但是我们没有被告知它们是如何恰好以任一特殊形式出现的。

这个困难不是新近产生的。达伦道夫（1964：252）曾断言，"阶级这个词包含一定量的阶级意识和政治团结，如果它还有任何意义的话"，他或许描述了人们普遍持有的一种观点。松巴特早在1909年也感觉到"清楚理解'社会阶级'这个词的最大障碍，是它与'政党'相混淆"（1909：3）。普列汉诺夫（Plekhanov）也持同样观点（Carr，1966：29）。

基本问题如下：如果认为阶级客观存在于生产关系这一层次上，那么在很多历史时期，阶级的概念可能与对历史的理解无关，例如当这些阶级没有形成团结一致性和阶级意识的时候，或者当它们没有政治影响的时候。另一方面，如果阶级是在他们作为组织，或者至少作为"相关政治力量"而出现这一层次上被界定的，那么问题看似就是如何追溯这些阶级在社会生产组织中的位置。生产关系载体的分布并不是简单地"反映"在政治和意识形态的层次上；然而，就这些关系载体的分布而言，政治力量的出现并不是任意的。或者说得直率些，如果期望工厂中的任一个体力工人在政治上以工人的身份行事，那么，这个理论就是虚假的；如果认为任何一个潜在的社会主义者是一个工人，那么这个理论用最积极的字眼来讲也是没有意义的。马克思主义的第一种解释在政治行为的许多研究者那里得到普遍接受，除了阶级，他们后来还发现了一个大的社会分裂的"剩余"（residuum），有时大得超过阶级分裂。第二种解释以唯意志论思考为基础，其中，公共服务业工人被认为不属于工人阶级，当时他们形成工会的前景似乎是黯淡的，然而今天，他们是"工人阶级大多数"中一个不可分割的组成部分。

为了解决这个难题，有必要认识到：阶级是在斗争过程中形成的，这些斗争是由它们所赖以发生的经济、政治和意识形态条件所形成的，这些客观条件——同时存在的经济、政治和意识形态条件——塑造了试图把工人组织成为一个阶级的运动实践。现在，我将考察这些论断。

可能最为重要的是，这个问题是理论问题，同时也是政治问题。阶级不是先于具体斗争的历史而存在的事实。社会事实不是直接通过我们的感觉而给定的。正如马克思所说的，也是葛兰西喜欢重复的，正是在意识形态领域中，人们才意识到社会关系。人们所相信的，以及人们偶然去做的事，是为实现他们的目标进行了无数次斗争的政治和意识形态力量所进行的长期劝说和组织过程的一个影响结果（Gramsci，1971：192）。社会分裂——社会差异的经历——从来都不是直接由我们的意识给定的。社会差异形成了分裂的状态，是意识形态和政治斗争的一种产物。[23]

阶级不是先于政治和意识形态实践而存在的。把人们认定为工人——或者个人、天主教徒、讲法语的人、南方人，诸如此类——的方法，必然是那些参与斗争以维持、或以不同方式改变现存社会关系的政治力量的实践所固有的。阶级的组织和瓦解都是不断斗争的结果。把自己作为不同阶级利益代表的政党和声称代表普遍利益的政党、工会、报纸、学校、官僚、市民和文化协会、工厂、军队和教会——全都参与了事关社会前景的阶级形成的斗争过程。社会由阶级构成还是由具有和谐一致利益的个人构成的？阶级是社会分裂的根本源泉，还是与任何其他社会差异相并列？阶级利益是对抗的，还是促进合作的？阶级是什么？哪个阶级代表了超出自身利益的普遍利益？哪个阶级构成了多数？哪个阶级能够领导整个社会？这些都是意识形态斗争的根本问题。意识形态斗争首先是关于阶级的斗争，其次才是阶级之间的斗争。

然而，阶级形成的过程并不仅限于意识形态领域。以一种特殊方式组织起来的政治斗争，对于阶级斗争组织的形式也具有一定影响。考茨基非常清楚这种联系。他说："经济斗争要求政治权利，它们不是从天上掉下来的。为了获得和维持政治权利，有必要采取最有力的政治行动。"（1971：186）政治斗争涉及国家——资本主义政治关系——的形式，因为国家形式构建了阶级斗争的形式（Poulantzas，1973）。在马克思看来，普选权通过允许被统治阶级公开组织起来以追求自身利益，并且在一定限度内提供实现这些利益的社会机制，"解除"阶级斗争的束缚。反过来，"波拿巴主义"（Bonapartism）是强力压制由工人和资产阶级开展的阶级斗争的一种国家形式。

在资本主义生产关系中，生产关系的载体并不表现在政治制度层面上。资本主义意识形态和法律关系使这些载体之间的关系个体化，就像它们在政治中表现的那样。在资本主义政治制度内，他们变成了个体，变成了"公民"，而不是资本家、工人等。[24]但是很明显，这并不表明集体政治行为者不构成阶级组织。相反，它的确意味着，如果阶级要在政治中出现，他们就必须作为政治行为者组织起来。重申一下，政治阶级斗争首先是关于阶级的斗争，然后才是阶级之间的斗争。

阶级的经济斗争也不会从生产体系中的位置上机械地出现。在自在阶级的疑问中，似乎生产关系至少在经济斗争层次上决定了作为历史行为者的阶级，即经济斗争中的阶级。正如我们所知，列宁曾经认为，经济斗争中的阶级是由生产关系决定的，但是，它们是生产关系所能决定的全部东西。如果经济斗争确实能够与政治和意识形态相分离，或者至少如果阶级确实首先是在经济关系的层面上形成的，并且只有到那时才在政治上和意识形态上组织起来，那么人们就可能会认为，阶级是在生产体系内的空位置（empty places）的层面上被客观决定的。然而，经济斗争总是在总体斗争内，在具体关头历史地出现的，总是以由政治和意识形态关系所型塑的某种方式出现的。结成组织的权利是斗争的结果，反过来，它又塑造了阶级形成的形式。因此，经济斗争的形成不是由生产体系结构单独决定的。

让我们记录一下我们将要回顾的一些结论：（1）阶级的形成是斗争的结果；（2）阶级的形成是一个持久的过程，阶级不断地形成、瓦解、重组；（3）阶级形成是各种斗争总体的一个结果，在这些斗争中，多种历史行为者努力把相同的人作为阶级成员，作为以其他条件界定的集体的成员，有时就是作为"社会"成员组织起来。[25]

汤普森曾经说过："阶级是由生活在他们历史中的人们界定的，并且最终，这只是它的定义。"（1963：11）"最终"这一表述是正确的，但是我们必须更确切地理解它的含义。它并不意味着阶级是自发地、一劳永逸地、或者以唯一方式把自己组织起来的。它的含义是，阶级是斗争总体的持续的结果，这些斗争采取特殊形式，给定了经济、意识形态和政治关系的组织。

发生在历史任何特定时刻的斗争，都是由经济、政治和意识形态关系的组织形式所构造的。政治和意识形态自发影响阶级形成过程，因为它们是阶级形成、瓦解和重组过程中的斗争的条件。

罗莎·卢森堡的资本主义民主观强调"政治斗争和经济斗争之间的分工及其分离"，在这里可能是富有启发意义的。卢森堡指出：

> 一方面，在资本主义社会和平发展的"正常"时期，经济斗争被分割成大量限于每个工厂、每个生产部门的局部斗争。另一方面，政治斗争不是由群众通过直接行动进行的，而是与资产阶级国家结构相一致，以代议的方式，通过对立法机构施加压力来进行的。（1970a：202）

　　"资产阶级国家结构"至少有两方面影响：它把经济斗争从政治斗争中分离出来，对每一种斗争中的阶级组织强加一种特殊形式。工会成为从政党中分离出来的组织，阶级组织采用了代议制的形式。记住反事实的——即使它们受到极力的倡导——替代性的斗争形式是重要的：群众罢工同时兼具经济斗争和政治斗争的特点，在罢工中，整个阶级都直接参与到斗争中。人们认为群众罢工恰好替代了由资产阶级国家结构强加给阶级形成过程的那些决定因素。然而，在"议会时期"，也就是"资产阶级社会的正常时期"，工人在某种程度上由工会和政党独立地组织起来，群众并不直接行动。他们是通过他们的领导人——在此时成为"代表"，资产阶级国家中的代表——来行动的。

　　这种分析的方法论原则是值得重述的。按照卢森堡的观点，一个阶级可以组织为不止一个斗争集体（collectivity-in-struggle），在这种情况下包括工会、选举性政党，但是还可以想象有合作社、俱乐部、知识圈、邻里协会等。这些斗争集体是由资产阶级国家结构所形成的，确切地说，就是通过资本主义社会中政治和意识形态关系得以组织起来的那种方式形成的。

民主资本主义和作为阶级的工人组织

　　社会关系构造阶级斗争这一论断，不能以一种机械的方式进行理解。社会关系——经济的、政治的或者意识形态的——不是人们以反映他们所占有的位置的方式所"实现"的某种事物，而是在一个特定历史时刻给定的选择结构。社会关系作为可能性范围和选择的结构，对于一个历史主体——无论是个人或者集体——而言是给定的。与其说社会是没有导演的、社会关系的载体在其中扮演自己角色的戏剧，不如说它是一系列决定什么样的行动步骤对于社会变革产生什么结果的条件。阶级并非源自社会关系，无论仅仅是经济关系还是它与所有其他关系的结合。它们对以阶级的组织、解体和重组为客体的实践构成影响。只是在社会关系构造了对于阶级形成有潜在影响的斗争这个意义上，它们对于阶级形成过程而言才是客观的。

因此，有必要考察在一个社会建立资本主义民主的方式，这种方式与试图把工人组织成一个阶级的那些运动的选择结构相似。特别是，我将试图论证，社会主义运动的实践不是任意的，而是由资本主义民主的经济、政治和意识形态关系以能够产生一种阶级形成的特定模式的方式构造出来的。

社会主义运动是历史条件的自然结果，并且受到多种决定因素的影响。社会主义理论本身不是任意的，因为它构成了关于历史现实的一种特殊意识形式。它包含一个目的（telos），并且不能不受利益的影响，但是它也解释了一个具体的历史现实。政治预言总是有目的性的，然而在预期政治实践后果时是非任意的。考茨基对于这种决定因素完全理解，他指出："社会主义政党提出的各种措施，是专门用来提高小生产者地位的，就现有条件而言，这是可能的。通过保留他们悠久的生产方式来增强他们，以此来帮助他们担当生产者的角色，这是不可能的，因为这与经济发展的进程相对立。"（1971：214）

但是，断言这种决定因素，并不是主张政治力量总是迫于历史环境去正确理解它们所参与的历史过程。[26] 然而，除非人们接受这样的观点，即科学是在实验室中发展起来的，否则就必须理解，政治实践是一个理论检验的过程。正如阿尔都塞（Althusser）所指出的，"我们正在吃布丁"。

这个观点包含着某些重点。政治力量解释并塑造社会现实，这绝不能导致我们得出下面的结论：这个过程是唯意志论的；由于某种原因，客观制约因素存在于作为认识客体的社会现实层次上，而不是存在于嵌入其赖以产生知识的相同关系中的主体层次上。如果社会现实是合法的，产生这种现实知识的社会过程也必然是合法的。

带着关于资本主义发展和阶级结构的理论，社会主义力量进入了阶级形成过程。它们在特定制度的范围内被组织起来。它们的号召方式和组织方式，是由理论和与具体历史关头的理论理解相一致的直接目标所决定的。在实践活动的过程中，它们发现，这种理论的某些方面在政治上是无法操作的，由这种理论指导的实践在政治上或意识形态上是无效的。它们正是为这种实践所迫，才重新考察理论，以便于识别构成有效实践障碍的那些成分。

那么，这些障碍是什么呢？我已经证明，客观条件对于历史行为者来说，是作为选择结构，作为可能的和不可能的范围而出现的。那么，这些选择是什么呢？

任何试图把工人组成一个阶级的运动所面临的第一个选择，是是否参与资产阶级政治制度，更具体地说，就是是否参与选举制度。这个问题不断地分裂着工人阶级运动，从 1870 年第一国际内部的分裂到第二国际内部关于参加资产阶级政府的争论，直到今天。然而，更确切地说，因为工人是作为直接生产者被剥削的，选举是倾向于满足他们短期物质利益的有限工具，所以，所有社会主义政党或者加入竞选斗争，或者失去支持者。

这种在选举制度的范围内组织工人的必要性，对于社会主义政党的政治实践具有意义深远的影响。它们成为工人阶级的选举性政党。实践的影响是非常直接的：选举是人数的竞争，选举的成功需要得到大多数人的支持，不管他们可能是谁。[27]

因此，参加选举的工人政党面临这样的选择：是作为一个阶级组织来行动，还是去寻求选择成功。选举成功，需要根据动员和支持的倾向对阶级结构进行概念化；它要求社会主义政党坚持能够想象到的最广义的无产阶级的概念，甚至超出这个广义概念，强调相似的生活状况和"相同的利益"。为了寻求选举的支持，在把工人组织为一个政党时，社会主义政党向其他阶级的成员发出号召。[28]

在这一点上，回到考茨基的论述可能是有益的。他对生产系统内位置占据者与社会主义运动之间关系的分析，是以选举战略及其必然寻求支持为依据来论述的。考茨基知道，社会主义政党不是唯一的工人组织。社会主义政党必须应对这样的事实：工人不信任社会主义，他们仍然把社会主义看作开明的资产阶级的一种理想。此外，技能的差异在工人之间产生了内部分化。但这种不信任和这些差异被以"劳工运动"的形式克服了。无产阶级被以工人贵族和无组织的下层民众为代价同质化了。所出现的是挣工资的工业无产阶级，这种无产阶级逐渐支配所有其他无产者。而且，"明确地说，这种富于斗争性的无产阶级对于社会主义来说是最富有成效的招募手段"。"社会主义运动只不过是这种已经意识到其目标的富于斗争性的无产阶级的一部分"（1971：183）。

然而，社会主义政党不仅代表狭义上的无产阶级的利益，而且代表所有受资本主义"压迫和剥削"的人民的利益。爱尔福特纲领指出，"社会主义政党不是为某一阶级的特权而斗争，而且为消灭阶级和阶级统治、为所有人——不分性别和种族——的平等权利和平等义务而斗争"（1971：159）。对我们的讨论来说更重要的是，党不只是代表未来的普遍利益。它在其当前的活动中促进了人民的利益而不仅是工人的利益，"它是所有被剥削和被压迫人民的勇士"（1971：211）。它成了一个全民的党；"它趋向于不仅代表工业雇佣劳动者，而且代表所有劳动阶级和被剥削阶级，换言之，代表人口中的绝大多数。"（1971：210）爱尔福特纲领断言，社会主义政党"在当今社会中不仅反对对于雇佣劳动者的剥削和压迫，而且反对任何形式的剥削和压迫，无论是直接针对一个阶级、一个党、一种性别还是一个种族的剥削和压迫。"（1971：160）

但是，社会主义者如何号召工人，如何号召资本主义生产关系的载体呢？对那些剩余劳动被别人占有的人来说，剥削表现得并不明显。对于个体的进展来说，自发的经验是一种经济剥夺和一种机会。如果解放的可能性和受剥削对于直接生产者来说是可见的，资本主义关系必然会失去神秘性，必然受到批判。但如果任何意识形态对于建立一种社会关系的意象是有效的，如果它要达到产生一种社会变革的集体方案的效果，那么它必然与人民在日常生活中所经历的方式相一致。因此，关于工人的社会主义意识形态的有效性，依赖于他们生活状况的特征，这种生活状况从阶级成员的角度来看是次要的，即收入规模、生活方式、在权力关系中的地位、工作条件、工作特点——"悲惨"、"贫困"、"受压迫"。社会主义意识形态是根据绝对贫困或相对贫困（"平等"）、工作条件、生活条件等所有这些韦伯主义的特征来构建的。这些特征是客观的，就像人们的身高、体重或眼睛的颜色那样客观。然而，它们变成"真实的"，它们逐渐使阶级形成的实践有效和无效，是因为社会主义运动凭借资本主义生产关系产生的直接认识，被迫求助于这些特征。

但是，这些特征并不总是——自 19 世纪中期以来就不是——与工人阶级的理论相一致的。[29]那些与生产工具相分离、为了工资被迫出卖劳动力、在资本主义生产过程中受到剥削的人，就历史的相对水平而言，并不必然是贫困者。贫穷、受剥削、悲惨、厌倦、劳累，甚至异化，并不能够把由剥削概念定义的工人与各种恰巧也处于贫困、受压迫或受剥削的人区分开来。另外，这些次要的特征本质上不同于以理论上定义的工人。

结论是，社会主义运动的政治实践在资本主义经济、意识形态和政治关系结构中有其决定因素。嵌入到了选举竞争，社会主义运动根据利益决定的"工人阶级"集体身份的可能性来看待阶级结构。鉴于选举竞争的既定规则，随着这些运动试图使其政治支持最大化，它们开始关心数量。同时，它们被迫强调按照狭义定义的无产阶级的那些特征，这些特征并不能够把无产阶级与资本主义社会中许多其他集团区分开来。

资产阶级民主的政治关系和意识形态关系，导致了工人阶级组织以群众选举性政党的形式出现。结果，工人形成一个阶级的过程或组织，与动员群众政治支持的过程融合在一起。这些政党组织工人，并且同时寻求"群众的"选举支持。它们不断地在原有的小资产阶级中间寻求支持，并且随着资本主义的持续发展，它们越来越把组织努力的焦点集中于没有直接参与资本主义生产过程的不同类型的人身上，尤其是"新兴的中产阶级"身上。[30]

工人阶级形成过程与超阶级的政治动员的这种融合，产生了超出寻求选举联盟的结果。它不仅对从事非体力劳动的雇佣劳动者的阶级组织方式产生影响，而且对资本主义社会中意识形态的一般动力以及工人的组织方式产生影响。因为社会主义运动求助于人民而不是工人，它们消解了那种特有的联系，那种无产阶级及"无产阶级政党"之间的独特关系。它们不再是对无产阶级历史使命的"有机的"表达，不再区分并反对所有其他政党。但是，工人与社会主义运动之间关系的分离，具有加强无阶级的社会形象的一般影响。它减少了作为集体身份基础的阶级特征。因此，它又导致了集体身份其他基础的复兴，无论这些基础是收入多少、工作特点、宗教、语言、地区、性别或种族。在这个意义上，群众的组织过程瓦解了工人。

关于阶级的冲突

纵观马克思主义思想史，同样的问题在关于阶级分析的各种外观下反复出现。这个问题可以定义为一种两难处境：阶级被认为或者是自发地并且独特地产生于生产关系，或者需要一个以先锋党形式出现的唯意志论的外部行为者，如果它们要形成集体行为者的话。这种两难处境导致实践上的争论：这些争论集中于党的组织形式（群众性政党还是先锋党）、联盟的战略（策略性的、结成阵线还是形成集团）以及革命的战略（自上而下还是起义暴动）。

同时，这种两难处境也产生了理论上的难题，因为它不可能阐述为什么经济关系的载体在政治上没有像阶级成员那样行动，严格地说至少"尚未做到"。如果在生产关系中所占据的位置被认为是集体组织的唯一决定因素，那么确实，一旦工人阶级被组织成为一个"自在阶级"，它就应该逐渐成为一个政治行为者。因此，在工人不以工人身份从事政治行动的意义上，马克思主义理论被证明至少是"不完整的"，"遗留"下来的解释必须找到，例如，为什么法国信奉天主教的工人阶级寡妇实际上必然会投票支持右翼（Dogan，1967）。

这些困难源于传统上可见于马克思主义阶级分析中的两个假定：第一，只有生产关系构成阶级关系的客观决定因素；第二，阶级是具有连续性的历史主体，一旦形成，它们作为政治行为者只能不断发展。

当人们从马克思关于资本主义发展理论中得出某些结论，特别是当这些结论被置于以下视角之中时——其中，（1）意识形态关系和政治关系被看作在具体的历史关头构建了阶级形成过程；（2）这些关系本身被视为在阶级斗争过程中社会地产生的——一种关于阶级分析问题的替代性阐述就出现了。于是，阶级被视为经济、意识形态和政治诸种关系结构内的斗争持续作用于生产关系载体的组织和意识的结果。

由于认识到意识形态和政治关系的客观性，这种阐述允许我们分析这些关系对阶级被不断地组织、解体和重组过程的影响。因此，当有组织的运动在这种视角内被视为阶级形成的积极的行为者时，它们的实践既不是"外在于"任何事物，也不是不受决定因素的影响。相反，这种阐述指引我们去分析具体的历史行为者关于阶级形成过程的实践的客观决定因素。在资本主义民主的"正常"时期，工人阶级运动必须组织成不对工人与其他阶级进行区分的群众性选举政党。通过表明这一点，我们已经为这种分析指明了可能的方向。

同时，这种阐述导致了对阶级组织的间断性的强调。阶级不再被视为连续的历史主体。阶级斗争——我们指的是关于阶级形成的斗争以及有组织的阶级力量之间的斗争——总是发生在特定的历史关头。随着历史局面的变化，例如，普选权或法律保障的集体谈判的引入，市场合理效应的衰落，特别是资本主义国家形式的变迁，阶级斗争的形式都会随之改变。

因此，阶级斗争并不能简化为各阶级之间的斗争。或者，换个不同的说法，斗争中的阶级是关于阶级的斗争的一种结果。但是，如果关于阶级的斗争先于各阶级而存在，那么谁是斗争中的阶级？在什么意义上它们是先于阶级而存在的？所有的斗争都是阶级斗争吗？我们怎样才能认识阶级斗争？

如果关于阶级的斗争先于斗争中的阶级，那么谁为阶级形成而斗争？在每一个后继的历史关头，生产关系的某些载体被这样组织起来，某些载体未以任何方式组织起来，还有一些载体在关于阶级组织的斗争中出现，其形式与在一个即使按广义构想的生产系统中所占据的位置——诸如"社会成员"、"穷人"、天主教徒、巴伐利亚人，等等——也难以一一对应。或许以一种相反的形式来阐明这一点更好些：学生、妇女、新教徒、消费者都不是阶级，并且在他们在斗争中作为集体行为者出现的程度上，这些冲突不是阶级之间的冲突。这些处于特定历史环境、在现象层次出现的"处于斗争中"的具体行为者，并不必然对应于广义构想的生产关系中的位置，准确地说，这是因为它们是斗争的一个结果。的确，当社会分裂在现象层次上以并不对应于生产关系内的位置的形式出现时，资产阶级在关于阶级的斗争中就取得了成功。因此，在每一个具体的历史关头，为形成、瓦解或重组阶级而进行的斗争，并不局限于两个或多个阶级之间的斗争。

既然任何可能导致阶级形成的斗争都是阶级斗争，那么，这种观点是否意味着马克思关于阶级斗争具有普遍性、是历史动力的论述是同义反复呢？换个不同的说法，是否可能存在着一个生产工具私人所有而又没有阶级斗争的历史时期，或者说，不管参与者是不是阶级，阶级斗争都总是存在，根据定义这种判断是否正确？在我看来，如果阶级斗争被理解为各阶级之间的斗争，那么这些陈述就是经验主义的和错误的：在不同的生产方式内存在着没有阶级冲突的时期；如果阶级斗争被理解为具有阶级形成或阶级瓦解效应的任何斗争，那么这些陈述就是同义反复。这就是我认为它们应该得到解释的方式。它们的断言是，当且仅当它们被看作阶级形成的结果并转而又对阶级形成产生影响时，在任何历史时刻发生的所有冲突都可以根据历史条件来理解。这些陈述起到了一个方法论假定的作用。

　　这种假定指导我们去分析在具体时刻的冲突与长时期发展之间的联系。这里存在着马克思主义一般理论的独特性，特别是马克思主义阶级概念的独特性。正如马克思自己所认识到的，这种理论的独特地位既不依赖于对社会划分为阶级的观察，也不依赖于关于社会在其历史发展过程中经历合法转变的断言；相反，它依赖的是关于阶级斗争是历史动力的假定，也就是说，具体的冲突与长期的发展系统地相互影响。而且，它们以一种特殊方式相互影响：从过去继承下来的条件决定这些条件在特定时刻可能转变的领域。在此种条件下——在这些条件是继承下来的并因而在任何时刻都是给定的这一意义上，它们是客观的——具体的行为者加入冲突，以一种特殊方式去维持或转变这些条件。

　　但是，为什么对于某一时刻的冲突与历时的发展之间的这种联系的分析是一种阶级分析？为什么它应该按照具体的集体行为者与一种生产和交换系统内的位置之间的关系来阐述？为什么我们应该根据生产系统内其成员的定位，追问这些具体的参与斗争的集体是如何构成的？为什么我们应该追问，参与斗争的集体的历史方案与根据其在生产系统内的定位而界定身份的人民的利益之间的关系是什么？反过来，为什么我们应该按照它们对生产关系是保护还是转变的结果，来分析具体斗争的结果？

　　很明显，具体的斗争可以按照不同于阶级分析的方法来分析：它们可以作为不同的收入水平或不同的权力等级的团体之间的斗争进行分析，可以作为性别、种族、宗教团体、地区、少数民族团体等等之间的斗争进行分析。那么，地方对学校的控制引起的冲突，天主教徒与新教徒之间的分裂，或者讲英语的人和讲法语的人之间的分裂，应该提到阶级的层面上来分析吗？如果这样的话，为什么？女权运动应该作阶级分析吗？黑人运动呢？

　　我只能提出一个不完整的和初步的答案。在分析任何斗争时，都应当考虑以下问题：这场特殊的冲突带来了什么？什么原因导致参与者以这种特殊的形式组织起来？潜在的后果是什么？这些后果对未来的发展会产生什么影响？所有这些问题都与客观条件有关；这些条件使一场特殊冲突的出现成为可能，使特殊的组织、意识形态、关系和力量的形成成为可能，使特殊的后果似乎可能或似乎不可能；最后，但也是最重要的，这些条件可能是作为一场特殊冲突的结果而产生的。只有当经济条件允许一项新的劳动分工时，女权运动才能成为一场群众运动；没有一次重要的经济变革，美国的种族问题就不可能得到解决，如此等等。这并不是说，经济、政治或意识形态条件单独决定了这些运动的动力，也不是说对斗争的分析因此可以归结为对客观条件的分析。客观条件决定了可能性的范围，但也仅仅是可能性；因此，对于具体斗争的理解而言，对客观条件的分析是必要的，但不是充分的。

因此，阶级分析的理论功能是要辨识具体斗争的客观条件和客观结果。那么，"阶级"是一种关系的名称，而不是个人的集合。个人在生产体系中占据位置，而集体的行为者则出现在具体历史时刻的斗争中。这些位置的占据者或集体行动的参与者，都不是阶级。阶级是他们之间的关系，从这个意义上说，阶级斗争与这些关系的社会组织相关。

剩余劳动和"中产阶级"

这些结论都应该只能被看作马克思主义阶级分析可以前进或可能正在前进的可能方向。有几种观点必须澄清，有几种假设需要历史的检验。然而，作为贯穿本章主旨的特定问题，即"中产阶级"的阶级特征，考察其含义将是有益的。

最近有人提出，关于资产阶级与无产阶级之间不断增加的两极分化的理论，不是马克思阐述的唯一理论，或者至少不是与他的经济思想主要核心相一致的唯一理论。特别是尼古劳斯（Nicolaus）指出，两极分化的主题可以回溯到《共产党宣言》。在写作这一文本时，"马克思对于资本主义政治经济学还只有很模糊的概念"。但是由于马克思本人未受"黑格尔思想体系"（Hegelian choreography）的影响，他发展了一种理论，充分地预期到在资本主义发展过程中新的中产阶级增长的必然性。这种论点的支持者所引用的文本，主要是由《剩余价值论》（*Theory of Surplus Value*）中的一段引文构成的。在这部著作中，马克思批评李嘉图（Ricardo）"忘了强调……中产阶级的持续增长，他们处于以工人为一方、以资本家和地主为另一方的两者中间，他们绝大部分受到收入的直接支持，他们依赖于劳动基础，他们增加了社会安全和上流社会的权力"（Nicolaus, 1967：45；Urry, 1973：176；Gough, 1972：70）。

但是这个问题与引用的文本无关。问题是，尼古劳斯对这一问题的称谓"剩余阶级的法则"，是否是从马克思的经济理论中得出来的，或者说至少在意识形态上与它是一致的。尤其是，尼古劳斯认为，中产阶级的出现是马克思的理论的必然的逻辑结果。他的观点完全依赖于消费不足论者对马克思的解读。尼古劳斯认为，既然工人的消费少于工人的生产，有些人的消费必然多于他们的生产，因此，必然会出现一个"剩余阶级"。于是，马克思论述马尔萨斯的一些引文被援引来支持这种解释。

的确，超出工人生存需求的剩余物的生产，在任何社会，对于那些不直接从事满足其基本物质需求的商品的生产的人而言，都是生存的必要物质条件。如果没有剩余，除了工人没有人可以生存下来。但是，这一观点的反面——剩余是中产阶级出现的充分条件——既没有说服力也是不全面的。[31]

位置的问题而不是资本家和工人的问题出现在马克思的著作中，并不是因为存在着找不到消费者的剩余产品，而是因为存在着找不到生产性雇佣的剩余劳动力。马克思驳斥了马尔萨斯关于人口动态的调节特征，他指出，无论人口动态如何，资本主义都将在其发展过程中减少为生产所必需的相对人口数量，从而产生"相对过剩人口"。这的确是资本主义积累的一个基本法则："相对剩余人口"的产生，按马克思的说法"以每一种可能的形式而存在。在其还只是部分被雇佣或者说完全失业的时间里，每一个劳动者都属于相对剩余人口。"（1967，Ⅰ：640—644）

分析中产阶级的起点必须是资本主义积累的动力。在我们看来，这种积累有一个重要的结构性影响，即它在简单的生产循环中不断产生剩余产品的同时，作为一种长期趋势，也产生了剩余劳动。马克思的模型——受到了考茨基的忠实追随——如下所述。资本主义积累是资本主义生产的必要条件。随着资本主义积累的增加，资本主义生产关系扩展到所有经济活动领域。受资本主义竞争的影响，各种类型的小生产者都被挤出生产过程。他们成为便于购买的劳动力的出售者，而劳动力成为他们要想生存所能出售的唯一商品。然而与此同时，在竞争的压力下，资本家被迫不断地开发和引入节省劳动的新发明，不断地通过以客观化的形式增加资本的规模和价值，并进而通过使生产独立于人力劳动，来彻底变革生产方法。结果，在可使用的劳动力数量和资本主义生产所必需的劳动力之间就出现了不断扩大的空隙。在一个理性的社会，劳动应当以可以为每一个人提供一定自由时间的方式分配。[32]但是，在资本主义条件下，一些人只能被排除在其劳动力的生产性使用之外。

因此，当资本主义生产了摧毁其他生产组织形式，同时又在资本主义生产体系内减少了劳动的相对需求的时候，剩余劳动力就出现了。剩余劳动力产生过程的速度取决于：（1）与资本增长相关的劳动生产的边际增长率（测量的问题是明显的）；（2）当资本主义生产力扩大时，非资本主义生产位置被摧毁的边际速率；（3）与时间有关的资本增长率；（4）人口的增长率。这些指标可能足以放弃我们前面所坚持的表面现象：这是一个平稳前进的简单过程。很清楚，人们被径直指引到一种资本主义发展理论。而任何这样的理论在今天能否回答由这种阐述提出的问题，至少还是不确定的。

然而，无论这种过程的确切动力是什么，为了发展出一种资本主义形态中的阶级结构理论，都有必要去理解这种剩余劳动力所采取的阶级组织形式。对尼古劳斯来说，问题在于解释"剩余阶级"如何采用了"中产阶级"的特殊形式（Urry，1973）。可以想象，所有剩余产品将由资本家占有，而剩余劳动力将遭受饥饿；可以想象，它将由一个永远排除在经济活动之外的人所组成的"富裕阶级"来消费；可以想象，它将在不同个人的生命期间进行分配，诸如此类。在这些情况中，没有任何一种情况存在着位于工人与资本家"之间"的中产阶级。

面对这个问题，尼古劳斯和厄里（Urry）都认为，资本主义发展使得将会出现一个中产阶级成为必然。尼古劳斯断言："劳动生产率的提升，需要有这样一个非生产性劳动者阶级，以履行分配、销售、研制、融资、管理、追踪并赞美不断膨胀的剩余产品的职能。这种非生产性劳动者、服务业劳动者，或简称服务人员的阶级，就是中产阶级。"（1967：46）

我们必须在这种语境中考虑在近来关于阶级的争论中"生产性劳动"这一概念所扮演的角色（Gough，1972；Poulantzas，1974b；Terray，1972；Vaisov，1971）。如果我们接受曼德尔的简要概括，生产性劳动就是"所有创造、改变或保存使用价值的劳动，或者为实现使用价值而在技术上不可或缺的劳动……"（Mandel，1971：191-192）。在讨论阶级的过程中，生产性劳动成了一种相关的类型，因为这种劳动为生产所有产品所必需，因为这是受剥削的劳动，还因为它是在没有资本家的情况下也有能力接管和组织生产过程的劳动。马克思预期生产性劳动相对劳动力总供给而言将要减少，并因而产生能够"以每一种可能形式"存在的"剩余人口"。

因而，问题变成了什么劳动是资本主义积累所必需的。在资本主义处于其发展的一个特殊阶段的既定条件下，什么是资本主义社会关系再生产所必需的？这不是一个定义的问题；就像奥康纳（O'Connor，1976）似乎相信的那样，这也与任何利益没有关系。马克思关于仓储工人的繁琐讨论，试图准确地回答这个问题：所有的仓库工人都是资本主义积累所必需的，还是只有那些贮藏易腐烂产品的

工人才是必需的？（Gough，1972）

我们不知道哪种劳动是资本主义生产关系所必需的。我们今天不太愿意像马克思那样相信，资本主义关系——不仅生产的关系，而且还有法律的和意识形态的关系——仅仅通过生产周期的重复，就能再生产"它们自己"（1967，Ⅲ：694）。因此，我们倾向于猜测，所有在这样的"机构"（apparatuses）雇用的那些人，实际上对于资本主义的持续积累都是必需的。但是我们几乎没有明确的答案，如果有那么一点的话。实际上，这种倾向是跳入了"功能主义"（functionalism）的深渊；无论发生什么，似乎都是具有再生产资本主义关系的结果的一种"功能"，并且发生的所有事都必然会再生产资本主义。

对于尼古劳斯来说，非生产性劳动者是履行这种功能所必需的，这是无关紧要的；重要的是，毫无疑问，不是所有的相对过剩人口都能在功能上被雇用。当马克思和恩格斯经常强调资本家及其代表作为生产过程组织者的技术作用时，以及当马克思明确提到工程师和其他人是"全球劳动者"的一部分时，所有那些指挥、分类、管理、调解和服务的人常常被当作资本主义政治阶级关系多余的人工制品，而不是被看作资本主义积累的一个必然结果。[33]此外，马克思所说的"仆人"（servants）肯定不是尼古劳斯所说的"中产阶级"。他们是没能够找到任何生产性工作的人，是听任自己受命运摆布"勉强维持悲惨的生存"的人。如果他们想要成功地活下来，他们确实只能成为"仆人"，因此，他们包含在那些不是被"有用地"雇用的人当中：家庭的服务员、警察、律师和罪犯、男仆和政客。这些人被考茨基形容为"寄生虫"；对于他们，马克思只是说"从妓女到教皇，存在着很多这样的碎砖乱瓦"。

中产阶级在技术上对资本主义积累是必不可少的吗？考茨基写道："现代生产体系的经济机器组成了一种越来越精细和复杂的机制：它的不间断运转，持续地更加依赖于它的每一个车轮是否与其他车轮相配合，并且每个车轮都起着人们所期望的作用。然而从来没有任何一种生产体系像目前这种体系这样需要仔细的指导。"我们因此预期作者考茨基会继续说——正如尼古劳斯和厄里所做的那样——资本主义创造了大量的位置，它们的职能是协调、指导、计划、经营和管理这种复杂的体系。但这并非考茨基的结论。相反，考茨基继续说，"私人所有制使它不可能在这种体系中引入计划和秩序"（1971：52）。

人们或许不得不回顾《资本论》，尤其是回顾更为流行的《社会主义从空想到科学的发展》，以便更充分地评价对资本主义生产的无政府状态的强调，以及对计划和秩序与私人所有制不兼容性的强调。生活在后凯恩斯主义时代的我们可能会忘记，马克思的理论是在甚至连一次人口普查——更不用说国家对资本家在工厂内的统治权的任何侵占了——也会被资产阶级等同于所有自由的终结和专制的出现的那个期间写的。[34]我们必然不会忘记 19 世纪后期社会主义思想对资本主义生产的无政府特点的坚持不懈的强调。恩格斯写道："社会化生产与资本主义占有之间的矛盾，现在表现为单个工厂内生产的有组织性与整个社会生产的无政府状态之间的一种对抗。"（1959：97-98）尽管每个工厂内的生产活动按照计划被有目的地组织起来，但是资本主义作为一个生产体系无法克服其自发、无序的特性。它的无政府状态导致周期性的危机，这种危机加速了矛盾的发展。另外，尽管资本主义通过形成托拉斯和垄断集团来应对矛盾，尽管国家最终必须对生产进行指导，但是，资本主义生产固有的无政府状态只有通过废除生产工具的私人所有制才能被克服。[35]

概言之，近来重新解释马克思的中产阶级理论的尝试，为马克思主义理论的发展指出了一个新方向。然而迄今为止，他们并未取得大大超出考茨基分析的进展。每个人都同意，资本主义发展以不断变化的速度，导致小生产者与他们的生产工具相分离，并且这个过程伴随着"剩余劳动"的增长。然而，两个关键问题仍未得到解决：除了直接生产者和劳动过程的组织者，对于持续的资本主义积累而言，哪些人在技术上是必要的？而那些非必要的人的阶级身份又是什么？

在不把它归入马克思的理论的情况下，让我们接受这种断言：既不属于直按生产者也不属于劳动组织者的某些位置，对于资本主义积累过程的持续进行而言，实际上是必不可少的。由于缺少一个更好的字眼，让我们认为这些位置构成了一种"再生产"类型——一种由劳动的社会分工中的位置构成的类型：这些位置不直接参加把自然物转换成有用产品的工作，但如果资本主义生产要在社会规模上持续进行的话，它们在技术上仍然是必不可少的。工程师以及工程师的老师当然应被置于这些位置上，并且如果"意识形态机器"对于资本主义生产关系的再生产在技术上确实是必要的话，或许甚至电视播音员也将包括在内。

但即使某些不属于直接生产者和生产组织者的位置确实是必要的，在每一个资本主义社会中，仍然存在着大量既不在物质生产过程使用也不在社会关系再生产过程使用的劳动力。这对应于马克思所说的"剩余劳动力"，对于他的分析中的无论什么不足，这个概念都是一种修正。这种剩余劳动力的存在是明显的，它在我们试图分析任何发达资本主义社会的阶级结构时所遇到的困难中得到了体现。例如，赖特（Wright，1976）关于美国社会阶级结构的分析对象限定为"从事经济性活动的人口"，就是说，它不包括家庭主妇、学生、退休人员、机构化的人口、那些或多或少永久地享受福利的人，等等。换言之，它只包括大约一半的美国成年人口。

资本主义生产体系在其发展过程中，从生产过程的参与中分离出一定量的劳动力，即使是最广义上定义的参与。作为一种趋势，这种分离是资本主义发展的一种合法结果，它意味着对剩余劳动的任何分析都必须被视为上述意义的一种阶级分析：它必须把具体历史斗争中剩余劳动的位置与资本主义生产体系的发展联系起来。

剩余劳动力产生的过程在下述意义上是一种趋势：当资本主义制度的逻辑强加给单个资本家一个要求不断探寻提高劳动生产率的方法的理由时，作为个体的理性的企业家，资本家的行动是由斗争的结果来调节的，特别是由导致国家对生产系统的干预的那些斗争结果来调节。鉴于上面得出的因果关系的复杂模型，与阶级形成过程相关斗争的作用是双重的。首先，发生在每一个历史关头的阶级斗争，都会对经济的、政治的和意识形态的关系产生影响，从而间接影响随之而来的阶级形成过程。其次，鉴于经济的、政治的和意识形态的关系的特定结构，阶级斗争直接影响在生产体系中处于不同位置的人们的阶级组织。阶级斗争的间接影响对于整个阶级结构来说具有重要的意义，因为它们改变了阶级形成于其中的生产体系。因而，剩余劳动的实际形成过程受到了阶级斗争的影响。国家对生产体系的干预对经济体系的结构具有普遍影响，几个实行资本主义的国家采取了一种深思熟虑的阶级形成政策。例如，信贷政策直接影响着小资产阶级的生死存亡。另一方面，工会反对生产过程自动化的斗争以及对充分就业的要求，可能会阻碍劳动生产率的不断增长，并减缓剩余劳动的形成。

然而，这种观点的中心论点可作如下表述：资本主义生产体系并不构造剩余劳动的形式；它产生剩余劳动，但是并不把这种剩余劳动分配到要被占据的位置中去。它把剩余劳动留下来充当马克思所说的"仆人"。位置的确定被限于广义上想象的生产关系，即所有那些为资本主义积累的持续进行所必需的关系。超出广义上想象的生产关系——分配、流通、教育、合法化等，就不存在什么"位置"，不存在先于阶级斗争而构造的位置，也不存在要被占据的位置。剩余劳动可能采取在国家行政管理部门就业的形式；它可能采取提前退休的形式、大规模常备军队的形式、数以百万计的在校学生的形式。它可能采取阻碍妇女生产性就业的形式；它可能采取三天周末的形式；等等。剩余劳动的组织形式不是由生产关系决定的，它直接受到阶级斗争的影响。

那么，剩余劳动究竟可能采取什么形式呢？首先是就业不足（underemployment）的形式，尤其是由国家采取的就业不足形式。这意味着这样一种情形：剩余劳动力被以工资的形式所购买，但是它未被消耗在为物质生产或者社会关系再生产所必需的任何劳动上。其次，剩余劳动力可能采取马克思所说的后备军（reserve army）即工资水平的调节者的形式。第三，剩余劳动可能采取一个人一生被永久地排斥在就业之外的形式。第四，对于具体个体而言，它可能采取在其生命周期中进行分布的形式，主要是受教育期间和退休期间。最后，它可能按照缩短工时、延长周末的方式分布在一个人的工作时期，等等。

显然，这里开列的清单在某种程度上是任意的，它的合理性还需要进行广泛的讨论。让我仅就马克思本人的观点做一些相关评论。尽管马克思认为剩余劳动可能"以任何形式存在"，包括在劳动者没有花费其劳动力的时候，但他仍倾向于强调剩余劳动对工资的管制性影响。马克思认为，剩余劳动在劳动力的量上是无差别的，具有把工资保持在维持生存水平上的作用，尽管这种水平受到文化差异的决定性影响。如果说这种模式曾经准确的话，那么它现在不再准确了，因为作为阶级斗争的一个结果，许多调整人们进入生产体系的制度壁垒已经建立起来了。义务教育和强制退休是体现这种性质的最重要机制。能够进入劳动市场并进而发挥工资调节功能的剩余劳动力数量，已经由于这些制度性机制而大量减少。这并不是说这些壁垒是不可改变的：美国近来试图延长退休年龄，表明了这些壁垒不是不可改变的。然而，剩余劳动不是以无差别的形式出现的。的确，剩余劳动的调节功能已经大大减弱了。在上述的五种类型中，只有前两种具有这种功能；根据经验我们知道，第二种类型在部门上在很大程度上限于服务业和商业，并且限于妇女。在不同的资本主义国家，有不同数量的剩余劳动力或多或少永久地与生产体系相分离，尤其是在美国，这种现象在很大程度上与其种族界限相符合。某些剩余劳动分布在人们的生命中的某些时期，正如我们前面所表明的那样。最后，某些剩余劳动合理地分布在特定个人的工作时间。的确，许多国家最近试图沿着这些界限来"分配工作"。

剩余劳动的存在意味着，当代资本主义社会的阶级分析不能局限于由生产体系构造的那些位置。这个观点可能值得再陈述一番。我认为：（1）资本主义生产体系构造了直接生产者的位置，构造了劳动过程组织者的位置，或许还构造了那些既非直接生产者也非生产过程组织者，但仍为资本主义再生产所必需的那些人的位置；（2）在发展过程中和阶级斗争的间接影响下，这种生产体系产生了一定数量的剩余劳动，但它并未构造这种剩余劳动的社会组织形式；（3）剩余劳动采取的形式是斗争的直接结果。

结　论

因此，最后我们甚至必须放弃这个标题。并不是无产阶级在形成一个阶级：是各种不同的人，其中一些人被从生产体系中分离出去。工人形成一个阶级的过程并不是在真空中发生的；相反，这种过程不可分割地属于总体过程——正是在此过程中，各种集体得以在特定历史时刻的斗争中出现——的一部分。这些过程的结果尽管不是任意的，但也不是仅仅由社会关系的结构决定的。并不仅仅只有一种结果存在于那些社会关系设定的限制中。

社会关系的直接经验，以收入、工作的性质、在市场中的位置和职业的声望等为基础的经验，并没有自行转变为集体身份，因为这种经验被参与阶级形成过程的运动的意识形态和政治实践所调和。但正如高夫（Gough，1972）所指出的，载体在资本主义关系中位置类型的分布也没有转变为集体身份。甚至剥削关系也不能自行决定阶级形成的唯一形式。在间接意义上，无产阶级受到了除小资产阶级之外的所有其他阶级的剥削。工人和小资产阶级是所有消费品的唯一生产者。由工人生产的剩余作为税收被直接和间接地（通过国家）转移给了所有其他类型。在这种意义上，甚至流氓无产者中最贫穷的人也是靠工人来养活的：在既定的资本主义生产关系中，存在着工人与"福利阶级"对抗的客观基础。而且，在既定的资本主义社会关系组织中，资本家把剩余额的最大可能份额留下来并用于积累，的确是工人的利益所在，因为通过这种方式，未来的总产品就会增加。因此，狭义上的工业无产者与现代的、扩大生产的那部分资产阶级之间，存在着结成政治联盟的客观基础。对于1924—1928年间德国社会民主党与德国工业的动力部门之间的联盟来说，它确实是最可能的；对于罗斯福"新政"（New Deal）联盟来说，这不是不可能的；或许对意大利共产党与基督教民主党之间当前的联盟来说，也不是不可能的。这也可能是常常谣传的智利共产党与基督教民主党之间的协议所具有的性质。要注意，这些都主要是政治联盟，其中的工人阶级都是遵照狭义定义的。

然而与此同时，除了资本家和小资产阶级之外的其他所有类型，都与生产工具所有权相分离，并且为了工资而被迫出卖自己的劳动力，除非他们能靠所谓的福利维持生活。此外，在马克思的分析中，尽管商业雇员的劳动不创造剩余价值，但是它能使商业资本家占有剩余价值，而不必支付给雇员与他们劳动完全对等的工资（1967，Ⅲ：17）。在此意义上，尽管再生产和服务类型的人员都是靠工人生产的剩余产品生活，但是他们都与生产工具相分离，都被迫出卖其劳动力，并且在特定意义上受到资本家的剥削。这就产生了按照一系列从属特征——尤其是分配上的特征——来定义的共同利益，并且导致了参加工作的人们（working people）这个概念，它是劳动者阶级（les classes laborieuses）在当代的对应词。按照这个定义，工人阶级可以足够宽泛地构成"工人阶级大多数"。

最后，这种策略能被扩展到定义为"群众"或"人民"、所有被剥削者和被压迫者、所有生活贫困和处境悲惨的人的工人阶级的形成上。这种策略关注价格、税收和就业，而不是工资和劳动条件；它在"人民"的标志下把小资产阶级和失业者包括了进来。

阶级形成的这些策略中的每一个，以及如果进行更为系统的分析将会出现的其他战略，不仅对剩余劳动的阶级构造形式具有重要影响，而且直接影响工人阶级的形成方式。这些重要影响在上文已经讨论过了。尤其要指出的是，以工人阶级广义定义为基础的策略减少了阶级的特性，并且产生了关于阶级的基础是集体认同还是组织的其他分裂。

　　这些策略的限度是由每个集团的内部冲突——如毛泽东所称的
"人民内部矛盾"——特征构成的。近来智利和意大利的历史是这种
实际试验的名副其实的实验室。它们的可行性只有通过政治实践并且
只有在具体的历史条件下才能得到检验。上面所说的都不应当被看作
这些策略的评价。我只不过试图证明，在阶级形成过程发生于发达资
本主义国家的条件下，策略的多重性有其客观基础。同时，我试图证
明阶级形成过程的持久性和不连贯性。具体的分析与这样的观点是不
相容的：阶级是由经济决定的、自发形成并仅以改变历史为前进动力
的主体。阶级是作为斗争的结果而形成的；当阶级之间相互斗争时，
他们也就改变了阶级得以形成的条件。

附录：方法论个体主义与阶级的概念

　　社会关系与个人行为之间的关系是马克思主义的致命弱点。我并
不试图重构马克思本人的路径，也不试图发现关于这种关系的观点是
何时开始支配马克思主义的。我只是注意到，马克思本人，特别是他
在 1857 年以前，以及恩格斯在其非评注性的作品（特别是 1890 年 9
月"致布洛赫的信"）中，把社会看作具有策略行为的个体的一种偶
然产物。正如马克思在《哲学的贫困》中所指出的："什么是社会，
不管它的形式如何，都是人们相互作用的产物。"（n. d.：180）然
而，有时候我怀疑，正是在恩格斯自然主义（它取代了第二国际的马
克思主义）的影响下，马克思主义者开始以好像个人并不存在的方式
来思考历史。这导致了对于一系列虚假问题的关注，从普列汉诺夫的
《个人在历史中的作用》到阿尔都塞的《意识形态和意识形态的国家
机器》，都是如此。

　　请允许我分析一下这个问题。马克思主义是一种把"客观的"社
会关系作为理解历史的起点的理论，用马克思的话说，这种关系不可

或缺并独立于任何人的意志。说不可或缺，我指的是：处于其生产能力特定发展阶段的人们，只有建立了一种特定的合作形式，才能够作为人类活下来；独立于个人意志，我指的是：社会关系是被个人所占据的位置之间的不变关系，而不是特定个人之间的关系：一个人代替另一个人不会改变这些关系。[36]即使福特先生（Mr. Ford）与他的工厂中职位最低的布莱克先生（Mr. Black）互换位置，在每一次生产循环之后，资本主义关系仍然是资本主义关系。

假定这种理论与社会关系分开，问题就变成了去解释社会关系如何以及为什么要依赖于个人（用他们的行为表现出来）而存在。因为布莱克在一个特定社会结构中占据了一个特定位置，想必他会做一些事。任何一个以集体组织层次作为出发点的理论，都必须说明社会组织赖以通过个人行为表现出来的机制。我们有两条路径可循：一条路径我称为"社会学的"，另一条我称为"经济学的"，但这些称谓只是作为一种简略表述的参考。

在社会学的方法中，某些事被"内化"（internalized）了。对于通过自己的行为表明这个被内化的社会的个人而言，社会变成内在的。内化是一个关键术语，典型地具有心理主义学派的内涵，尽管心理学有时藏在行为主义不可知论或者阿尔都塞的难以理解的"名称"（appellation）机制的黑箱中。

在心理主义学派的概念中，内化体现为个人获得某种心灵或行为性向状态的过程，个人行为被认为由两个步骤组成：第一步，典型地与"社会化"过程有关，个人获得态度（attitudes），然后，个人在各种不同的社会条件中都带着这些态度。第二步，他们按照这些内化的行为模式来行动。与一种特定的经验主义认识论相联系，这种理论认为，内化而成的模式可以从他们的性向形式中得到间接观察，就像"态度"那样。

在这种行为的两步论中，偏差作为社会化的对立面而出现。偏离规范的行为可以通过社会化的不完善来解释。接触到相同规范和社会化行为者（agents）的人，其行为的任何变异都可以理解为偏差。换言之，从内化的角度看，被相同的社会化行为者暴露于相同的社会规范的所有个体，都被预期按照同样的方式行事。

更重要的是，这种社会学方法的所有变体（存在着变体，我的描述是一种漫画手法）的特征是，它们把所有行为都看作一种"执行行为"（an act of execution）。[37] 行为模式被内化并且被表现出来。行为是内化社会的表演［注意，这也正是阿尔都塞所说的"剧场"（theatre）］。

请让我立即指出这种方法对于阶级概念所具有的重要意义，就像马克思主义通常理解的那样。一个人由于其在社会关系内所占据的位置，而被划分为某个阶级的一个成员。这种同义反复是故意的：一个人是一个阶级的成员，是因为他碰巧是这个阶级的成员。阶级成员身份是分析个人行为的"出发点"。我们遇到一位琼斯夫人。她是百货商店的售货员，她是一块从她的农民父亲那里继承的土地的所有者，她与一个机械师结婚，是一个正在学习准备当会计的儿子的母亲，她还是白人和天主教徒。如何划分她所属的类型，我们会有片刻的犹疑；但是最后我们解决这个问题的办法是确定她是一名工人（或一位"新兴小资产阶级分子"，这依赖于你是按照赖特的观点还是按照普兰查斯的观点）。[38] 琼斯夫人是一名工人，现在我们准备谈谈琼斯夫人。她应该像所有其他工人那样行事：投左翼政党的票，参加一个工会，甚至可能为社会主义而斗争。[39] 分类是为了使决定因素均质化。作为一个工人，她具有与工人们同样的条件和动机，也因而与工人们有一样的行为。解释的方式是：（1）琼斯夫人为了获得工资而出卖劳动力（观察）。（2）因此，可以预期她像一个工人那样行事（预测）。人们可以通过引入中间步骤——特定的工人阶级文化，使问题变得复杂起来，并且可以说（2a）工人阶级文化是……以及（3）琼斯夫人把自己称为"Mrs"而不是"Ms"，因为这是工人阶级文化。

但是请注意，琼斯夫人有种行为已经超出了这种范式的解释力：琼斯夫人为了获得工资而出卖她的劳动力。假定她这样做不是因为她内化了作为一个工人的规范，而是因为那就是她所做的事。琼斯夫人为什么出卖劳动力这个问题，用这种方法并不能得到答案。对于理解社会结构与个体行为之间的关系而言，这是个根本性的问题。为了使它具有较少的马克思主义的复杂性，可以设想在地方报纸上有一则广告说："除非某人（任何人；我们假定是同质的劳动）为了工资而出卖其劳动力，否则生产工具无法运转。请向史密斯先生提出申请，他在我们公司已经占据了一个矛盾的位置。电话号码……"并且这儿有个琼斯夫人——她是一个拥有一些土地的女士，是一个机械师的妻子，是一个未来会计的母亲，还是一个白人和天主教徒。琼斯夫人以一个成功妇女的飞快语速答复了这则广告，她作为一个典型化的人进入了生产的社会关系。

我们能够接受这种理论立场：琼斯夫人的所有这些（相关）行为，都可由规范的内化来解释，她给史密斯先生打电话这一行为可以得到不同的解释除外。我相信，这就是马克思主义者像社会学家那样一直所做的。除了这种立场的棘手的二元性，我们仍然需要解释为什么琼斯夫人是一名工人。一个答案可能是并且时常是，这个问题是无关紧要的，因为琼斯夫人没有选择。生产工具的被剥夺和具备自我保存的本能〔马克思和恩格斯在《德意志意识形态》（1964）中所说的"人的第一需要"，我认为尽管存在，但是它作为一个方法论上的先决条件而起作用，而不是作为一个形而上学的假定而起作用〕，使琼斯夫人只有靠出卖她仅有的禀赋才能生存下来。

但是，琼斯夫人有一种选择。毕竟，她拥有一些土地，或许她可以把土地卖掉；她嫁给了一位机械师，或许她丈夫能加班工作；她还有或者将要有一个当会计的儿子，他可能会帮助她开一家商店。很多美国工人最终都成功地拥有了自己的商店。为什么琼斯夫人不能呢？如果琼斯夫人成为一名工人，并不是因为她受到内化规范的引导，也不是因为她没有选择余地；她成为一名工人，只是因为她选择要当一名工人。

我并不想成为嘲笑的对象，请让我们解释一下我所说的是什么意思。显然，我不是说，别人珠光宝气、乘游艇出海的生活使人心生不快并深受刺激，人们仍很乐意地决定成为工人。我的意思是这样的：琼斯夫人有一些目标[40]，例如，当她成了寡妇时——作为工人的妻子，她很可能会这样——她试图在家庭的帮助下，使她消费支出的当前价值最大化。她还拥有某些资源：她的劳动力、她丈夫和儿子的尚未使用的劳动力、某些社会关系［她已经认识了史密斯先生；会见了格拉内维特尔（Granevetter）］，以及某些信贷（尽管她可能已是一个净债务人，见 Kaldor，1972）。她现在和她的家人及朋友们围坐在一张桌子前，考虑如何在既定家庭资源的约束下实现她的目标。她以最佳的过程入学并且即将毕业，她确定，对她来说最好成为一名工人。她有自己的目标和资源：她选择了成为一名工人。并不是她的目标和资源把她归入工人那一类，而是在她的目标和资源既定的情况下，她决定成为工人。

琼斯夫人在什么意义上进行选择呢？她的目标和约束条件以及她在这个过程中得到的实践知识是既定的，她将选择对她来说是最好的事情。那是可预言的。或许在该种意义上，她并没有选择。但是她的确经历了一个选择的过程——觉察、评价和决定的过程。如果仅仅把选择看作她生活中所面临的种种条件的一个方面，她就没有选择；而如果选择是行为的一个方面，她就有选择。确实，科学地研究选择行为是有可能的，因为在条件和目标既定的情况下，结果可以预测出来。

现在，让我指出这种方法的某些重要性。首先，要注意在这种观点中，社会关系被看作行动者可资利用的选择结构，而不是被内化和起作用的规范的来源。社会关系是这样的结构：在这种结构中，包括个体和集体在内的行动者，审慎地考虑目标，觉察和评价可供选择的替代性方案，并且挑选行动过程。作为必然的结果，让我来重复一下在本书主体部分所说的话，即必须把社会关系本身看作——再次用马克思的话说——"人们的互动行为"的历史偶然的结果。那就是说，尽管社会关系构成了行动者在其中进行选择的一种选择结构，但是他们的选择也可能会改变社会关系。社会关系并不是独立于人的行动的。它们并不是在这个意义上才是"客观的"。说它们是客观的、不可或缺的，并且独立于个人，只是在它们构成了人们为转变其条件而斗争的条件这样的意义上说的。

其次，阶级也不是既定的。它们也是相互作用的历史偶然的产物。现有的条件可能把妇女抛向劳动（力）市场；而其他条件可能阻止她们成为工人。一些条件可能会壮大小资产阶级的队伍，而其他条件又可能会摧毁这种可能性。并且这些条件本身就是一种产物：一场土地改革的产物、一种福利制度的产物、老年保险的产物、分配冲突的产物。阶级结构不能再仅仅从财产关系来理解，因为导致阶级形成的选择结构也是政治领域冲突的一个结果。毕竟，是法国革命而不是蒸汽机产生了法国农民。

最后，也是中心问题。我们根据阶级冲突来理解政治存在着巨大困难。这些困难是由于很多太复杂、太庞大以至于难以重新计算的假定。直到奥尔森（Olson），我们才认为相似性产生了一致性，并且即使面对他的批评，人们也能发现为什么这将适用于工人（但不适用于资本家）的原因。[41]但是，我认为问题仍然存在，它的起源仍然在于马克思关于自在阶级向自为阶级转变的阐述中。尤其是受教于罗默（Roemer，1982）后，我现在认为，全部的困难源于把阶级位置作为开始分析的一个给定的起点。个体面临选择，一种选择可能是当一名工人，另一种选择可能是与其他工人合作。但是他们确实做出了选择，我们就必须把整个选择结构作为对个体而言的而不是对工人们而言的既定因素来加以分析。因为可能存在着这样的条件，在此条件下，他们的选择是成为工人，并且与资本家合作对抗其他工人，而且如果我们把个体视为既成的工人因而减少了选择余地，那么这种战略的最优性可能就是难以理解的了。黑人工人与白人工人可能并不合作，因为对资本家来说，对这两类工人分而治之是合乎理性的（Roemer，1979），但是他们不合作仍然因为他们是黑人和白人，而不仅仅因为他们都是工人。对于具有不同禀赋的个人来说，分割的劳动市场意味着不同的选择结构，分割的劳动市场在那些成为工人的人之间

产生了不团结。因此，让我诉诸方法论个体主义（methodological in-
dividualism）。

【注释】

　　[1] 我们一定不能忘记，在当代对于马克思思想的讨论中，马克思 1853 年
所写的《政治经济学批判大纲》和其他几个注释，直到最近才为马克思主义理
论家所了解，而他早年的手稿初版于 20 世纪 20 年代，直到 20 世纪 50 年代才广
为人知。今天被认为是马克思本人的无论任何思想，在工人阶级运动的大部分
历史时期，都不是构成社会主义者活动基础的思想。

　　[2] 按照凯尔森（Hans Kelsen）的说法："考茨基的著作不仅把马克思和
恩格斯的思想系统化了，并以示例的方式使它们在当时的历史环境下富有成
效，而且有助于使这种思想易于为广泛的阶层所理解。与其说马克思主义是以
马克思和恩格斯原著的形式在全世界传播的，不如说是通过考茨基的著作才得
以传播。"（Waldenberg, 1967：3）关于考茨基影响的相似评价，还有下列几
个：尼古拉耶夫斯基（Nikolayevski）的门舍维克斯（Mensheviks）和阿布拉莫
维奇（Abramovitsch）关于俄国的论述，托波列维克（Topolevic）关于塞尔维
亚的论述，达辛斯基（Daszynski）关于波兰的论述，以及直到某一时刻列宁的
论述。到 1914 年之前，《阶级斗争》一书被译为 15 种语言；这一时期，该书在
俄国出现了 8 个版本。

　　[3] 关于考茨基作为马克思的继承人的地位，可参见德洛兹（Droz, 1966）
的著作。松巴特（Werner Sombart, 1909）引述了一件最能说明考茨基地位的逸
事。在第二国际阿姆斯特丹代表大会上，饶勒斯抨击德国同志："你们把重要性
掩藏在仅仅是理论套话的废话后面，这是你们著名的考茨基同志将要提供给你
们的，直到他的时代结束为止。"关于考茨基在爱尔福特代表大会上所起的作
用——《阶级斗争》即为此而作——可以参考利希特姆（Lichtheim, 1965：259
-278）的著作。

　　[4] 本尼迪克特·考茨基（Benedict Kautsky）对他父亲著作的评价值得引
用："考茨基像他的导师马克思一样，同时是一位经济学家、社会学家和历史学
家。正因如此，他可以创造一个前后一致的体系，在当时形成了超出马克思未
完成的那些部分的马克思主义——这些部分，恩格斯只是开始建立一个统一的
结构。为了完成这一任务，考茨基不得不同时为两个目标而努力：他不得不宣传
马克思，同时在马克思遗产的许多缺陷中添加上自己的调查。在这两方面，他都

是非常成功的。考茨基的主要功绩是，马克思主义不仅是一种科学学说，而且是对于政治和社会发展产生强烈影响的一种力量。"（Waldenberg，1967：3）

[5] 因而《共产党宣言》断言，"共产主义者的理论结论，决不是以这个或那个世界改革家所发明或发现的思想或原则为根据的。它们不过是现在的阶级斗争、我们眼前的历史运动的真实关系的一般表现。"（1967：150）在《社会主义从空想到科学的发展》一文中，恩格斯描述了这种理论的地位："从那时起，社会主义不再是某个天才头脑的偶然发现，而被看作两个历史地产生的阶级——无产阶级和资产阶级间斗争的必然产物。它的任务不再是想出一个尽可能完善的社会制度，而是研究必然产生的这两个阶级及其相互斗争的那种历史——经济过程；并在由此造成的经济状况中找出解决冲突的手段。"（1959：89）

[6] 松巴特极力批评马克思的理论，他可能是所要引证的时代最切近的观察者。在最初写于1896年的一本书中，他把"马克思主义学说对于社会运动的历史意义"概括如下："当马克思表明运动的目的是生产工具的社会化，而实现这一目的的手段是阶级战争时，他阐明了这场运动所依赖的两个基础……通过使社会运动成为历史发展的结果，马克思表明了产生运动的真正原因是什么，表明了运动如何以特定时间和地点的经济条件为基础，以及如何以生活在那些条件下的男男女女的个人特征为基础。换言之，他证明了在经济和心理基础上，运动是不可避免的，因而他成为历史的（与唯理主义相对）或现实的（与乌托邦相对）社会主义的奠基人"（1909：63）。

[7] 1911年，一本瑞典社会主义者期刊的一名投稿人提出，一个人不一定非要成为马克思主义者才能成为一个社会主义者，由于对于不平等和不公正的道德上的抵制，他的观点被视为异端邪说（Tingsten，1973：129）。

[8] 这种答案的有限的案例是罗莎·卢森堡的观点，这当然给它们带来了许多解释。她的"自发主义"（spontaneism）——如果这就是事实——是基于这样的观点的：阶级只有在同时包括经济和政治两方面的阶级斗争的过程中才能形成。正如内特尔所强调的，党仅仅存在还是不够的，只有不断对抗，特别是群众罢工，才能够促成工人阶级的政治组织。然而同时，按照她的观点，客观阶级向主观阶级转变是必然的：组织导致阶级冲突的增加，阶级冲突引起组织和意识的增强等，辩证地推动历史前进（Nettl，1969：137）。对卢森堡的观点所作的不同解释的讨论，可参见弗洛里奇和马格里的著作（Frölich，1972；Magri，1970）。

[9] 人们对列宁的观点非常了解，因此在这里无须概述。但是在这场讨论

的背景下，人们感兴趣地注意到，它是在《怎么办》（1964：38）一书中，通过考茨基对奥地利社会民主党 1901 年纲领的评论第一次提出来的。列宁称考茨基下面的这些话是"完全正确和极端重要的"。考茨基说："我们的很多修正主义批评家相信，马克思断言经济发展和阶级斗争不仅为社会主义生产创造了条件，而且直接创造了它所必需的意识……但这是完全错误的。当然，作为一种学说，社会主义在现代经济关系中有它的根源，就像无产阶级的阶级斗争有其根源一样，并且像后者那样，产生于反对资本主义所造成的大众贫困和苦难的斗争。但是社会主义和阶级斗争是同时出现的，而不是一方产生于另一方；每一方都产生于不同的条件。现代社会主义意识只能在复杂的科学知识基础上产生……科学的媒介物不是无产阶级，而是资产阶级知识分子：正是在这个阶层的个体成员的头脑里，现代社会主义才得以产生；并且正是他们将现代社会主义传播给智识更为发达的无产阶级，再由后者把它引入无产阶级斗争，在阶级斗争自发产生的地方不会有这一切。"

[10] "Organize itself as a class." (Marx and Engels, 1967：162)

[11] 按照马格里的说法，马克思本人并没有意识到这种阐述所产生的问题。用马格里的话来说，这些问题包括以下几点："限于现行条件的紧迫性，无产阶级不可能形成关于整个社会制度的完整观点，也不能促使它被推翻。作为一个阶级，它的实践只能通过经由革命意识的调和超越这种紧迫性而发展起来。那么，这种意识得以产生的过程是怎样的，机制是什么？或者，把问题说得更明确些，这种阶级意识可能会由于内在的必然性，基于已经在社会客观性中呈现出来并逐渐取得对于其他力量——这些力量最初宣告它是一种次要的和支离破碎的条件——的主导地位的那些力量，在无产者内部自发地形成吗？或者，革命意识必然代表对于无产者的紧迫性（由性质上是辩证的飞跃，即外部力量与阶级自身的自发行为之间的复杂互动而产生）的超越吗？马克思没有面对这些问题。"（1970：101）

[12] 霍布斯鲍姆把无产阶级在政治上出现的时间追溯到 1830 年："（1830年革命的）第二个结果是，伴随着资本主义的进步，'人民'和'劳苦大众'，也就是那些设置路障的人，越来越把新兴的产业无产者等同于'工人阶级'。一场无产阶级社会主义革命运动形成了。"（1962：146）到了 1848 年，下层阶级（classes inférieures）的政治反应不再采用零星暴动反对价格或税收的形式，因为无产阶级从人民中摆脱出来，并且第一次组织起来。特别是，普选权的引入为工人阶级提供了一种组织形式，并且使它能够从其他阶级中分离出来（Furet,

1963：473）。

[13] 但是，罗莎·卢森堡（1899）认为："工会和政治斗争对于社会主义的伟大意义，在于使无产阶级知识和意识社会化了，在于把无产者组织成为一个阶级。"（Nettl, 1969：411）

[14] 法语的传统用法包含有与这些水纹的每一层相对应的词。下层阶级传统上包括所有出身和地位低下的人。劳动者阶级（les classes laborieuses）包括所有参加工作的人。一个新的概念，工人阶级（la classe ouvrière），最后成了马克思所说的"无产者"。相对应的英语词汇——lower classes、laboring classes 和 working classes——似乎都没有那样标准的含义。

[15] 关于机器的引入对于产业无产者的形成的影响的全面论述，可参见库琴斯基的著作（Kuczynski, 1967：chap.2）。伯格尔（Bergier）简洁地阐述了这种关系："取代人力、风力或水力的新动力的引入，迅速在拥有这种比较昂贵的机器及其驱动的织布机的工业家和被雇用来操作它的工人之间造成了明显的差别。"（1973：397）

[16] 马克思在《资本论》（1967）和恩格斯在《反杜林论》（1959）中都强调了资本主义作为生产过程的组织者所扮演的技术性角色。然而，公营公司的发展足以表明，生产组织的作用在技术上独立于生产工具的所有权，工人可以自己组织生产过程。可参见下文关于"生产性劳动"概念的更为具体的讨论。

[17] 产业无产者产生的时机和形式的国别差异是复杂的。而且，较之于工业革命前的最后一代手艺人和农民而言，关于工厂工人的起源及其生活标准，在史料编纂方面存在着重要争论。尽管如此，就工人身份的不同标准之间的相符性这一主题，还是对一些概括形成了足够一致的意见：（1）工人集中于工厂和矿山，尤其是纺织、冶金和采矿等行业；（2）他们操作机器；（3）他们生活条件恶劣；（4）他们在非常相似的条件下工作。工人与手艺人明显有别，因为他们并不拥有任何他们使用和工作的工具。他们明显不同于乞丐，因为他们工作。他们也不同于农奴和奴隶，因为他们是自由的。

关于早期产业工人文献的概述，可以参见库琴斯基和伯格尔的著作（Kuczynski, 1967；Bergier, 1973）。埃尔斯特的著作（Elster, 1975）中包括有对相关问题的极好说明。马库斯（Marcus）的《恩格斯、曼彻斯特和工人阶级》(*Engels, Manchester, and the Working class*) 一书非常值得一读，但是对于理解马克思和恩格斯的工人观，恩格斯的《1844年英国工人阶级状况》(*The Condition of the Working Class in England in 1844*)（1958）一书可能是最重要的。

[18] 我不能反对另外一种说明："工薪工人……细心地发现，由于资产阶级的阴谋而不是由于科学的分析，他们被从其他无产者中分离出来。他们是白领和在月底领薪水这一事实，几乎不能对他们属于工人阶级的客观成员身份产生疑问，即便他们在主观意识上仍然是困惑的。"（Ajam-Bouvier and Mury, 1963：63）

[19] 对"与生产工具相分离"这一概念需要做出比迄今为止所得到的更为详尽的阐述。在马克思关于原始积累的分析中，这种分离由耕种者在法律上被迫与土地的分离所构成。在资本集中理论中，这个概念是指小生产者在经济上将没有能力与大的资本主义企业竞争。但是这种分离可能采取更为微妙的方式，比如，传统上在家庭内完成的服务外化为有组织的资本主义活动（见下文考茨基对这种现象的分析）。进而，强迫退休和义务教育不应被看作这样一种分离吗？不管与生产工具的分离是否足以描述各种群体被推向资本主义劳动市场的过程，问题还是出现了。例如，1800 年，法国乞丐的数量可能与工人一样，当"经济之鞭"代替了对穷人的共同责任这一观念时，这些乞丐丧失了由天主教意识形态赋予其合法性的生存手段。

[20] 伯恩施坦（Bernstein, 1961）认为，这个观点中存在着不一致。根据这个观点，资本的积累被假定减少了劳动需求，然而，工人的数量据说随着资本的增长而增加。很显然，这个问题与资本的相对增长率和劳动生产率的相对增长率有关。这不是一个简单问题，就像关于资本概念的争论所表明的那样。

[21] 这并不是说，在其他地方，特别是在与布哈林的论战中，他没有发现"工头、工程师、技术人员、农学家、经理人、行政官员和董事"在资本主义生产组织中的必要作用。关于这场论战及其相关问题的概述，可见于维亚特尔（Wiatr, 1965：200ff.）的著作。

[22] 人们应该注意到，在被认为代表着资本主义社会的未来的工业（包括采矿和建筑业）中，阶级结构几乎都是两分的。根据德国 1882 年人口普查的资料，这样的部门有大约 150 万雇主，大约 350 万工人，只有 9 万职员和技术人员。瑞典 1900 年相应的数字是 12.5 万雇主，44.2 万工人，2.2 万职员和技术人员。法国 1881 年有 116.9 万雇主，大约 300 万工人，23.6 万职员。德国和瑞典的数据来自各自的人口普查资料，法国的数据是以图坦（Toutain, 1963, Tables75-77）的著作为基础的。

[23] 汤普森（E. P. Thompson）对这个问题的简述很有启发性，他说："阶级经验很大程度上是由人们天生所属的，或非自愿进入的生产关系决定的。阶

级意识是这些经验被运用为文化术语的一种方式：体现在传统、价值系统、观念和制度形式中。如果说经验是作为被决定因素出现的，那么阶级意识则不是。"(1963：9-10)

反过来，萨特1952年的讨论是很成问题的，无论是就它在萨特思想中的位置，还是在列宁主义意涵中的位置而言，都是如此。在那次讨论中，萨特认为："生产者简单的客观条件限定了具体的人——他的需要、他的生死存亡、他的思想倾向、他与其他人关系的性质，这并不能决定他属于一个阶级。"(Sartre，1968：96)他继续说，"阶级不是自然存在的，它们是制造出来的"，阶级是斗争的结果，在这种斗争中，政党（或者工会，或其他什么组织）是有效身份的条件，换言之，阶级身份是主观的。这些主张表达了本章的主题，但萨特本人对于先于意识形态和先于政治的"生产者简单的客观条件"的强调，导致他当时接受该党的外来的、唯意志论的观点，即列宁主义。

[24] 既然普兰查斯在《政治权力和社会阶级》（1973）一书中对这种影响的观点已众所周知，或许我们应引用一个早期的观点："每一个少数派的统治都在全社会进行组织，在集中统治阶级以采取联合和一致行动的同时，分裂和瓦解被压迫阶级……随着或多或少地意识到劳动分工，所有这些（意识形态机器）都促进下列目标的实现：防止人口中的被压迫阶级形成符合他们自己阶级利益的独立意识形态；防止作为单一个体和'公民'的这些阶级的个体成员，结合成为一个抽象的凌驾于所有阶级之上的国家；把这些阶级作为阶级加以瓦解……"(Lukacs，1971：65-66)。

[25] 因此，葛兰西说："一个政党的历史……只能是一个特殊社会团体的历史。但这个团体不是孤立的；它有朋友、亲缘团体、对手、敌人。任何特定政党的历史，只能出现于对于社会和国家的总体的复杂描述中……"(1971：151)

[26] 这看来好像是卢卡奇的观点所含有的意思。根据他的观点，政党成了"潜在的"与"实际的"意识之间的有组织的调解者，其中前者（潜在意识）与客观的"普遍"真理最为近似，这种真理可能存在于特定的历史发展时刻（Lckacs，1971）。也可参见科利蒂（Colletti，1972：91）的著作；皮科恩（Piccone）的观点具有黑格尔派马克思主义的特征，他认为："通过消灭阶级并因而实现一个主体构成的社会（a society of subjects），无产阶级前景的历史有效性成为真正普遍性的客观目标的唯一结果。"(1975：156)

[27] 恩格斯早在1886年的一封致一位美国朋友的信中就已指出，"100万

或 200 万选票……支持工人的党按照良好信念行动，实际上比一个代表完美学说的党纲所得到的 10 万选票更有价值"。见恩格斯致维什涅维斯基（Vishn-evetsky）的信，1886 年 12 月 28 日。

[28] 因此，与麦克尔沃或李普塞特的观点相反，选举并不仅仅是阶级斗争的一种和平的表达方式。它们是阶级斗争的一种组织形式。阶级不是简单地组织起来的，而是以一种特殊方式组织起来的。参见麦克尔沃（Maclver，1974）和李普塞特（Lipset，1960）的著作。

[29] 这是包含在列宁的阶级定义中各种困难的一个来源。根据这个定义，"阶级指人们在一定的社会生产体系中，由于所处的地位不同，对生产资料的占有关系不同，在社会劳动组织中所起的作用不同，获得社会财富的方式和多寡不同而区分的不同的社会集团。其实质是由于他们在一定社会经济结构中所处的地位不同，其中一个集团能够占有另一个集团的劳动"（1949 - 1952，29：377）。

问题是，被列宁视为同义的这几个特征，并不总是与特定的资本主义社会经济结构的发展阶段相关联。收入的多少并不必然与生产工具的关系密切相关：在当代瑞典，来自就业的收入略微超过来自财产的收入，尽管后者并不包括未分配的公司利润。社会生产组织中生产工具所有者所起的作用，也随着国家承担了私有企业的几种功能而有所改变。

[30] 关于阶级形成问题的基本论述，对于围绕工人阶级在资本主义发展过程中的"去激进化"问题的争论具有直接的意义。关于去激进化的辩论针对的是一个未得以正确阐述的问题。正如博特莫尔（Bottomore，1966）所观察到的，它预先假定的是，存在着某些光荣的过去，在当时工人阶级富于战斗精神。工人阶级只是还未组织成一个阶级，这种组织的缺乏，加上资产阶级一方的好战姿态，导致工人被迫采取英雄主义的行动，不顾一切地保护自己的生存。在历史的进程中，工人阶级逐渐组织起来，大部分采取了工会和政党的形式。集体谈判和竞争性选举使得那种牺牲行为不再有必要了。每当资本主义经历一场经济危机，组织起来的工人都没有必要去进行街垒战，但这意味着他们没有什么"战斗精神"了。

[31] "中产阶级"这个概念带有分配的含义。在大多数发达资本主义国家，确实存在这种状况：一些工薪雇员和小资产阶级获得的收入高于大多数工人，而又少于大多数资本家。这些收入分配的模式是重要的，因为其构建了社会关系的直接经验，并进而有助于使竞争的意识形态发挥作用。但是它们没有被解

释，它们必须得到解释。有些人获得的收入多于一些人而少于另一些人，这一点并没有说明他们在社会关系变革或维护过程中作为一个历史主体的作用。问题是，阶级斗争究竟为什么会导致这样一种状况：在其中，资本主义体系中的特殊类型的位置获得特殊的作为收入的剩余份额。把从分配意义上界定的"中产阶级"看作斗争中的一个行为者——由此剩余产品的份额分配给特殊类型——将明显是同义反复，因为它明确假定了那些必须得到解释的方面。问题是，为什么小资产阶级和工薪雇员的某些部分处于收入分配的中间部分，答案不可能是因为他们是"中产阶级"。

[32] 在某个下午去钓鱼并不是什么空想。

[33] 还是在马克思"编排的"（choreographic）舞台上，他谈到了"一个失业的过剩人口，他们无论在土地上还是城镇里都没有自己的位置，他们因而设法获取国家职位作为一种体面的救济，并刺激国家职位的产生"（1934：112）。葛兰西也指出："民主的官僚制度已经产生了大量职能，但是这种职能并不能全部由社会的生产需要来证明，尽管它们是由占统治地位的重要集团的政治必要性来证明的。"（1971：13）在 1970 年《意识形态和意识形态的国家机器》（*Ideology and Ideological State Apparatuses*）的"跋"中，阿尔都塞对这个问题持一种令人惊讶的目的论的立场。他认为："生产关系的再生产，统治阶级的最终目标，不可能仅仅是技术操作培训以及在劳动的'技术分工'中为个人分配不同的职位。实际上，劳动的'技术分工'仅仅存在于统治阶级的意识形态中。每一种'技术的'分工，每一种劳动的'技术'组织，都是一种社会（等于阶级）分工和劳动组织的形式和面具。因此，生产关系的再生产只能是一种阶级任务。它是通过使统治阶级与被剥削阶级对立的阶级斗争来实现的。"（1971：183-184）

[34] 根据汤因比（Toynbee）的看法，1753 年提议在英格兰进行的人口调查，"被认为是对英国自由最后遗产的颠覆而遭到拒绝"（1956：7）。在 1853 年 7 月 22 日纽约《每日论坛报》的一篇文章中，马克思引用了《泰晤士报》（*The Times*）的一句话，大意是，"如果议会禁止资本家让工人工作 12、16 小时或更长的时间，《泰晤士报》说，'英格兰将不再是一个自由人的国度'"。

[35] 人们也不应忘记列宁在《国家与革命》一书中的论述：任何一个厨师都能学会管理社会主义社会。

[36] 无须认为，这是把社会结构的马克思主义［或者更一般地说，本质主义（essentialist）］方法与把结构视为反复相互作用的属性的理论方法相区别的

特征。在后一种概念中，当一个人离开一个特定的位置并且被另一个人所替代时，社会结构会发生变化，因为互动结构被认为依赖于这些个人的特点。因此，可以说，社会学寻求归纳法的概括，而马克思主义和结构主义则都在本质与表象之间进行方法上的区分。然而，要注意的是，帕森斯（Parsons）的社会学在对待结构的态度上具有二元性。

［37］对这种方法的批评，可参见布尔迪厄（Bourdieu，1976）的著作。我的整个讨论要感谢布尔迪厄。

［38］尽管我的一般论点使用了工人做例子，它们也能得到更普遍的应用。

［39］根据证据，我们也可以确定：由于琼斯夫人是一位天主教女性，她应被预期加入一个工会，投右翼政党的票，并且追随被压迫的少数派，她被称为"道德上的少数派"。脑力劳动过程也仍是同样的。我们将只解释所观察行为的更多变化。

［40］经济方法和经济学方法的根本弱点在这里都体现出来了。马克思是最后一位这样的思想家：把行为看作一个理性的策略举动，同时也试图解释人们如何得到他们的历史的特定的理性，包括偏好。边际主义革命的影响是抛开这个问题，并且引入我在这里再次讨论的经济学与社会学之间的分离。

［41］搭便车（free-rider）的悖论可能并不适用工人，这是有些原因的。工人们除了加入这个行列，别无选择（Roemer，1978）。由于工人周期性地遇到同样的局面，他们可能采取长期合作的战略，即使这些战略从短期来看是劣等的（Edel，1979）。一般的方法是由泰勒（Taylor，1976）提出的。工人们可以通过一种"对话"过程来修改彼此的偏好（Offe and Wiesenthal，1980）。

第 3 章 政党策略、阶级组织 和个人投票[*]

政党与个人投票行为

为什么阶级对于个人投票行为模式的形成，在某些社会重要，而在其他社会不重要？在历史发展的某些时期重要，而在其他时期不重要？为什么挪威人比法国人更可能以阶级为基础进行投票？为什么瑞典工人在今天比 60 年前更倾向于投社会民主党的票？

这些都不是有关个人的问题。因为即使个人行为倾向于与个人性格一致，为什么具有某些品质的个人要以他们的方式投票？归纳不足以做出解释，因为从个人性格到个人行为的因果路径穿越了社会关系的总体。葛兰西写道："选票的计算是一个长期过程的闭幕式。"（1971：193）这是一个形成社会意象的过程，是一个锻造集体身份的过程，是一个为关于未来的特殊见解动员支持的过程。阶级、种族（ethnicity）、宗教、人种（race）或民族，不是作为个人心灵中客观条件的反映而自发地产生的。作为在政党、学校、工会、教会、报

---

[*] 本章是与约翰·斯普拉格共同撰写的。

纸、军队和公司努力把一种特殊的社会见解强加给群众的过程中各种冲突的结果，集体身份、群体团结和政治义务（commitments）不断地得到锻造——形成、被摧毁、重新形成。社会中个人所占据的位置与他们的行为之间的关系是偶然历史冲突的产物，这种冲突面对利益和意象，涉及偏好和战略，带来成功和失败。个人的政治行为只有在伴随这些冲突的具体历史关头才能被理解：当它们嵌入在一个既定历史时刻强加在政治关系上的一个限定结构中时，特殊性格才成为个人行为的原因。

根据阶级来划分的政治组织并不是不可避免的。在资本主义社会和历史的逻辑中，没有什么内在的东西使作为集体主体的阶级的出现成为不可抗拒的事情。阶级地位构造了个人的日常经验，产生了某种知识，赋予人们利益，在某些情况下甚至可能唤起一种对共同命运的理解，一种相似的情感。但是这种经历并不自发地集体化为一种阶级的经历。正如马克思所说且葛兰西乐于重复的，人们在意识形态领域里意识到了社会关系，个人在意识形态那一层次上意识到了利益的冲突。罗伯托·米歇尔斯尖锐地指出："在历史过程中构成阶级斗争的首要因素并非仅仅是压迫人的条件的存在，而是被压迫者对这些条件的认识。"（1962：228）阶级关系在"直接的"（Gramsci，1971）、"活生生的"（Althusser，1971）经验——仅仅反映了日常生活的经验——的层次上，并非自发地就是透明的。自发的经验可能是贫困的经验、强制的经验、不平等的经验、受压迫的经验。它可能是一些类似的经验，但它不是一种阶级的经验。

甚至相似经验也并不必然产生团结一致。那些处于相似地位的人以及那些有着同样利益的人，常常发现他们在相互竞争。正如马克思和恩格斯在《共产党宣言》中已经指出的："无产者成为一个阶级，进而形成一个政党的组织过程，不断被工人们自己互相间的竞争搅乱了。"（1967：144）萨特强调："生产者简单的客观条件限定了具体的人——他的需要、他的生死存亡、他的思想倾向、他与其他人关系的性质：这并不决定他属于一个阶级。"（Sartre，1968：96）

因此，一个社会分裂为阶级并不必然导致根据阶级划分的政治组织。阶级的经验也不是唯一客观的经验。如果"客观的"经验意味着由个人所继承并且独立于个人意志的经验，那么，在今天意大利作为一个天主教徒就是一种客观经验，正如在美国作为一个黑人，或在法国作为一名妇女一样。那些为了工资而出卖劳动能力以使自己生存的人，也是男人或女人、天主教徒或新教徒、北方人或南方人。他们也是消费者、纳税人、父母和城市居民。他们可能作为工人被动员起来参与政治生活，但他们也可能成为天主教工人、天主教徒或巴伐利亚的天主教徒。因此，尽管我们今天拥有丰富的关于个人投票模式的资料信息，问题仍然没有得到解决：为什么人们按照他们的方式投票？

这项研究的主题是：个人投票行为是政党活动的一个结果。更确切地说，作为投票行为的一种决定性因素，阶级的相对特性是左翼政党所追求战略的一个累积性结果。因此，这是一项关于投票行为而不仅是投票者的研究，它预测经济和政治组织系统的一种理论，在这一系统下，政党提出自己的战略，个人则投自己的票。

政党——与工会、教会、工厂和学校一道——锻造集体身份、逐渐灌输义务、界定使集体行动成为可能的利益、为个人提供选择，或者拒绝他们的选择。政党不仅仅是阶级结构或阶级利益表达方式的反映，它们相对独立于社会结构和国家机构，并且在这两方面起了积极的作用。以阶级划分的政治组织常常是冲突的一种结果，在这些冲突中，多种力量以各种不同方式努力维持或改变现存的社会关系。社会是由阶级构成的，还是由具有和谐一致利益的个人构成的？阶级是社会分裂的基本界限，还是从属于其他某些分裂？什么是阶级？阶级利益是对抗的，还是促进合作的？哪些阶级代表着比它们自己的利益更普遍的利益？哪些阶级有能力领导整个社会？在这些问题中，政党都扮演着至关重要的角色。

然而，不同的政党扮演不同的角色。在任何资本主义社会中，阶级的政治特性的冲突，都是以基本结构的不对称为特征的。按阶级对政治进行组织，最多能够由一个具体的阶级，即工人阶级来尝试。在任何资本主义体系中，主要的社会观之间的竞争，都是阶级社会观与普世主义社会观之间的竞争，这两种意识形态都使利益合理化。作为一个阶级的工人的要求是特殊的，并且当工人作为一个阶级组织起来的时候，他们试图强加给整个社会这样一种意象：社会划分为阶级，每个阶级都被赋予特殊利益。尤其是，为了使他们的要求具有合法性，工人们必须表明，资本家也是一个阶级，它的利益也是特殊的，并且与其他阶级的利益相对立。反过来，在民主条件下，资本家不能作为一个阶级代表他们自己，只是在愚蠢的时候才如此。对于工人阶级特殊要求作出反应的不是资产阶级的特殊主义，而是对于阶级利益特性一概否定的意识形态。资产阶级的意识形态并不强调它的特殊利益，而是提出一种由利益基本上处于和谐状态的个人——公民组成的普世的、无阶级的社会意象。因此，意识形态冲突与各阶级提出的特殊要求的合法性或者正义几乎无关；相反，它们把工人组织提出的特殊社会意象与资产阶级代言人提出的普遍社会观相提并论。结果，政党与阶级之间的关系对于不同的阶级而言是不相同的。资产阶级很少作为一个独立的政党出现，以促进其特定阶级利益。资本家通过各种声称代表普遍国家利益的政党在政治上发挥作用。

这种观点并不意味着，工人组织从未提出过普遍要求，从未把工人的利益描绘成不仅将来是而且现在就是社会的利益。人们可以期待任何认真参加竞选的政党都会提出这种普遍立场。我们的观点是，在一个社会中，阶级是重要的；这只是在这样的程度上说的：对于某些政党而言，把工人组织成为一个阶级是重要的。工人是唯一一个作为社会阶级意象的潜在支持者的阶级：当没有一个政党试图把工人组织成为一个阶级、使它与所有其他阶级相分离并且相对立时，社会的阶级意象在政治话语中将完全缺失。因此，作为政治行为的一个决定因素，阶级特性中的历史变化可以归因于政党所实行的战略。回到葛兰西所说："人们应该强调在现代世界中政党在世界观念的阐述和传播中所起的重要作用，因为在本质上，他们所做的就是设计出与这些观念相对应的伦理学和政治学，并且，作为他们的历史'实验室'来起作用，如果它能起作用的话。"（1971：213）。

阶级政党的两难

以阶级为基础的选举性政党的历史经验，由社会和政治环境的两种结构性特征共同塑造，这两个结构性特征是：工人在其各自社会中从来没有并且将来也不会在数量上成为多数，而民主国家的政治制度是以多数原则为基础的。少数者地位与多数原则相结合，构成了政党领导人的选择结构，正是在这种结构中，他们仔细考虑目标，觉察和评估可能性，选择战略，并且采取行动。阶级性政党的领导人必须在以下两种状况中进行选择：成为一个具有同质性的阶级诉求但不断遭受选举失败的党，或者成为一个以淡化阶级倾向为代价努力争取选举成功的党。这就是民主资本主义社会中由阶级结构与政治制度的特殊组合提供给社会党、社会民主党、工党、共产党以及其他政党的可供选择的方案。

1890 年前后，在大多数西欧国家，社会主义者参加了选举竞争，他们被完全说服，他们将最终赢得压倒性多数的支持，并且通过立法使他们所在的社会变成社会主义社会。这种演绎推理简单而有说服力。既然随着资本主义发展持续地摧毁了农民、商人、手艺人和工匠的小所有权，工人将成为人口中的压倒性多数，既然选举就是一种数量的表达方式，那么社会主义者将会获得马克思所说的"绝大多数"的选举授权。正如瑞典一位年轻的理论家在 1919 年所指出的那样，民主"包含着一种自动运行的机制，它与资本主义发展成比例地增强资本主义的对立面"（Tingsten，1973：402）。

此外，通过针对阶级的选举权限制，工人不仅在经济上，而且在社会上和政治上从社会的其余部分分离出来，并且把自己看作一个分离的团体，在这个情况下，社会主义者参加了选举竞争（Rosenberg，1965：161-165；Bergounioux and Manin，1979：25）。工人们不相信任何源自外部的影响：如果社会主义政党想要得到工人支持，它们就不得不成为工人的政党（Landauer，1959，vol. Ⅰ：457－458；Fusilier，1954：29）。必然性与希望相符：社会主义者不得不成为工人政党，并且他们将作为一个工人政党去赢得选举。

　　然而，即使社会主义理论家被说服相信广大群众最终的无产阶级化是资本主义发展的一个不可抗拒的趋势，他们也看不到等待历史自然发展的理由。在 1884—1892 年之间的某段时间（Haupt，1980：88），社会主义政党一旦决定参加竞选，就试图获得人民的选票支持，而不仅是工人的选票支持。面对着占优势的农民阶级结构，法国社会党盖德派（Guesdists）和丹麦社会民主党这两个党早在 1888 年就转而寻求小农的支持（Landauer，1959，vol. Ⅰ：447；Landauer，1961）。德国社会民主党在 1891 年爱尔福特代表大会上（Kautsky，1971）、比利时工人党（Parti Ouvrier）在 1894 年（Landauer，1959，vol. Ⅰ：468）、英国工党在 1918 年［McKibbin，1974：95－97，与比尔（Beer）1969 年的一场论战］明确提出求助于其他阶级。在瑞典，多阶级战略早在 1889 年就引起争论，并在 1911 年得到采用（Tingsten，1973）。由于一直在理论上耿耿于怀，只有德国人仍未使自己的所做与所想达成一致，直到 1927 年他们才最后决定，资本集中的法律不适用于农业领域（Hunt，1970）。

　　一旦社会主义者决定竞争"同盟者"——某些团体而非工人的选票，他们就是在求助于人口的压倒性多数。然而，还没有哪一个政党曾经获得过压倒性多数的选票。社会主义政党努力争取标志着最成功的 50％的选票。然而他们从来未曾赢得有资格投票人 50％的支持。而且，他们甚至没有获得所有工人的选票——工人这个词的经典含义指的是无产阶级（关于这个概念的历史，可参见 Sombart，1909；Furet，1963；及本书第 2 章）。在几个国家中，有多达 1/3 的工人没有投社会主义政党的票；在一些国家，1/2 的工人投了资产阶级政党的票。当社会主义政党是一个工人的阶级政党时，它们看来被宣告了少数者的地位；而当它们试图成为群众性政党时，它们似乎又被降到少数者的地位。它们处于两难的境地。

它们的经验是多样的。按照相对标准，瑞典社会民主党人在其历史的大多数时候在选举上是相当成功的，而荷兰的党就要逊色一些。但是，在援引相对标准时，人们常常忘记也存在着绝对标准；人们一如既往，好像共同命运并不需要解释。然而，正是不同历史所共有的内容表明了我们在历史继承的可能性方面所受到的限制。在追寻为什么这个政党比那个政党更成功这样的问题之前，我们不能忽视这种事实：就其自己的梦想和计划而言，没有一个政党获得了成功，没有一个政党真正实现了其基本目标。

选举的权衡

如果仅仅依赖工人支持的战略和不顾其阶级来源而寻求投票支持的战略都不能成功地争取到向社会主义转变所需的压倒性多数的支持，对社会主义政党和其他左翼政党而言，选举战略的选择就构成了一种两难处境。保持党的阶级纯洁性的战略、把工人阶级的解放留给工人自己的战略，将不会获得成功，因为与社会主义者最初参与竞选时的期望相反，工人从来不是，也将永远不会成为他们所处社会中选民的大多数。

很明显，这种主张的有效性依赖于人们采用的工人的定义。我们按照狭义的方式把工人定义为在采矿、制造、建筑、运输和农业等领域受雇用的从事体力劳动的雇佣劳动者，从这些岗位上退休下来的人，以及他们家庭中没工作的成年人。在由于工薪雇员的出现而带来的各种模棱两可开始出现之前，这是社会主义者理解这个概念的方式。而且，即使某些政党最终在更宽泛的意义上使用工人这个术语，如"体力或脑力劳动者"，但是直到今天，在他们的战略分析中，他们仍继续把我们所定义的工人与其他雇佣劳动者群体区别开来。因此，对于分析社会主义者的战略来说，狭义的定义是合适的工具。[1]

但是，这个特定的定义对我们而言也包括一个赌注，即这样一个假设：在狭义上定义的从事体力劳动的工人与其他雇佣劳动者之间，存在着一条分明的利益和价值观的分界线。我们会在下面检验这种假设。

另一方面，如果这种在人民中而不是在产业无产阶级当中寻求选举支持的战略会侵蚀工人中的社会主义力量，那么这种战略将不会成功。有两个原因可以预期，在获得非工人的支持与党动员并掌握工人支持的能力之间的权衡确实存在。

第一个原因是，通过把自身的诉求扩大到中产阶级，社会主义政党淡化了阶级的一般意识形态特性，进而削弱了作为工人政治行为起因之一的阶级的力量。当政党不是把个人当作工人动员起来，而是作为群众、人民、民族、穷人，或简单地说，作为公民动员起来，这些男人或女人、年轻人或老年人、信教者或不信教者、城里人或乡下人，除了工人之外，就不太可能把社会看成是由阶级组成的，也不太可能认为自己是阶级成员，并且最终不太可能作为工人去投票。阶级身份不再仅仅是工人政治义务感的唯一可想象的来源。正如戈尼克（Vivian Gornick）最近所指出的那样，人们可能不再回想起来，"在我知道我是个女人、我是个犹太人之前，我就知道我属于工人阶级"（Gornick，1977：1）。当社会主义者用超阶级的字眼求助于投票者时，他们削弱了阶级特性，并且要么增强了个人—公民的普世意识形态，要么为宗教、民族或者语言认同的竞争性特殊吸引力敞开了空间。随着社会主义者与其他政党趋同，工人也与其他的投票者趋同。

但是，政党与工人之间的关系不仅仅是一种意识形态关系。阶级利益附属于作为一个集体的工人，而不是附属于作为一种个人集合的工人。个体工人和特定形式或部门的工人，有以其他工人为代价去追求自身特殊要求的强烈动机（De Menil，1971；McDonald and Solow，1981；Wallestein，1982），除非某些组织——工会联盟、政党，或者直接说政府——具有加强集体纪律的手段。

当社会主义政党从求助于工人扩大到求助于人民时，它们不再代表构成作为一个阶级的工人的公共物品的利益，而只是代表工人作为个体与其他人共享的那些利益。当超阶级取向的社会主义政党仍然是作为个体的工人的政党时，它们不再构成作为一个阶级的工人组织——这种组织通过促使工人个体或集体与其他阶级的对抗来训练他们与他人竞争的能力。当阶级政党成为人民政党时，"停止工人之间的竞争，以使他们能与资本家进行总的竞争"（Marx，n. d.：123）这一阶级冲突的原则就被放弃了。

这就是在竞选体制中这种两难处境反复出现的原因。当社会主义者寻求其他人的支持时，他们侵蚀了存在于工人中的特有力量源泉。为了选举的成功，他们不能保持阶级的纯洁性，然而他们从来不可能彻底放弃工人政党的身份。看来他们不能够同时兼顾这两方面。

下面这个观点很有说服力：只有当一个政党求助于非工人的阶级利益时（例如，我们假设，为小资产阶级争取信贷，或为农民争取土地），我们所假设的结果才会出现；但是，如果一个政党在工人阶级纲领中增加非阶级的要求——比如赖特的例子——组建诚实的政府，我们所假设的结果就不会出现。我们同意，存在着某些要求——并且这个例子是经过精心挑选的——工人将和其他个体一起支持这些要求。但是当政党号召整顿政府时，他们不再宣传阶级意识形态，并且当他们组织城镇集会时，他们也不再把工人组织成一个阶级。工人可能支持诚实的政府和所有提倡诚实的政党，但是关于非阶级动员的问题，并没有加强阶级作为个人行为一种决定因素的因果力量。[2]

因此，这项研究的第一个假设断言，社会主义政党不能赢得压倒性多数的选票，甚至不能赢得被认为是潜在支持者的绝大多数选票，因为它们努力扩大选举的求助对象，减少了作为工人政治行为决定因素的阶级的特性。在吸纳中产阶级新成员与吸纳工人新成员之间存在着一种权衡：当社会主义政党努力动员同盟者支持自己时，他们就发现越来越难以吸收新的工人成员并维持工人的支持。

这种权衡的必要性并不明显。正如在几个国家中出现的那样，社会主义者的选票在某些时期同时在中产阶级与工人中增长。为得到中产阶级支持的以选举为动机的战略在联邦德国取得了成功。据调查，在联邦德国，公务员和职员（Beamte und Angestellte）中的德国社会民主党选票从 1953 年的 27％上升到 1972 年的 50％，而在同期（实际上仅从 1969 年到 1972 年）工人为社会主义者投票的比例也从 58％增加到 66％（Pappi，1973；1977）。在瑞典，非工人投社会主义者票的比例从 1956 年的 23％增加到 1968 年的 34％，而工人选票的比例在 80％左右徘徊（Särlvik，1977；Esping-Anderson，1979）。这些经验与我们的理论并不矛盾。

在某些时期，甚至长期以来，这种权衡的存在可能并不明显，其原因在于，相对于多阶级战略的消极影响来说，为社会主义者吸纳新成员提供来源的工人蓄水池可能是大的。令 $W(t)$ 代表第 t 次选举期间由为社会主义者投票的工人构成的选民比例。[3] 令 $\Delta W(t)$ 是任何两次连续的选举之间这一选民比例的变化，即从第 t 次到第 $(t+1)$ 次，其中 $t=0, 1, \cdots$ 最后，令 $X(t)$ 代表由工人构成的选民比例，这里所说的工人始终定义为在采矿业、制造业、建筑业、运输业和农业中从事体力劳动的雇佣劳动者以及他们要养活的成年人。给定这些定义，工人蓄水池——为了第 $t+1$ 次选举，能够将额外的投社会主义者票的工人从其中吸纳进来——是由第 t 次选举期间没有投社会主义者票的工人组成的，或者说是 $[X(t+1)-W(t)]$。[4] 如果一个特定政党以某种平均效率 p 从工人中吸纳新成员，那么，在两次连续的选举中，选民中为社会主义者投票的工人的比例，其增长幅度为 $p[X(t+1)-W(t)]$。但是，如果政党在中产阶级中不断累积的成功实际中降低了其吸收工人的有效性，那么，工人为社会主义者投票的数量增长将受到抑制。令 $N(t)$ 为由投社会主义者票的同盟者——即某些特殊团体而非工人，政党求助于他们以获得选举支持——构成的选民比例，那么，在任意两次相继的选举之间工人投社会主义者票数的变化可以表示为：

$$\Delta W(t)=p[X(t+1)-W(t)]-dN(t)^{[5]} \tag{1}$$

人们马上会发现，即使 d 是正值，只要能用于吸纳新成员的工人蓄水池足够大，社会主义者的选票就能在工人与其他团体中同时增长。当社会主义政党第一次参加选举竞争时，情况明显是这样的：在很多国家，当时工人构成了选民中的很大比例，他们中没有多少人为社会主义者投票，因为很多人根本就没有投票。[6] 只有当政党在工人与同盟者当中获得某些成功之后，这种权衡才变得明显起来。在某些时候，当工人和同盟者的很大部分投票给社会主义者的时候，动员另外的同盟者可能导致工人支持率的下降。当政党吸纳新工人成员的努力被中产阶级战略对它们的影响完全抵消时，就会出现这种情况。这时，$p[X(t+1)-W(t)]-dN(t)$，并且在下式给定的水平上，当 X 假定为常数，工人对社会主义者的投票是固定的[7]：

$$W^* = X - (d/p)N \tag{2}$$

如果一个额外的非工人投票支持一个正好赢得工人选票 W^* 的党，则该党的工人选票将以 (d/p) 的量下降。

实际上，一个政党可能从未赢得像 W^* 那么多的工人选票，而且它在工人中的支持率也从未下降。因此，这种权衡可能从未非常明显地表现出来。但只要 d 是正数，该党就会在其整个历史中为赢得中产阶级的支持而付出一种机会成本。

要注意的是，如果一个额外同盟者投票支持一个正好赢得 W^* 工人选票的政党，则该党将获得总共为 $(1-d/p)$ 的选票：选票由非工人票减去失去的工人票计算得出。如果 $d>p$，则该党将损失选票，如果此时它实行一种中产阶级战略的话。如果 d/p 的值为 $0<d/p<1$，则该党在总量上赢得选票，但以失去工人的净支持为代价。如果 d 是负数，并且 $d/p<0$，我们的全部理论将是错的：这样的一个值将表明，工人作为搭便车（bandwagon）的投票者行事，当该党在非工人中取得成功时，他们将更可能投社会主义者的票。

在所有情况下，参数 d 都是正数：即使它的值有时非常小，每个党都面临某些权衡。[8] 主要社会主义政党之间的差异十分明显。社会民主党人与一个规模大的共产党进行竞争，无论在哪里，他们的权衡都是极为严峻的：每吸纳一个同盟者，德国社会民主党就要失掉 16.7 个工人，法国社会主义者要失掉 9.3 个工人。中产阶级战略在

1933 年前的德国、在法国、在芬兰代价高昂的原因在于，在这些国家，工人有从工人变身成为共产主义者的选择余地。当德国社会民主党面临来自国共产党（Kommunistische Partei Deutschlands）威胁的时候，它不能背离捍卫狭义上的工人共同利益的立场，但是，它能够并且确实在战后支持中产阶级（Abraham，1982；Green，1971：111；Hunt，1970：148）。直到 20 世纪 40 年代后期，法国社会主义者仍然是绝对的工人主义者（ouvrièrist）（Touchard，1977），并且为由此导致的策略摇摆付出了选举的代价。

我们将满足（2）式的 $W(t)$ 的任意值称为 W^*，即该党在工人中的承载能力（carrying capacity）。承载能力是取决于 $N(t)$ 的工人投社会主义票的均衡值。如果投社会主义票的工人所构成的选民比例在任何时候都正好等于 W^*，那么这个比例仍将维持在 W^*。（2）式说明了同盟者的投票和工人的投票之间的一个线性的权衡。当参数 (d/p) 测量了一个处于均衡中的政党所面临的权衡的严峻形势时，这条线的截距为 $X(t)$。作为一个例子，图 3—1 表明了瑞典社会民主党人在 1964 年的阶级结构条件下的均衡权衡。在表 3—1 中，参数 d 的值和权衡 (d/p) 的测量值反映的是所有左翼政党整体状况以及主要的社会主义政党的各自状况。至于这些数字是如何计算出来的，本章附录做了解释。

表 3—1　　　　在吸纳同盟者与吸纳工人之间的均衡权衡

国别	所有左翼		仅社会主义者	
	d	(d/p)	d	(d/p)
比利时	0.137	1.10	a	a
丹麦	0.002	0.05	0.017	0.13
芬兰	0.095	0.53	0.058	1.41
法国	0.090	1.05	1.182	9.31
联邦德国	0.130	1.41	3.571	16.70
挪威	0.009	0.27	0.001	0.02
瑞典	0.073	0.53	0.060	0.77

注：a. 比利时社会主义者的统计结果不可用。

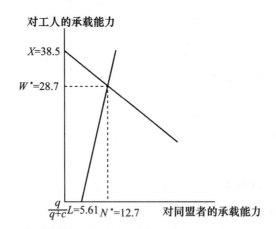

图3—1 瑞典社会民主党的承载能力
（给定 1964 年的阶级结构，以及选民的比例）

　　然而，对于作为一个整体的左翼来说，权衡也表现出了重要的国别差异：在丹麦和挪威，这种权衡几乎可以忽略不计；在瑞典和芬兰，这种权衡是温和的；而在法国、比利时和联邦德国，权衡就相当明显。这些差异的原因是什么？鉴于我们只是在比较七个国家，它们在很多方面有系统性的差异，因而不能排除有竞争性的解释存在。然而，有两种解释在理论上是相当有说服力的。在政党为了竞争工人的忠诚而提出特殊意识形态的那些国家，这种权衡更加明显。在工人是在阶级身份或个人—公民的普世主义意识形态之间做出选择的那些国家，这种权衡是微弱的或温和的；在选举体系中把宗教信仰、语言身份、种族身份组织起来的那些国家，左翼政党则面临着一种明显的权衡。权衡比较温和的那些国家，也是工会很大、很集中，并且谈判过程起初就被集中了的国家。左翼作为一个整体面临明显权衡的那些国家，是工会或者在数量上很弱小、或者分裂、或者谈判过程很分散的国家。因此，在法团主义（corporatist）系统中，这种权衡是比较微弱的，因为在这些系统内，工会在把工人组成一个阶级方面起了很大作用；而在那些法团主义安排较弱的国家，政党独自面对超阶级策略的个体化的影响。总而言之，左翼政党在寻求其他阶级的支持时所面临的在工人间进行权衡的严重性，取决于冲突中超过个人行为原因的其他参与者——其他政党和能把工人组成一个阶级的其他组织。

这种权衡的存在构成了一个限制社会主义发展壮大的因素。面对着数量上为少数的工人阶级，阶级性政党通常寻求人民的选举支持。它们常常赢得了这种支持，但是它们淡化了阶级作为工人政治行为的一个决定性因素的重要性，并且侵蚀了工人的力量。

政党策略及其结果

然而，这种分析并没有解释为什么社会主义政党不能赢得一个更大的选民份额。当它们转而求助于其他群体时，它们不得不丧失某些工人的选票，但为什么它们不能从这些群体中赢得足够的选票以获得决定性的多数呢？

很显然，是其他政党成为了其阻碍，而且无论社会主义者可能做什么，其竞争者的相反策略限制了社会主义者的成功。但部分原因肯定是内部的：有初步的理由相信社会主义政党不愿以牺牲工人的力量为代价以寻求其他团体的支持。社会主义者对选举成功的追求，受到了对阶级忠诚的自主关注的限制。社会主义者可能从同盟者那里得到选票，但他们似乎对工人选票的重视程度超过其他支持者的选票。

社会主义政党如何选择选举策略？一旦他们确定了谁是社会主义者能够获得支持的投票者，关于政党如何在工人与其他潜在支持者之间配置其重点和努力的决策就必然会制定出来。一个政党可能决定要特别关注中产阶级的利益和价值观，或者可能特别关注并非根据阶级标准来划分的某种类型的人，如年轻人或妇女。作为一种可选择的策略，该政党还可能强调它毫不妥协地为工人阶级及其利益服务，甚至达到故意妨碍中产阶级支持的程度。有时候，它可能不是以一种声音说话，而是提出一种加重的、模棱两可的、混合的诉求。

一个政党在特殊环境下采取的策略，依赖于该党领导人对其选民的阶级构成的关注程度，也就是说，依赖于他们从选举考虑对工人自动支持的重视程度。令（N/W）$=k$ 是一个特定党的领导人愿意维持的阶级构成。那么，只要 $[kW(t)-N(t)]$ 为正值，该党就会采取多阶级策略；只要该表达式为负值，该党就会追求工人阶级策略。[9] 一个对其阶级构成敏感的政党，将以一个较低的 k 值为特征；实际上，一个 k 值为 0 的政党往往试图阻碍同盟者给社会主义者投票。一个不关心其阶级构成的政党将以一个高的正 k 值为特征。我们的数字结论表明了对于阶级构成的关注方面的主要差别。挪威工党只是当它在中产阶级中得到的支持超过了从工人那里得到的支持时（$k=1.11$），才会关心其选票的阶级来源。在非工人选票超过该党选票的 1/4 和 1/3 时，丹麦（0.41）、瑞典（0.29）、芬兰（0.25）和法国（0.22）的社会主义政党的领导人将会放弃多阶级策略。根据我们的研究结论（$k=0$），至少在 1933 年以前，德国社会民主党就坚持正统的劳工主义者立场。

既然竞争的实质是任何一个政党的成功都受限于其竞争对手的行动，那么就没有理由假设社会主义策略总是有效的。令 c 代表一个政党在吸纳或阻碍额外的非工人支持的有效性。那么，该党的策略对于非工人支持社会主义的变化的影响结果将是 $c[kW(t)-N(t)]$。

为了使这种描述更加符合实际，我们还必须考虑到这个事实，即某些人不受政党对他们所采取的策略的影响而投了左翼的票，典型情况是一张反对票（Braga，1956；Allardt，1964）。令 $L(t)$ 代表由政党在当前选举中可能寻求支持的人民而不是由工人组成的选民比例。那么，$[L(t+1)-N(t)]$ 测量了可以为社会主义者所吸纳的非工人的集合体。为了描述反对票，我们简单地假定：如果一个政党没有提出倾向于鼓励或妨碍非工人给社会主义者投票的任何特定策略，它在非工人中获得的选票将与这个集合体的规模成比例，这里，我们用 q 代表这个比例。从经验上看，对所有社会主义政党来说，q 被证明是可以忽略不计的（在丹麦、挪威和法国为 0，而瑞典、芬兰和德国在 0.04 到 0.06 之间），而且把法国和比利时左翼政党作为一个总体来看，q

的值才超过 0.10。

如果某些非工人渐渐转向反对社会主义政党，并且，如果这些政党以上面所描述的方式来选择它们的策略，那么，由社会主义投票联盟所构成的选民比例的变化就可以表示为：

$$\Delta N(t) = q[L(t+1) - N(t)] + c[kW(t) - N(t)] \tag{3}$$

设 $\Delta N(t) = 0$，现在我们能够确定每个政党在非工人中的承载能力即一个政党能得到和保持的支持水平。这个水平 N^* 由下式给定：

$$N^* = \frac{q}{q+c}L + \frac{ck}{q+c}W \tag{4}$$

其中，L 与（2）式中的 X 一样，被假定为常数。

排除对阶级构成极端敏感的一个例子——1933 年之前 k 值为 0 的德国社会民主党——与 N^* 和 W 有关的该函数的斜率是个正数。如果一个政党在工人中获得成功，那么，它就能够致力于动员同盟者。因此，一个党在非工人中的最终力量取决于它在工人中的力量。

由于 W^* 依赖于 N，N^* 依赖于 W，所以，每个政党在工人、同盟者和全体选民中的承载能力仅仅取决于既定的阶级结构。图 3—1 表明了瑞典社会民主党在 1964 年阶级结构情况下的函数 $W^* = f(N)$ 与 $N^* = g(W)$ 的交点。这个交点说明了当时该党的承载能力。表 3—2 表明了主要社会主义政党和组合在一起的左翼政党的承载能力，该承载能力在最近一次选举中用来计算参数的值，并用对 1980 年的阶级结构进行线性推算。需注意的是，全体左翼选票或社会主义者的选票是 $Y(t) = W(t) + N(t)$。

因此，社会主义政党的得票停滞不前的秘密具有二重性：其一，当社会主义政党转而寻求其他团体的选举支持时，工人就不太可能投社会主义者的票；其二，只有当社会主义政党的领导人享有工人的充分支持时，他们才愿意采取超阶级策略。在其他政党没有在特殊主义基础上求助于工人的那些国家，在工会承担了把工人组成一个阶级的某些负担的那些国家，在政党领导人对阶级构成不太敏感的那些国家，左翼才能同时吸纳和保持工人和其他团体的巨大支持。但是，在其他政党在特殊主义基础上求助于工人的那些国家，或者在工会软弱或分裂的那些国家，或者在政党的领导人看重阶级忠诚而不顾选举考虑的那些国家，左翼就会发现，它获得和维持选举支持的能力受到了严重限制。

表 3—2　就最近一次估算的选举以及插补（interplated）的 1980 年阶级结构[b]而言，（相关政策）在工人、同盟者和全体选民中的承载能力[a]

国别	年份	W^*	N^*	Y^*	年份	W^*	N^*	Y^*
所有左翼政党								
比利时	1971	1.6	15.8	17.4	1980		[c]	
丹麦	1971	26.7	32.4	59.1	1980	26.8	32.7	59.5
芬兰	1972	5.5	27.1	32.7	1980		[c]	
法国	1968	12.0	12.3	24.3	1980	9.8	11.6	21.4
联邦德国	1933	17.5	11.0	28.5	1980	17.9	11.2	29.1
挪威	1969	17.2	48.1	65.3	1980		[c]	
瑞典	1964	34.1	8.4	42.5	1980	31.9	8.0	39.9
仅社会主义政党								
丹麦	1971	26.9	11.1	38	1980	27.0	11.1	38.1
芬兰	1972	5.2	10.4	15.6	1980		[c]	
法国	1968	8.1	1.8	9.9	1980	7.0	1.6	8.7
联邦德国	1933	19.4	0.8	20.3	1980		[d]	
挪威	1969	29.7	33.1	62.8	1980		[c]	
瑞典	1964	28.7	12.7	41.4	1980	26.1	13.1	39.1

注：a. 承载能力是选民的均衡投票份额。

b. 从最近两次人口调查分析得出的直线插值法（straight-line interpolation）。

c. 我们对阶级结构的分析太粗糙，以至于不能保证插值法的运用。

d. 德国的结果可以合理地对作为一个整体的左翼进行插值法分析，但不能单独对德国社会民主党进行插值法分析。

选择与必要性

如果历史不是唯一给定的，如果在既定的历史条件下，人们有某些选择的空间，而且他们的选择会产生重要结果，那么，历史分析就没有必要限于偶然发生的事件的唯一结果。一种理论可能重新发现已经丧失的机会、每一个历史关头所固有的可能性以及仍然可以选择的替代方案。

对政党领导人来说，阶级结构和权衡的强度至少在某个时段构成了不受他们行动支配的条件。这些条件对政治机会施加了限制。但是在这些限制之内，政党领导人确实做出了选择，并且他们的选择可能对社会主义者的选举实效具有重要影响。

因此，一系列问题与可供左翼政党领导人进行选择的范围有关。有多少差异是他们造成的？他们是否做出了这种情况下的最好选择？在特定的并且可能是紧要的历史关头，他们是否错过了机会？

我们下面进行分析。我们首先假设，政党领导人通过选择阶级构成的一个标准，即 $k(t)$，为每次选举选择一种策略，并且遵循在这种情况下由选定的标准所蕴涵的行动过程。现在，在每一时期提供给政党领导人的极端选择方案是，要么选择动员尽可能多的非工人的策略，要么选择尽可能保持党的阶级性纯洁的策略。政党领导人选择动员中产阶级的策略，我们将称为纯粹的超阶级策略，并且用上标 s 来表示与这种策略有关的所有量。反之，当政党领导人试图把他们的选举支持排他性地限于工人时，我们将称为纯粹的单一阶级策略，并且用上标 c 来表示与这种策略有关的所有量。给定这些定义，与这两种策略有关的总选票的时间路线之间的差 $D(t) = Y^s(t) - Y^c(t)$，描述了在所选定选举策略的特定时刻政党领导人可行的机动范围。

现在假设，政党领导人一旦选定了一种纯粹策略，他们就长期坚持这种策略直到将来。表 3—3 显示了从长期来看所做出的策略选择能造成多大的差异。如果我们的数字是完全可靠的，我们没有重复提到警告，只是为了避免重复，那么，从长期来看，比利时和法国的左翼政党的策略选择就几乎没有什么差异。在芬兰、丹麦和联邦德国，左翼政党作为一个整体能够做得好一点或坏一点，取决于它们所选定的策略，但差数不到选民的 10%。在瑞典，尤其是在挪威，这种选择似乎是完全开放的。

表 3—3　　（在目前的阶级结构下）超阶级策略和纯阶级策略所导致的选票份额之间的长期差异

国别	差异将增大期间的选举数	差异将等于零期间的选举数	长期差异[a]
所有左翼政党			
比利时	2	19	−0.2
丹麦	99	从未	7.0
芬兰	总是	从未	5.7
法国	2	36	−0.9
联邦德国	7	21	−9.8
挪威	12	从未	50.7
瑞典	14	从未	17.6
仅社会主义政党			
丹麦	7	从未	29.2
芬兰	5	32	−1.9
法国	1	2	−22.1
联邦德国	1	1	−13.0
挪威	31	从未	68.4
瑞典	6	从未	7.3

注：a. 差异是由 $Y^s - Y^c$ 计算出来的。因此，正数表示超阶级策略长期占优势。

这些选举的选择方案在不同的国家转换成不同的可选择的政治方案。在丹麦和挪威，生死攸关的问题实际上系于一个压倒性的选举多数。正如马丁（Martin, 1975）所表明的，对瑞典社会民主党而言，这种选择是使他们几乎永久执政与使他们不能执政

的策略之间的选择，有着重要的差异。法国社会主义者和 1933
年前的德国社会民主党面临着一个不太引人注意的选择方案，因
为对他们来说，策略选择是事关选举生存的问题。因此，选举策
略的选择至关重要，政党领导人确实要做出造成某些差异的
选择。

　　社会主义领导人是否试图尽量利用他们所面临的大多数可供选择
的方案？他们是否试图使选票最大化？注意，在解释社会主义选票停
滞不前时，我们假定，政党领导人对工人选票的重视超过了其他人的
选票。但是，如何把实际上做出的策略选择与可能得到最优选举结果
的选举策略进行比较呢？

　　首先，我们考查，如果要尽可能多地赢得选票而不顾所有的其他
考虑，那么政党领导人应该做些什么。明显的回答证明是不可靠的，
因为纯粹从选举的观点来看，向非工人寻求支持并不总是有利的。确
实，这能得到表明，如果以（d/p）来测量的权衡大于 1，那么，在
几次有限次数的选举之后，纯粹的单一阶级策略将被证明在选举中有
优势。如果权衡不太严重，那么，纯粹的超阶级战略将会为该党赢得
更多的选票。[10]

　　表 3—4 表明了与最佳重构社会主义政党和左翼政党投票的实际
经历的策略、与纯粹超阶级策略和纯粹单一阶级策略相联系的承载能
力。这些数字表明了当阶级结构冻结在 1970 年的水平时，每个政党
能吸纳和保持的选民比例。该表还表明了构成特殊策略特征的阶级构
成的条件。然而，我们没有提供 k 值，取而代之的是把这些值转换成
一种比例，以表示如果该党采取某种特殊策略，其支持者中将会有多
少是工人。

　　结果表明，单一阶级策略对于比利时、法国和德国的左翼政党，
以及芬兰、法国和德国社会民主党具有选举优势；而超阶级策略对于
丹麦、挪威和瑞典的主要社会主义政党和作为一个整体的左翼政党具
有优势。

表 3—4　　与实际策略、超阶级策略和单一阶级策略相联系的
承载能力比较（1970 年阶级结构）

国别	实际策略[a]		超阶级策略		单一阶级策略[b]
	承载能力	工人/社会主义投票者[c]	承载能力	工人/社会主义投票者[c]	承载能力
			所有左翼政党		
比利时	17.4	87.8	17.3	0	17.5
丹麦	59.1	49.5	60.4	44.0	53.4
芬兰	32.7	73.0	37.7	0	32.0
法国	24.2	61.3	23.7	0	24.6
联邦德国	28.5	61.4	23.6	0	33.3
挪威	65.3	26.3	81.0	14.1	30.3
瑞典	42.5	80.7	56.3	33.3	37.8
			仅社会主义政党		
丹麦	38.0	72.5	57.6	41.4	28.4
芬兰	15.6	80.0	14.1	0	16.0
法国	9.9	81.8	2.7	0	24.8
联邦德国	15.0	100.0	2.0	0	15.0
挪威	62.8	47.3	98.7	29.4	30.3
瑞典	41.4	77.6	47.1	20.6	39.8

注：a. 实际策略是估计最适合该模式的策略。
b. 在单一阶级策略情况下，社会主义投票者中所期望的工人比例总是为 100％。
c. 这是更为精确的社会主义投票者中工人的比例，它是奉行特殊策略的结果。

　　在可行的选择范围内，政党领导人使那些相信他们唯一关心的应该是或者就是选票最大化的人感到失望。如果他们追求的策略与他们实际上选择的策略有所不同的话，大多数政党应当改进自己的长期表现。在主要社会主义政党中，只有德国社会民主党奉行选举上的最优政策，该政策旨在保持党的阶级纯洁性。法国社会党和瑞典社会民主党都采取了选举次优策略，但是方式有所不同：法国社会党还不足以称为工人主义者（ouvrièrist），而瑞典社会民主党则过分地关注工人阶级的支持。

　　超阶级策略占选举优势的三个斯堪的纳维亚政党，尽管在挪威和丹麦有相当大的差距，但仍然选择采取使它们更接近其工人阶级基础的策略。事实上，它们可能没有做出选择。这些政党之所以能够通过

实行超阶级策略赢得选票，其原因在于，当它们在组织上和宣传中淡化对阶级的强调时，它们面临着在工人中的相对温和的权衡。但是，为什么这些政党放弃阶级性仅对工人的投票行为产生相对微小的影响？其原因是——至少部分原因是——工人被强大的、集中并且集权的工会组织成了一个阶级。并且在这里，圈子封闭得相当严密，因为正是由于他们与工会的相互依赖关系，丹麦、挪威和瑞典的社会民主党人都不能采取将会使选票最大化的策略。（有关证据可参见Elvander，1979：18；Heidar，1977：300；Hentila，1978：331-332；Martin，1972：15，168ff.；Scase，1977：323）

在比利时、芬兰、法国，以及至少在 1933 年以前的德国，工会并没有从政党的手中接过把工人组织成为一个阶级的重担。结果，阶级的意识形态和阶级组织对于社会主义选举策略而言都是非常脆弱的，并且在这些国家中左翼政党所遇到的选举权衡是如此艰难，以至于任何寻求中产阶级支持的重要转向都可能对它们获得选票的能力造成灾难性后果。丹麦人、挪威人和瑞典人分别陷入了不同的困境。这些国家的工会发展迅速，并且在早期阶级就实现了统一。阶级关系由于一种全国性的集体谈判体制而得以制度化。结果，这些国家的社会民主党能够以可忍受的或者甚至是微不足道的代价实行中产阶级取向的策略。但是，正是这些承担着把工人组织成为一个阶级的相同的组织，为社会主义政党自由寻求选举机会的程度强加了限制。

社会主义领导人是选票最大化者吗

然而，前文对长期结果的分析给政党领导人加上了一个不公平的负担。预期选举性政党的领导人会关注除了不远的将来以外的任何事情，这是没有道理的。那些从长期考虑使选票最大化的政治家以在很短的时期内写作回忆录而告终。因此，我们应该问一问，政党领导人是否试图在近期选举中赢得他们可能赢得的全部选票，而不考虑特殊策略在长期可能产生的后果？

有两个政党的情况特别有趣，因为它们形成了最明显的对照，尽管在相同的情形下，每一个都是其他政党的典型代表。图3—2和图3—3表明，在两次连续选举期间，如果法国社会党和瑞典社会民主党在任何时刻选择并实施一种纯粹战略，将会产生怎样的结果。每次选举时间上的原点（points of origins）——（图中的）圆点，代表该党实际获得的选票份额。从每个原点引出的两条线，分别代表当时该党若实行纯粹超阶级策略或纯粹单一阶级策略所能获得的选票份额。例如，法国社会党在1962年的选举中赢得10.1％的选票。如果这时候社会党采取纯粹超阶级策略，那么，在1967年的选举中他们将赢得15.5％的选票。如果他们在1968年选举中坚持同样的策略，他们将赢得8.9％的选票。反之，如果社会党采取纯粹单一阶级策略，他们将在1967年赢得13.3％的选票，在1968年获得13.5％的选票。

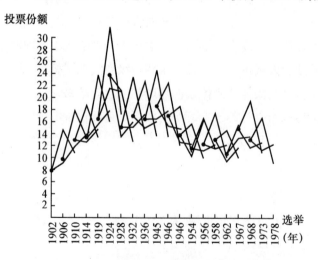

图3—2　对法国社会党投票的反事实分析

对瑞典社会民主党领导人短期可行的选择方案的分析，证实了从长期分析中得出的结论。在每一个历史时刻，该党都将通过采取纯粹超阶级策略来改善其选举绩效。如果该党的领导人没有选择这种战略，原因在于上面所讨论过的约束条件。

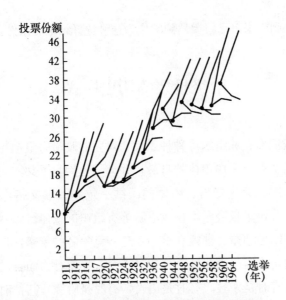

图 3—3　对瑞典社会民主党投票的反事实分析

　　法国社会党处于一个非常尴尬的境地。注意图 3—2 和图 3—3，纯粹超阶级策略对于下一次选举而言总是具有优势，并总是在两次选举后处于劣势。因此，在每一时刻，该党都面临着一个跨期权衡（inter-temporal trade-off）——党的领导人不得不抉择他们希望在哪一次选举中赢得最多选票。

　　法国社会党、芬兰社会民主党以及 1933 年前的德国社会民主党的情况表明，人们不能说选票最大化与历史无关：人们必然要问党的领导人如何看待未来。但更重要的是，把选举想象成一系列互不相干的事件站不住脚了。政党领导人今天选择的策略，产生了下一次选举中他们被迫在其中作出决定的条件。唐斯（Downs）的政党竞争理论并不恰当，是由于假定了政党遇到了一个外生的公众。一旦我们用历史的眼光，把政党的策略看作一种过程，我们就不能把每次选举看作既没有前提、也不会产生后续结果的一个事件。正如葛兰西所强调的那样，政党在每次竞选运动中遇到的公众舆论，都是过去行动的结果。政党在当前所遇到的条件，是过去所选策略的产物。今天的很多客观条件是昨天的错误。因此，当政党的领导人为下一次选举选择策略时，他们必须考虑到未来自己将要遇到的作为这种选择结果的条件。

阶级投票的历史模式

通过意识形态和组织等种种手段，对立的政治力量把特殊的社会意象强加给个人，形成集体的身份，并动员他们为了共同的未来而采取特定的方案。集体身份、团体的团结一致和政治支持，在诸如政党、工会、公司、教会、学校或军队等有组织的集体行动者之间的冲突中，被不断地塑造、摧毁和重塑。这些竞争者的策略，作为他们的累积的影响，决定了潜在社会分裂对于个人投票行为而言的相对重要性。因此，有时是宗教，有时是语言，有时是阶级，其他时候是自身利益，成为个人行为的支配性动力。个人行为的起因，产生于政治力量互相冲突的历史过程中。

个人投票行为，甚至一般性的个人行为，不是由自然原因，即与人类活动无关的决定个人行为过程的力量所支配的。在决定投票行为方面，究竟是阶级、宗教、政党身份还是对自身利益的追求哪个最为重要，这种争论在理论上没有什么启发意义，原因就在这里。在社会领域，事情的起因是一种相互作用的产物。因此，可以预期，投票的原因因国而异，并因时而异。

但是，如果个人行为不是由自然原因支配的，它仍然是合乎法则的。我们已经发现，阶级的特性作为个人投票行为的一个原因，是左翼政党、工会以及其他政党和组织所采取的策略的结果，它们试图在身份和支持的基础上，而不是在阶级的基础上把工人组织起来。现在我们将考察这个过程对于个人投票行为的影响，尤其是对于阶级投票的历史模式的影响。

阶级投票模式应当被预期为因左翼政党所采取的策略、权衡的严重性以及阶级结构的不同而有所变化。回顾一下比较静态的分析还是很方便的。注意，我们关于工人加入和退出社会主义投票者行列的方

式的观点，使下面的关于个体工人做出投票决策的方式的假定成为必
要：无论何时，每当恰有 $W^*(N)$ 个工人投社会主义票，以回应 N
个同盟者为该党投票的时候，他们对是否投社会主义者的票漠不关
心。反过来，我们关于领导人战略决策的观点，是基于以下假定：当
选民的阶级构成正好是 $kW=N$，或者 $W=N/k$ 时，领导人不关心额
外的同盟者是投社会主义者的票，还是退出社会主义投票者行列。因
此，当 $W^*=N/k$ 时，工人和政党领导人同时在行动中缺乏动力；经
过某些校正后，在均衡中产生了投社会主义者票的工人的比例[11]：

$$\frac{W^*}{X} = \frac{1}{1+k\left(\dfrac{d}{p}\right)} \tag{5}$$

其中，X 被当作一个常数。

当权衡是温和的，并且政党关心阶级构成时，几乎所有工人都会
投社会主义者的票。在这种条件下，几乎没有同盟者会投社会主义者
的票，并且正如阿尔福德指数（Alford-like indices）所测量的那样，
选民中阶级投票的程度将比较高。[12]当权衡是温和的，而政党不太
关心其支持者的阶级来源时，工人给左翼政党投票的比例仍很高，但
同盟者的比例也很高。当权衡是严峻的，但政党非常关心阶级构成
时，绝大多数工人仍给社会主义者投票，但几乎没有同盟者给社会主
义者投票。最后，当权衡是严峻的，并且该党不关心阶级构成时，工
人为社会主义者投票的比例低，而同盟者给社会主义者投票的比例适
度。图 3—4 方便地概括了这些结论。[13]

尽管我们的理论分析结果关注的是长期的阶级投票，但是这一模
型可以用于打开贯穿整个选举史的阶级投票黑箱，它遵循着一系列方
法——回忆调查（recall surveys）、断代分析（cohort analyses）和生
态研究（ecological studies），这些方法在前面进行的调查研究中被用
于粗略了解选举模式。为了在经验上评价这一模型，在这些调查研究
报告可资利用的时期内，我们可以把这一模型的预测结果与这些调查
研究的报告进行比较（见表 3—5 和表 3—6）。[14]

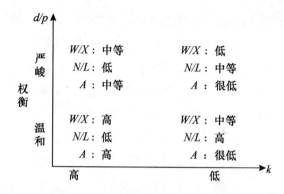

图3—4 政党对阶级构成的关心程度

然而，我们首先要告诫读者不要期望完全吻合的结果。有充分的理由可以预期，我们至多只能提供大概的比较：(1)模型和调查的定义差异；(2)调查中的误差；(3)我们的估计中的误差。[15]尤其是，我们必须避免这种直觉：我们正在把一个不知道是否有效的模型估计与表现事物真实状态的调查进行比较。调查中处处有误差，抽样误差是一个明显的来源。更重要的是，调查结果所报告的或者是意图，或者是记忆，而不是选举本身。我们知道，人们有时会在最后一刻改变他们的投票决定，他们往往增加投给获胜者的票。的确，我们发现，我们对选举结果的预测，常常比那些以调查为基础的预测更准确。

带着这些告诫，我们给出结果。给定差异和误差的所有潜在来源，整体结果就正好处于似乎合理的范围内。从模型导出的推断与调查结果之间具有一定的统计关系，模型与调查之间的相关性是显著的：就工人投左翼政党的票而言在0.05的水平上（在不包括挪威的情况下为0.01），就工人投社会主义者的票而言在0.01的水平上，就同盟者投社会主义者的票而言，在0.01的水平上。只有在同盟者投左翼政党的票结合在一起的情况下，模型的预测结果才与调查结果在统计上无关。因此，描述自20世纪初以来的选举吸纳过程特点的模型，再现了20世纪50年代以来的调查结果。很明显，这种相符性在某些国家比在另一些国家更密切，而且从这个模型中得出的预测也没有准确地再现调查结果。然而，证据看来足以确立这种理论原则的有效性：阶级的重要性在历史上是不断变化的，政党和其他组织的战略对人民的投票方式产生累积的后果。

表 3—5　　　　　　对左翼的阶级投票的模型与调查结果的比较

国别	年份	工人投左翼票的比例		同盟者投左翼票的比例	
		模型	调查	模型	调查
比利时	1968	53	43[1]	20	18[1]
丹麦	1960	67	85[1]	73	62[1]
	1964	66	85[2]	69	65[2]
	1966	69	86[1]	63	58[1]
	1968	61	79[3]	63	
	1971	67	69[4], 75[5], 77[6], 78[1]	70	30[4], 33[5], 49[6], 60[1]
	1973	51	51[1], 65[5]	53	29[5]
	1975	57	59[1], 61[2], 64[7]	59	26[7], 43[1], 43[2]
	1977	65	67[7]	68	32[7]
	1979	66	65[1]	70	56[1]
芬兰	1958	73	68[1]	23	14[1]
	1966	87	80[2]	31	23[2]
	1972	68	74[3]	28	21[3]
法国	1956	63	56[1]	35	35[1]
	1958	52	45[1]	29	35[1]
	1967	65	41[2], 43[3], 44[4], 54[5]	34	28[2], 29[3], 29[4]
	1968	60	38[3], 43[4]	29	26[3], 29[4]
	1973	67	53[3], 63[6a], 68[5]	33	27[3], 28[6a]
	1978	73	47[7], 67[5]	35	30[7], 53[5]
联邦德国[b]	1953	51	48[1], 58[2]	32	27[1], 29[2]
	1961	63	56[1]	34	30[1]
	1965	66	54[1]	35	34[1]
	1969	69	58[1]	36	46[1]
	1972	77	66[1]	40	50[1]
	1976	70	53[2]	36	39[2]

续前表

国别	年份	工人投左翼票的比例		同盟者投左翼票的比例	
		模型	调查	模型	调查
挪威	1957	39	77[1]	31	
	1965	40	71[2], 77[1], 73[3]	44	30[2]
	1969	42	75[1], 80[4]	46	
	1973	35	69[1]	38	32[1]
	1977	36	70[3]	40	
瑞典	1956	76	73[1], 76[2d], 77[3], 85[4e]	19	23[2], 48[4e]
	1960	77	73[5], 78[1], 80[2d], 81[3] 84[4e], 87[6]	20	25[2d], 45[3], 54[4e]
	1964	88	75[1], 77[2d], 81[3], 84[7]	20	30[2d], 44[7]
	1968	99	75[1], 76[2d], 79[3], 81[6]	23	47[1]
	1970	93	72[2d], 75[3], 76[6]	22	32[2d]
	1973	93	73[2d], 75[3], 79[7]	23	29[2d], 37[7]
	1976	92	73[3], 76[8]	23	
	1979	93	75[3]	23	

注：a. 包括极端粗鲁的人。

b. 投德国社会民主党的票，是由对全体左翼的推断结果来预测的。

c. 使用了由伯格伦德和林德斯特朗（Berglund, and Lindstrom, 1978：180）报告的额外信息。①

d. 调查的定义比模型的定义要宽：典型的如店员算作工人，除了体力劳动者之外的所有人都算作同盟者。

e. 调查的定义比模型的定义要窄：典型的如只有产业工人和不包括非农业自我雇用的同盟者。

表3—6　对主要社会主义政党的阶级投票的模型与调查结果的比较

国别	年份	工人投社会主义政党票的比例		同盟者投社会主义政党票的比例	
		模型	调查	模型	调查
丹麦	1969	91	84[1]	31	
	1964	90	73[2]	30	
	1966	85	65[1]	29	
	1968	77	65[3]	26	
	1971	82	59[4], 60[3], 65[5], 65[6]	27	25[4], 29[5]
	1973	57	38[1], 48[5]	19	20[5]
	1975	68	45[1], 46[2], 47[7]	21	18[7]
	1977	83	55[7]	25	24[7]
	1979	83	52[1]	26	

---

①　英文版表中没有标注注码 c。——译者注

续前表

国别	年份	工人投社会主义政党票的比例		同盟者投社会主义政党票的比例	
		模型	调查	模型	调查
芬兰	1958	34	34[1]	12	6[1]
	1966	46	42[2]	17	15[2]
	1972	45	45[3]	15	15[3]
法国	1956	30	39[1]	4	28[1]
	1958	32	10[8], 30[1]	4	5[8], 26[1]
	1967	41	15[3], 16[2], 16[4]	4	15[3]
	1968	37	14[3], 14[4]	4	13[3]
	1973	50	17[3], 22[6], 35[9]	6	13[6], 14[3], 40[9]
	1978	58	19[7], 27[5]	8	18[7]
挪威	1957	64	75[1]	26	
	1965	62	63[2], 69[1], 69[3]	25	44[2]
	1969	67	69[1], 73[4]	27	
	1973	48	55[1]	20	25[1]
	1977	60	64[3]	24	
瑞典	1956	57	69[1], 74[3]	27	
	1960	67	69[5], 77[3], 83[6]	31	44[5]
	1964	66	75[3], 78[7]	29	43[7]
	1968	81	73[1], 77[3], 79[6]	36	46[1]
	1970	73	64[2], 70[3]	32	41[2]
	1973	72	64[2], 69[3], 69[7], 73[2]	32	29[2], 34[7], 38[2]
	1976	71	68[3]	32	
	1979	71	70[3]	32	

资料来源（表 3—5 和表 3—6）：

比利时　1. Hill, 1974：48.

丹　麦　1. Esping-Anderson, 1984：3–4.　2. Berglund and Lindstorm, 1978：108.
　　　　3. Esping-Anderson, 1979：276.　4. Damgaard, 1974：121.　5. Borre,
　　　　1977a：15.　6. Uusitalo, 1975：39.　7. Borre, 1977b.

芬　兰　1. Allardt and Pesonen, 1967：342.　2. Pesonen, 1974：294.　3. Allardt
　　　　and Wesolowski, 1978：63.

法　国　1. Sondages, 1960：18–19.　2. Rabier, 1978：362.　3. Sondages, 1973：18–
　　　　19.　4. Braud, 1973：32.　5. Jaffré, 1980：41.　6. *Le Monde*, 1973.　7.
　　　　Le Martin, 1978.

联邦德国　1. Pappi, 1973：199.　2. Pappi, 1977：217.

挪　威　1. Valen and Martinussen, 1977：51.　2. Martin, 1972：92.　3. Esping-
　　　　Anderson, 1984：3–4.　4. Uusitalo, 1975：41.

瑞　典　1. Särlvik, 1974：398.　2. Särlvik, 1977：95.　3. Esping-Anderson, 1984：3–
　　　　5.　4. Särlvik, 1966：217.　5. Särlvik, 1967：169.　6. Esping-Anderson,
　　　　1979：276.　7. Petersson and Särlvik, 1975：88.　8. Stephens, 1981：167.

其他证据

自《共产党宣言》发表以来，在社会主义运动及后来的共产主义运动中的一个持续趋势，是坚持认为：为工资而出卖自己劳动力但在办公室或商店从事非体力劳动的人，实际上也是无产者，是像其他工人一样的工人。"受过教育的无产者"、"从事脑力劳动的工人"、"坐办公室的工人"是人们反复用来描述这些人的乐观的称谓。党的理论家逐渐认识到，这些"白领无产者"到目前为止还不像从事体力劳动的产业工人那样行事，但是他们的阶级意识差距很快就消失了，这可能是这些理论家告诫的结果。社会科学家常常成为同样满怀希望想法的牺牲品，并且一本接一本地写关于"工人阶级大多数"的著作。

然而，即使低薪雇员的工作和生活条件越来越像工人，即使他们以几乎与体力劳动者同样的速率团结起来，即使他们常常与体力劳动者通婚，在选举中，这些从事非体力劳动的下层雇佣劳动者，仍然不会像体力劳动者那样行事。调查结果显示，工薪雇员与体力劳动者之间的差距还没有完全消失，当然至少不是因为工薪雇员开始以一个很高的比率投左翼政党的票（见表3—7）。

低薪雇员一般比体力劳动者更少地投左翼政党的票，这一事实证实了我们的定义的有效性，但是并不必然证实关于工人行为的假说的有效性，这就是我们的理论所要谈的。这可能是真实的：几乎没有工薪雇员投左翼政党的票，但是对于那些乐于看到自己的办公室阶级同志进入社会主义行列的体力劳动者来说，这是非常遗憾的。迄今为止，我们对这两者进行的统计分析，都没有解决工人对政党努力吸纳低薪雇员的反应问题。这种统计分析表明，在所有情况下和所有国家中，在赢得同盟者支持与吸收工人之间存在着一种权衡：参数 d 总是正的，正如理论所预期的那样。但是，同盟者是一种异质的类型，除了下层的非体力劳动者，还包括中间水平的工薪雇员、手艺人、工匠、店主、家庭农场主。迄今为止，我们还不清楚，在赢得工薪阶层无产者的支持和吸纳工人这两者之间，是否存在着一种特定的权衡。

表 3—7　　　　根据调查得来的投左翼票的白领雇员比例
以及他们与体力劳动者的差距[a]

丹麦	1960 年	1964 年	1966 年	1971 年	1973 年	1975 年	1977 年	1979 年
E-A	62		58	60	45	43		56
B&L		65						
Damgaard				40				
Borre				43	44	42	51	
Uusitalo				49				
差距[b]	—23	—20	—28	—28	—13	—18	—16	—9
芬兰	1958	1966	1972					
各种各样的	19	38	32					
差距[b]	—49	—42	—42					
法国	1956	1958	1967	1968	1973	1978		
Sondages	47	43	32	29	37			
Braud			36	38				
Rabier			34					
Le Martin						40		
Jaffré						47		
差距[b]	—9	—2	110	—8	—26	—13		
联邦德国	1953	1961	1965	1969	1972	1976		
Pappi，1973	27	30	34	46	50			
Pappi，1977	29					39		
差距[b]	—25	—26	—20	—12	—16	—14		
挪威	1957	1965	1969	1973				
E-A	53	56	54	46				
差距[b]	—24	—18	—23	—23				
瑞典	1956	1960	1964	1968	1970	1973	1976	1979
E-A	51	54	53	56	51	51	46	45
Särlvik	32	37	42	47				
P&S			47			40		
差距[b]	—34	—34	—30	—25	—23	—29	—27	—30

注：a. 在丹麦和挪威指的是低级白领雇员。在芬兰指的是所有白领雇员或"新兴中产阶级"。在法国指的是雇员（employés）和高级管理人员（cadres moyens）。在联邦德国指的是职员（angestellte）和高级职员（Beamte）。在瑞典指的是低级和中级白领雇员。资料来源参见表 3—5 和表 3—6。
　　b. 差距是通过对低薪雇员的平均调查报告与对工人的平均报告之间的差异来衡量的。

调查结果允许我们回答三个问题，至少是关于最近 30 年左右的情况。首先，关于在同盟者支持与吸纳工人之间存在权衡的假设，是否得到了调查研究的支持？其次，关于工薪雇员，是否存在着一个特定的权衡？最后，关于工薪雇员的权衡，是否不同于在其他团体支持和吸纳体力劳动者之间的权衡？

调查结果非常不可靠并且缺乏观察性，以至于我们只能以非常简单的形式，并且使用最粗糙的统计技术来回答这些问题。然而，答案是毫不含糊的：调查研究证实，在同盟者支持和吸纳工人之间存在着一种权衡，关于工薪雇员存在着一种特定权衡，对工薪雇员权衡的强度难以根据可用的信息与对其他群体的权衡相区分（表3—8）。

表3—8　　　低薪雇员和同盟者投左翼票的比例与工人投左翼票的比例变化（以公开发表的调查报告为基础）之间的相关性[a]

国别	低薪雇员相关性	N	所有同盟者结合在一起相关性	N
所有左翼政党				
结合在一起	−0.36[b]	25	−0.36[b]	19
丹麦	−0.03	7	−0.76	4
芬兰		2		2
法国	−0.89	5	−0.49	5
挪威	−0.47	4		2
瑞典	−0.23	7	−0.49	6
仅社会主义政党				
结合在一起	−0.46[c]	28	−0.27	23
丹麦	−0.39	7	−0.23	4
芬兰		2		2
法国	−0.88	5	−0.89	5
联邦德国	−0.34	5	−0.38	5
挪威	−0.65	4		2
瑞典	−0.43	6	−0.43	5

注：a. 相关性拟合 $\Delta[W(t)/X(t)] = a + b[N(t)/L(t)] + e(t)$ 的线性回归，其中 N 和 L 首先被定义为低薪雇员，然后被定义为所有同盟者合在一起。低薪雇员的相关情况见表3—7。同盟者是正文中所列团体的一个加权数。

b. 显著性水平为0.05。

c. 显著性水平为0.01。

因此，在体力劳动者看来，文职人员和售货员不是工人。当左翼政党试图把他们与"从事脑力劳动的工人"归并在一起时，对于体力劳动者而言，阶级成员资格作为投票行为的理由就变得不那么重要了。

结　论

泰尔教导我们，"模型可以用，但是不能信"（Henri Theil：1976：3）。它们不是对复杂现实的简化描述，而是与分析实际情况的复杂知识一起被使用的工具。因此，我们不能妄称，几个简单的假定就足以重建选举社会主义的全部历史经验。如果它经受不住一整套观察结果的对抗，我们必然会放弃这种理论，尽管如此，无论何时何地，我们都无畏于缺少描述的准确性。上面所提出的数字，没有一个是准确的，但是，如果这种理论和分析被作为一个总体来考虑，就拥有了某种力量。

让我们远距离地看一下这种分析的含义。我们认为，我们已经论证了下面的观点：无论政党是故意把它们的诉求范围限于特定的支持基础，还是努力争取所有选民，它们的机会都受限于在任一特定时刻造成社会分裂的利益和价值的实际冲突。如果阶级真的就是阶级，即如果他们以集体身份出现的利益，在某种程度上具有竞争性，并且有时还会发生冲突，那么，没有一个政党能够在不丧失某些人支持的情况下赢得每一个人的支持。而且，这种权衡的存在意味着，选民支持的分布必然趋于稳定，甚至在面临深刻的社会和经济变革时也如此。在一个存在现实分裂的社会中，没有一个政党能以作为明确授权的方式赢得绝大多数选票。选举不仅仅是剧烈变革的一个工具。它们生来就是保守的，确切地说，是因为它们是代表性的，代表着一个异质社会中的各种利益。

回顾历史，早期社会主义者的错误在于，他们认为人们能通过选举过程加速社会的根本变革。这种信念建立在这样的假定基础上，即就阶级而言，资本主义社会将会变得几乎同质（Birnbaum，1979）——这个社会由绝大多数工人统治。相反的是，阶级结构变得越来越异质，在这种条件下，选举不会也不可能为面向美好未来的伟大工程提供一个明确的授权。

附　录

正文中所出现的所有经验研究结果，都是建立在由下列给定的方程式的估算基础上的：

$$\Delta W(t)=p[X(t+1)-W(t)]-dN(t) \tag{1}$$
$$\Delta N(t)=q[L(t+1)-N(t)]+c[kW(t)-N(t)] \tag{2}$$
$$Y(t)=W(t)+N(t)+a[1-X(t)-L(t)] \tag{3}$$

这个体系不能进行直接估计，因为状态 W 和 N 从现存历史资料中无法观察到。我们仅仅知道总共有多少人投了社会主义政党的票，但不知道有多少工人和同盟者投了社会主义政党的票。估算这种简化形式也是不可行的，因为这些参数以高度非线性组合的形式出现，并且无法判别。

在我们所面对的实际情形中，只有 X，有时是 L，以及 Y 是可测量的。因此，就估计程序本身而言，主要关注的描述性的量 W 和 N 必须以某种方式构成。我们的策略是拟合总和 Y，直接用（1）式、（2）式、（3）式就可观察到 Y。结果，W 和 N 的初始条件与参数 p、d、q、c 和 a 一起，变成了拟合分布的参数。于是，作为结果的 $W(t)$ 和 $N(t)$ 的值，就可以根据模型的逻辑来计算。我们所使用的标准，是为了在可观察的 Y 系列的预测中使均方差最小。

在研究中要强加几个约束条件。参数 p、q 和 a 被限制在描述范围内正的单位区间，而 c 和 k 保持为非负数。参数 d 未受限制，以便允许它的符号做决定性检验。最后,初始条件受到 $W(0)+N(0)=Y(0)$ 以及 $W(0)>N(0)$ 的制约。

有了这些约束,重复最优化的计算便是为了随机选定起始点。尽管已经使用了许多不同的算法,但模块(workhouse)已经是参数空间中最少采用的方法。经验表明,在单位超立方或者零域中立方的甚至更小的部分中所选定的作为参数的起始值,避免了病理学的计算问题。在考察了几千份数据后,我们得到了参数的估计值和对 W 和 N 最佳拟合的路径。

然而,不是所有这些最佳拟合的路径都被接受,因为拟合很好的序列中有一些描述得不合理。模型必须描述一种可能的世界,因此我们只接受这样的时间序列:在其中,作为组成部分的所有的量,都在估计赖以为基础的期间,以及即将到来的五次选举的可预见的将来,同样地起作用。在比利时社会党的例子中,我们不能够得到一个满足这种标准的时间序列。

我们的程序与典型的回归方法之间的本质区别在于,我们估计的序列仅以初始值 $W(0)$、$N(0)$ 为条件,而在回归方法中,预测依这种序列中的每一个前面的值而定。为了产生一个对等的序列,我们重新计算了对 $W(t)$、$N(t)$ 和剩余投票的预测,用这种方法计算,它们的和恰好等于 $Y(t)$,按照每一资料来源的贡献大小的比例校正误差,然后我们计算对 $W(t+1)$、$N(t+1)$ 和剩余投票的新的预测,这一次依刚计算的和校正的无误差的值而定。表 3—A3 中给定的拟合值是用于这种校正后的序列的,图 3—2 和表 3—3 中的值建立在无误差序列基础上。

我们认为表 3—A1、表 3—A2 和表 3—A3 很重要。表 3—A1 提供了平滑(拟合)的和校正的路径。表 3—A2 显示的是与理论上的关键参数 d 的微小扰动有关的拟合的敏感度。表 3—A3 把我们的模型与其潜在竞争模型的拟合情况作了比较。要注意,得到一个好的拟合不是为了名声。但是我们说竞争性的模型是幼稚的,是因为它们不是建立在一种理论基础上的,而且它们的参数常常在理论上没有意义，在描述上也常常是不可能的。

　　关于选民阶级分布的数据，是为了这个研究项目而通过全国人口普查和其他来源重建起来的。对于丹麦、法国、联邦德国和瑞典，我们能够根据家庭内按性别和地位划分的大约 20 种类型，重建其阶级结构的历史演进。然而，对于比利时、芬兰和挪威，我们可以计算工人的数量，但不能够对非工人之间的不同类型进行区分。这样，这两种类型国家的结果不是严格等同的，因为在后一种类型中所有非工人都被看作同盟者，$L=1-X$。挪威的序列直到 1930 年都不是同质的，但可能仍然是可靠的。比利时的数据可能包括了更多的误差，而芬兰的早期数据则几乎没有价值。

表 3—A1　　　　　　　　模型的拟合状况（平滑的和校正的路径）

国别	拟合状况	
	平滑路径[a]	校正路径[b]
所有左翼政党		
比利时	0.16	0.30
丹麦	0.92	0.94
芬兰	0.15	0.73
法国[c]	0.75	0.84
联邦德国	0.87	0.92
挪威	0.98	0.98
瑞典	0.87	0.89
仅社会主义政党		
丹麦	0.84	0.86
芬兰	0.17	0.16
法国	0.65	0.40
联邦德国	0.70	0.74
挪威	0.93	0.92
瑞典	0.85	0.85

注：a. 在估计的例行程序上认为是最优化的路径。
　　b. 模拟回归程序的路径。参见正文。
　　c. 最优化的校正路径。

表 3—A2　　敏感度分析：当参数 d 从最佳拟合值[a]（平滑系列）以 -0.05、
　　　　　　 -0.01、$+0.01$ 和 $+0.05$ 改变时所解释的方差比例

国别	-0.05	-0.01	最佳拟合值	$+0.01$	$+0.05$
		所有左翼政党			
比利时	-0.65	0.10	0.16	0.18	0.22
丹麦	0.24	0.89	0.92	0.89	0.33
芬兰	0.71	0.72	0.73	0.73	0.71
法国	0.83	0.84	0.84	0.84	0.83
联邦德国	0.83	0.87	0.87	0.87	0.84
挪威	-2.02	0.90	0.98	0.92	0.13
瑞典	0.85	0.87	0.87	0.87	0.85
		仅社会主义政党			
丹麦	0.68	0.83	0.84	0.84	0.74
芬兰	-3.10	0.03	0.17	0.07	-2.19
法国	0.64	0.65	0.65	0.65	0.64
联邦德国	0.70	0.70	0.70	0.70	0.70
挪威	0.72	0.93	0.93	0.93	0.78
瑞典	0.75	0.85	0.85	0.84	0.75

注：a. 拟合值是通过以 1 减去误差差异与投票差异之比计算出来的。

表 3—A3　　　　　我们的模型与某些简单竞争模型[a] 的拟合状况

简单模型如下：

$\text{I}: Y(t)=m_0+m_1 x(t)$

$\text{II}: Y(t)=m_0+m_1 Y(t-1)$

$\text{III}: Y(t)=m_0+m_1 X(t)+m_2 Y(t-1)$

$\text{IV}: Y(t)=m_0+m_1 X(t)+m_2 L(t)$

$\text{V}: Y(t)=m_0+m_1 X(t)+m_2 L(t)+m_3 Y(t-1)$

$\text{VI}: Y(t)=m_0+m_1 X(t)+m_2 L(t)+m_3 Y(t-1)+m_4 t$

其中，$Y(t)$ 是选民投社会主义票的份额；$X(t)$ 是选民中工人的比例；$L(t)$ 是选民中同盟者的比例；$t=0,1,2\cdots\cdots$ 代表时间。

拟合状况如下：

国别	我们的模型	简单模型					
		I	II	III	IV	V	VI
			所有左翼政党				
比利时	0.30	0.05	0.11	0.13	n. a.	n. a.	0.08
丹麦	0.94	0.56	0.93	0.92	0.84	0.93	0.95
芬兰	0.73	0.04	0.71	0.70	n. a.	n. a.	0.77
法国	0.84	0.42	0.77	0.76	0.38	0.74	0.74
联邦德国	0.92	0.67	0.90	0.93	0.92	0.93	0.93
瑞典	0.89	0.65	0.87	0.87	0.70	0.86	0.93

续前表

国别	我们的模型	简单模型					
		I	II	III	IV	V	VI
仅社会主义政党							
丹麦	0.86	0.37	0.84	0.83	0.82	0.86	0.88
芬兰	0.16	0.00	0.22	0.20	n. a.	n. a.	0.21
法国	0.40	0.00	0.16	0.20	0.00	0.14	0.14
联邦德国	0.74	0.81	0.73	0.83	0.81	0.82	0.82
挪威	0.92	0.02	0.91	0.90	n. a.	n. a.	0.92
瑞典	0.85	0.59	0.83	0.82	0.70	0.82	0.89

注：a. 对所有简单模型（naive model）来说，拟合状况都是在 R^2 对自由度修正时测量出来的。

【注释】

[1] 根据这个狭义的定义，在选举中工人的比例达到的高峰，在比利时 1920 年达到 50%，在丹麦 1960 年达到 28%，在芬兰 1917 年达到 23%，在法国 1928 年达到 36%，在德国 1903 年达到 37%，在挪威 1950 年达到 32%，在瑞典 1950 年达到 40%。霍布斯鲍姆（Hobsbawm, 1978）提出了与我们类似的观点，他提到英国的数据，据此认为在 1870 年前后，工人构成了人口的 75%。但无论是他对工人还是对人口的定义，都是非常模糊的。

[2] 除赖特以外，对本章早期版本进行评论的其他几个人，在历史上提出了相同的问题，指出"新社会运动"对于工人阶级而言在性质上是新的潜在同盟者，并且再一次认为，左翼政党对由这种运动动员起来的这些人的求助，对于工人吸纳新成员不会产生消极影响。然而，我们仍然心存疑惑，因为我们并没有发现这些运动有什么新的性质。社会主义者在妇女、青年、各种文化运动中寻求支持，在某些国家，甚至在 20 世纪 60 年代以前就在寻求绝对禁酒主义者和宗教团体的支持。当然，这些问题在理论上是复杂的，在政治上也是至关重要的，我们不能认为对这些问题的讨论已经结束。

[3] 我们所谓的选民，指的是在一次特定的选举中具有法定投票（或登记并投票）权利的所有人。在这个分析中，所有的选票份额都是在选民的基础上定义的。这意味着，没有投社会主义者票的工人，要么投了资产阶级政党的票，要么没有投票。把选民份额转换成投票份额，实际上是通过投票率来对前者加以划分。

[4] 这种蓄水池是异质性的。在某些时候，特别是在选举权扩大到工人（常常先是男性工人，后来才扩大到女性工人）后，它才主要由非投票者构成。

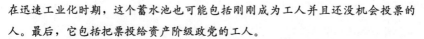

在迅速工业化时期，这个蓄水池也可能包括刚刚成为工人并且还没机会投票的人。最后，它包括把票投给资产阶级政党的工人。

[5] 在这种描述性观点看来，这个公式最好写成 $\Delta W(t)=[p-dN(t)][X(t+1)-W(t)]-dN(t)W(t)=p[X(t+1)-W(t)]-dN(t)X(t+1)$。但是，有很好的理由去避免非线性，而且使定性的结论不受影响。

[6] 根据官方统计，在瑞典1911年的选举中，只有一半左右有资格选举的男性工人（群体 III 的 52%）投了票（Särlvik, 1977: 391）。罗坎和瓦伦（Rokkan and Valen, 1962: 158）指出，更普遍的情况是："新的符合选举条件的工人，是在选举权扩大之后被动员起来的，而不是在此之前。"

[7] W^* 是通过设定（1）式中的 $\Delta W(t)=0$，并解出 $W(t)=W^*$ 而得到的。

[8] 见本章附录，表 3—A2 表明 d 的估算值是十分明显的。

[9] 由于该党试图把阶级构成维持在 $N(t)/W(t)=k$ 的水平上，如果 $kW(t)=N(t)$，或 $kW(t)-N(t)=0$，它将不会做任何事。如果这个差为正值，该党的策略将努力调整为非工人取向；如果该差为负值，该党策略将调整为工人取向。

[10] 由于（1）式和（3）式给定的两个标准——随时间推移的党的总选票数和各种限制条件——都是线性的，解的最大化问题就成为把 c 强加到控制变量 k 的描述性边界上。因此，或者 k^s 或者 k^c 将使拉格朗日函数（Lagrangean）最大化。它可以表示为：

$$\text{sign}\frac{\delta L}{\delta k}=\text{sign}\frac{p-d}{p(q+c)+cdk}$$

它反过来又仅仅依赖于（$p-d$）的差。因此，当 $p>d$ 时，选票最大化的策略是超阶级策略；当 $p<d$ 时，最大化策略是纯阶级策略。

[11] 这一推导过程和随后的分析假设，不存在向该党的自发移动，并且 $q=0$。定性的结果不受这个假设影响，没有这个假设，这个代数式就混乱了。

[12] 它也可以表示为 $\frac{N^*}{L}=\frac{k}{1+k(d/p)}\frac{X}{L}$，阿尔福德指数由下式给定：$A=\frac{W}{X}-\frac{N}{L}=\frac{1-k}{1+k}\frac{(X/L)}{(d/p)}$。

[13] 为了得到这些结果，令 k 和（d/p）依次等于 0 和 1，并且计算 W/X、N/L 和阿尔福德指数。

[14] 我们也把我们对瑞典的估计与莱文、杨森和索鲍姆（Lewin, Jansson, and Sorbom, 1972）的截面（cross-sectional）研究结果进行比较。它们分担了77%的差异度。

[15] 我们的估算方法在本章附录中进行了概括，定义上的分歧是常见的，并且并非总是可以说明的。调查研究人员典型地使用"体力劳动者"和"非体力劳动者"这两个范畴，它们比我们所说的"工人"和"同盟者"的定义要宽泛得多。他们有时按照其本人职业对被调查者进行分类，有时按照其家长的职业对被调查者进行分类，这会造成差异（Michelat and Simon，1975）。他们对退休人员也用不同的方法来对待：有时按其过去的职业，有时作为退休者。更糟糕的是，我们往往不能从已公开发表的资料中重建其所使用的定义。

第4章　同意的物质基础

导　论

马克思认为，资本主义民主是一种具有内在不稳定性的社会组织形式，它不可能持续下去。在 1851 年的著作中，他表达了这样的信念：资本主义民主"只是资本主义社会的革命的政治形式，不是它生活的保守形式"（1934：18）。20 年后，他仍然把资本主义社会的民主组织看作"只是事物的一种痉挛的、例外的状态……而不可能是社会的正常形式"（1971：198）。

在马克思看来，这种内在不稳定性来自这样的事实，即生产工具私人所有制与政治民主的结合产生了一个基本矛盾：

> 宪法要永远保持其社会奴役地位的阶级，即无产阶级、农民阶级和小资产者，宪法通过普选权给予其政治权力。宪法认可享受旧有社会权力的那个阶级，即资产阶级，却被它剥夺了这种权力的政治保证。资产阶级的政治统治被宪法硬塞进民主主义的框子里，而这个框子时时刻刻都在帮助敌对阶级取得胜利，并危及

资产阶级社会的基础本身。宪法要求一方不要从政治的解放前进
到社会的解放，要求另一方不要从社会的复辟后退到政治的复
辟。（1952a：62）

构成这种理论基础的，是关于物质利益客观冲突的根本政治重要
性的假定。满足短期物质需要的客观利益——雇佣劳动者对工资的利
益和资本家对利润的利益——把这两类人的阶级，他们自己的阶级，
放到一种客观冲突的位置上。对马克思而言，利益的客观冲突归因于
"决定工资和利润在它们相互关系中上升和下降的一般规律"。根据这
个规律，工资和利润"互成反比。当劳动的份额即工资下降时，资本
的份额即利润就以同样的比例上升；反之亦然"。另外，马克思还认
为，工人物质条件的改善也不能缓解这种冲突：

> 即使对工人阶级最有利的形势，即资本可能的最迅速的增
> 长，无论这能在多大程度上改善工人的物质生存条件，都不能消
> 除工人利益与资产阶级利益之间的对抗性。利润和工资仍然像以
> 前一样处于相反的比例。（1952b：35，37）

这种观点建立在一种同义反复之上：既然工资和利润被认为是由
活劳动所增加的价值份额（即冲突总是处于边缘状态），没有绝对的
改善能够足以缓和这种对于分配的冲突。因此，根据定义，资本主义
是一种零和博弈的体制，任何物质改善都不可能带来合法性的结果。

既然分配冲突对马克思来说是不可调和的，那么实现短期利益的
壁垒就是系统性的：只有彻底废除资本主义，雇佣劳动者的短期利益
才能实现。因此，社会主义中的长期（政治）利益是资本主义条件下
的短期（经济）利益客观冲突的直接结果。这种冲突是阶级组织的基
础；这种冲突在经济危机期间会产生显著的政治影响，并最终通过革
命性剧变表现出来。

从马克思的这些分析中得出的三个中心结论都是错误的。第一，

短期无法避免的物质利益冲突，导致关于社会组织形式的阶级之间的冲突。第二，由于民主（更确切地说是普选权）"解开了阶级斗争的锁链"，资本主义只能靠武力来维持。第三，走向社会主义的路往往要通过资本主义经济危机，并且是资本主义经济危机的一个直接结果。

一些国家的历史经验表明，资本主义能够在民主条件下长期生存下去，甚至在面临尖锐而长期的经济危机时也能生存。与反复提出的预测相反，有几个国家的普选权并没有成为废除资本主义的一种工具，也没有迫使资产阶级在一种自发专政下寻求保护。资本主义生产关系可以在民主条件下永久存在；剥削能够与被剥削者的同意一起维持下去。

这些观察资料构成了葛兰西理论的出发点。[1]他的中心问题谈的是在缺乏通过一场革命暴动转变到社会主义的前景的条件下革命运动的策略。[2]他拒绝这样的看法：革命是持久的，或者说它的可能性是普遍的。面对资本主义的弹性，在一连串失败之后，他提出了一个必须先于任何策略选择和任何政治实践的关键问题，即资本主义何以持续？正如卢卡奇（Lukacs）曾经指出的那样，马克思主义可能是一种革命理论[3]，但仅仅在以下条件下才是一种革命理论，即这种理论包括反对体制的一种分析，因此在这种体制之内它是一场革命。一种革命理论需要一种资本主义理论。

根据葛兰西的观点，这种理论必须说明这样的事实：资本主义在经济危机中生存下来，它对抗着剥削的影响而变得"地位稳固"，它减少冲突从而使资本主义制度的规则运转自如，最后，它得到了被剥削者的"主动同意"。葛兰西的回答强调了意识形态维持他所谓的统治阶级"霸权"的功能。的确，我们不时被告知，葛兰西是阐述"上层建筑"、"文化统治"、"意识形态霸权"的马克思主义理论家。[4]安德森（Anderson）走得更远，他坚持认为："在分析西方当代社会结构时，我们可以用'文化'或'意识形态'来代替'政治斗争'——作为通过同意而获得的阶级统治模式。"（1977：42）正如马克思所言，由于资产阶级所拥有的生产工具包括生产工具和观念宣传，文化统治可直接从经济结构中推演出来。按照这些文化的解释，资本主义得以持续下来，是因为意识形态统治或文化统治，并且这种统治是由于资产阶级对"意识形态机器"的垄断（Althusser，1971）。对资本主义关系的同意是群众的一个错觉，是一场骗局。

这样的解释使得葛兰西的思想在知识上价值微小，在政治上误导方向。此外，它们也没有得到教科书的支撑。葛兰西坚持认为，霸权必须建立在物质基础之上。客观条件（顺便说一句，这种客观条件"能够通过精确科学或物理科学的系统来测量"）（Gramsci，1971：80）为霸权的建立提供了基础。"生产的物质力量的发展水平为各种社会阶级的出现提供了基础，每一个阶级都代表一种职能，每一个阶级都在生产内部拥有一个特定位置"（Gramsci，1971：18）。重述一下，葛兰西强调，只有当特定的客观条件出现时，霸权才能形成。

可以推断，已建立新的国家形态的新兴社会团体的政治霸权的要旨，主要表现为一种经济秩序：它所包含的是以人为一方、以经济或生产世界为另一方的结构和现实关系的重组（1971：263，133）。

葛兰西不是一个决定论者。他认为，如果要建立霸权，客观条件是必要条件，但绝不是充分条件。客观条件已经出现，但是由于自主的政治或意识形态原因，霸权可能还未建立，正如意大利资产阶级那样。不过，客观经济基础不仅对建立霸权是必要的，而且对维持霸权也是必要的，"因为虽然霸权是伦理—政治性的，它也必须是经济性的，必须建立在由领导集团在经济活动的关键核心中所发挥的决定性职能的基础之上。"（1971：161）

如果人们据以意识到社会关系的意识形态使得他们的日常经验为广大群众所理解，那么，霸权，（或更准确地说）对剥削的同意，就能够得以维持。统治集团的利益必须与被统治集团的利益"真正协调起来"(1971：182)。包括马克思主义在内,没有任何意识形态能够履行它协调个人意志的功能,除非它能由日常生活、由阿尔都塞(Althusser,1971)所谓的"生活经验"不断证实。如果一种意识形态在日常生活中是以人民为导向的,它就必须表达他们的利益和愿望(Gramsci,1971：105)。少数个人可能会有失误,但是错觉不可能大规模地永远存在(Gramsci,1971：327)。意识形态霸权只有建立在物质基础上才能维持。

因此,问题是,霸权在什么物质条件下才能形成和维持? 如果霸权必须总是"真实的",如果表达这种霸权的意识形态必须符合真实利益和愿望,那么就必须具备某些物质条件。实际上,葛兰西很少关心霸权的这些物质条件。只有当我们通过寻找任何霸权分析必须赖以为基础的假定而进行推断时,这些物质条件才能得以重建。

资本主义、霸权和民主

对于葛兰西而言,霸权体系是资本家在被剥削者同意的情况下进行剥削的一个资本主义社会。同意并不意味着缺少暴力:对于葛兰西而言,持久地组织起来的物质力量总是构成同意的基础。然而,霸权体系是这种力量未明确显示的体系,因为对于维持资本主义的社会组织而言,它的使用几乎是不必要的。

葛兰西对霸权体系的描述被概括成两段话,详细引用如下,因为它们将引导随后的许多分析:

> 无疑,考虑霸权施加于其上的集团的利益和趋势是获得霸权的前提,必须形成某种折中平衡——换言之,领导集团应当做出某种经济—法团性质的牺牲。但是同样无疑的是,这些牺牲和妥协的做法并不能触动根本。因为虽然霸权属于伦理—政治的范畴,它也必须属于经济的范畴,必须建立在由领导集团在经济活动的关键核心中所发挥的决定性职能的基础之上。

特定集团的发展和扩张，被认为是并且体现为一种普遍扩张以及全部"民族"能量发展的原动力。换言之，统治集团根据从属集团的整体利益进行具体协调，国家生活被看做基本集团和从属集团的利益之间不稳固均衡（在法律层面上）的持续形成和取代的过程——在这一均衡中，统治集团的利益居于优势，但只是在一定程度上，也就是说在接近于狭隘的法团经济利益的地方停了下来。（1971：161，182）

因此，霸权只有通过在生产体系中占据一定位置——"关键核心"中的"决定性职能"，一个集团才能维持，在这个意义上，霸权必须属于经济的范畴。霸权意味着，这个集团的利益是与霸权施加于其上的那些团体的利益"具体协调"的：具体协调在这里意味着"从属"集团的利益在某种程度得到实现。这些集团赖以实现其利益的机制并不完全清楚：在第一段引文及其他很多地方，所提到的是由资产阶级作出的"牺牲"和"妥协"；而第二段意味着，政治（"国家生活"）是以这样的方式组织起来的：各个集团在既有制度内（"法律层面上"）为实现自己的利益而斗争。最后，只有当妥协结果能在明确规定的限度内找到，霸权才能维持：利润不能降到为积累所"必不可少的"水平之下，然而它们也不能大到使资本主义表现出是在维护特殊（"狭隘的法团经济"）利益的地步。

在什么意义上，资本主义生产体系为资产阶级或它的一部分的霸权提供了经济基础？资本主义是一种社会组织形式，在这种组织形式中，整个社会都依赖资本家的行动。这种依赖的来源具有双重性。第一，资本主义是一种体系，在其中，生产以满足其他人需要为取向、以交换为取向，这意味着，这种体系中的直接生产者仅靠自己是无法生存的。第二，资本主义是这样一个体系：全部社会产品的一部分被从直接生产者那里扣取下来，以利润的形式给生产工具所有者带来增长。那些没有生产工具的人必须把他们的生产能力出卖给资本家，尽管他们可以自由选择卖给哪个资本家。他们获得工资，但工资并不是他们所生产产品的任何一部分的名称，而只是获得任何商品和服务的一种媒介。作为继续被雇用的一个条件，他们必须生产出利润。

雇佣劳动者作为直接生产者对于产品的分配没有提出制度性的权利主张，在此意义上，产品是私人占有的。资本家作为利润的占有者，在多种制约条件下决定如何分配产品，特别是要决定把哪一部分利润用于投资，投资到哪里，如何投资，何时投资。这些分配受到以下事实的限制：资本家（个人和企业）互相竞争，并且这种竞争是在资本作为一个整体的层次上来调节的。

任何经济体系的一个技术性事实是，发展不可能长期维持，除非部分产品从直接消费中扣留并分配用来提高劳动生产率。[5]识别出一个体系是资本主义体系的依据是，从当前消费中扣取的部分，在很大程度上是来自从直接生产者那里扣留并根据私人资本的偏好进行分配使用的部分。[6]正如森岛（Morishima，1973：621）所指出的："（1）资本家剥削工人……（2）资本主义体系是可获利的……（3）资本主义体系是生产性的，这三个命题都是等价的。"尽管在任何经济体系中，（再）投资对于持续的生产、就业和消费而言是必要的，但在资本主义体系内，利润是投资的必要条件。如果资本家不占有利润，如果他们不进行剥削，生产就下降，消费水平就降低，其他集团的物质利益也不能得到满足。在资本主义条件下，资本家物质利益的当前实现，是其他任何集团物质利益未来实现的必要条件。

资本主义生产体系的这种组织，为资本家阶级或其某些部分的意识形态霸权和政治霸权的组织提供了基础。在资本主义生产组织下，资本家是作为普遍利益的承担者而出现的。任何集团改善其当前生活条件的需求，都不利于整个社会的未来利益，而当前与未来之间的这种权衡，被制度化为工资与利润之间的冲突。此外，由于资本是生产的一种必要条件，利润是作为资本的报酬出现的，对于未来分配没有任何更多的义务。[7]最后，由于组织生产过程的权威依赖于生产工具的法律资格，权威与劳动分工之间的关系作为任何生产的一种技术必需而出现。[8]

在资本主义条件下，当前工资与当前利润之间的冲突，不仅构成了一个社会在当前与未来之间的权衡，不仅构成了在消费与投资之间的选择，而且构成了当前工资与未来工资之间的一个权衡。如果工资未来增加，社会产品的一部分和组织生产的相关权威必须脱离直接生产者的控制。因此，在资本主义体系中，资本家处于一种独特的地位：他们代表未来的普遍利益；而其他所有集团的利益都是作为特殊利益出现的，因而不利于未来的发展。整个社会在结构上依赖资本家的行动。

然而同时，资本家利益的实现，也不是满足任何人未来利益的一个充分条件。现在以及某个特定时期的工资承诺已经做出（无论工资是事前支付还是事后支付），生产现在也在进行，而利润也由资本家占有。利润可能转变为未来社会产品的增加，但在一定约束条件下，它也可能被资本家消费掉，或进行非生产性投资，或出口到其他地方。另外，即使利润被有效地配置来提高生产率，但是在资本主义条件下，没有哪个特定的集团能确保从过去的剥削中受益。没有什么关于资本主义生产体系的结构性事物能保证任何特定集团的未来利益得到满足。资本家对利润的占有，是任何集团利益在未来实现的一个必要但非充分的条件。

然而，葛兰西说，霸权预先假定了某些集团、而不是统治集团的利益已得到某种程度上的满足。并且如果资产阶级的利益与其他阶级或其中部分人的利益是"具体协调"的，那么，必须形成这些利益可以借以找到某种实现方式的某些机制。如果资产阶级的确作为统一行为体，那么决定什么程度的妥协对霸权是必要的，并且如果它对个体资本家施加自我约束的话，"退让"（concessions）就能构成这样的机制。一种自主的专政也能迫使资本家做出这种退让。退让或牺牲确实是葛兰西在其论述中使用的术语。然而，在大多数西方国家，正是民主构成了这种机制。

霸权被组织成为制度性条件，这些条件允许那些其劳动在任何时刻都以社会的利润形式被榨取的人以某种特殊方式为产品的分配而斗争，这些产品的增加可能是由这种利润促成的。特别是，当实现物质利益的斗争以使得斗争结果对于各个集团在生产体系中占据的位置而言具有某种程度的不确定性的方式得以制度化时，霸权就形成了。这种社会关系的组织构成了"民主"。资本主义民主是政治关系的一种特殊组织形式，在此组织形式中，冲突的结果处于不确定的限度之内，尤其是，在此组织形式中，这些结果并不完全由阶级状况所决定。

在一个民主体系内，冲突会产生结果，因为民主是一个能结束冲突的体系（Coser, 1959）。具体的制度，诸如选举、集体谈判，或法院，构成了终止一个社会中出现的集团间冲突的机制，尽管有时只是暂时的。在缺少集体谈判安排的情况下，只有当其中一个政党经不起继续这场冲突时，罢工才会终止。在没有选举的情况下，社会精英之间的竞争采取的是可能无限期延续的"权力斗争"的形式。另外，在缺少这些制度的情况下，对集团利益而言重要的冲突，通常要在一场物质力量对抗之后才能终止。民主允许这样的冲突以一种先前有过的特定方式、按照明确的标准、并且常常在一个特定的时间内终止下来。物质力量尽管永远是有组织的，但当一个党在冲突时没有遵守规则或不承认这种结果时，它会体现出来。

与任何体系一样，民主构成了特定集团的行动与这些行动对集团的影响之间的一种关系。冲突被组织起来：它们的结果与各种集团采取的策略的特定结合有关。面临着遭到镇压的莽撞的罢工行为，其结果不同于以接受工资要求和限制就业作为反应的罢工。当罢工关注的是得到组织的权利，而不仅是关心工资需求的时候，其结果是不同的。

行动的某些路线被排除在可采纳的策略之外。这些路线被排除是基于以下意义上的：如果任一集团都诉诸物质力量，它们可能被合法地使用。这样使用力量受到了事先制定的规范的调整，它能普遍地适用于意外情况。如果它们被限于作为先前冲突结果而建立的标准所界定的意外情况，它们就在一个特定体系中被认为是合法的。因此，合法性在这里并不是指执行者或遭到镇压的受害者的任何心理状态，而仅仅是指力量的使用与规定它何时能够使用和应该使用的规则之间的一致性。然而，由于物质力量在这种偶然性的预期中永远是被组织起来的，那么这种力量将成为自主力量的潜在可能性，就是一个民主体系中所固有的。

某些行动路线的排除，是冲突的任何制度化中所固有的。当集体谈判获得了契约的身份时，某些罢工就变为非法的，并且因而可能遭受物质力量的潜在使用。在开展选举的地方，选择政党领导人的所有其他方法都成为"反议会的"。引用葛兰西的话就是："在宪法上禁止军队从事政治活动是不真实的：军队的职责确切地说就是保卫宪法——换言之，就是保卫国家的法律形式及其相关制度。"（1971：212）然而同时，民主不能以为每个参与者预先确定策略的方式来组织。某些自由选择——即不是只有一种行动路线——必须对所有参与者都是可用的。

没有理由假设，对应于一种策略结构形态的各种结果的次序是如此之强，以至于每一种结合都单独地决定这种结果。相反，同样的结果可能与各种各样的策略结构形态相联系。然而，如果策略是要影响结果，则必然有某种常规可循。民主不能以所有策略组合都造成一种结果并且只有一种结果的方式组织起来，这种方式使得结果完全是预先决定的，并且无关于参与者所采取的行动路线。

因此，冲突的结果在某种程度上是非决定性的，因为每个参与者都有策略的选择，并且并非所有策略都导致同一结果。特别是，这些结果是不确定的。既然冲突的任何组织都构成了与行动相应的一系列结果，与每一套制度相联系的，必然也是冲突将导致特定结果的一种概率分布。因此，任何体系都优先考虑实现特定集团利益的可能性。选举安排、司法体系、集体谈判机制、大众媒体，甚至是大学入学体系或土地使用的管理，所有这些都构成了实现集团特定利益的事先概率分布。因此，民主构成了普兰查斯（Poulantzas，1973：104-114）意义上的一种政治权力组织：作为一个体系，它决定着各个集团实现其特定利益的能力。

因此，尽管一个特定集团的利益在一定程度上以某种特殊方式得到满足的可能性，是先验给定的，但冲突的结果并不完全是由参与者在生产体系中所占据的位置确定的。这些结果在某种程度上是不确定的。在经济的、意识形态的和组织的资源的分布给定的情况下，冲突被组织的方式决定着哪一种利益可能得到满足，哪一种利益可能得不到满足，并且重要的是，哪些种类的利益完全得不到满足。潜在结果的变动范围是一个民主体系的特征。

因此，在一个民主体系中，没有哪个集团总能确信其利益将会得到实现。正如一份智利报纸在阿连德当选总统后指出的，"没有一个人能预料到，一个马克思主义的总统会通过一种秘密的资产阶级的选举权选举出来"（*El Mercurio*，October 17，1970）。所有人都必须继续斗争。他们的机会是不均等的，但它们既不是预先决定的，也不是永远不变的。民主宣告了所有集团在政治上的软弱无能，因为没有一个集团能够一劳永逸地保证它的利益。在结果面前，所有人都得俯首屈服。民主产生了看起来矛盾的结果：一次有利于一个集团，一次有利于另一个集团。它在增强资本家经济权力的起因的同时，又持续地抵消这种权力的政治影响。它站在社会之上，不是靠剑，而是凭借可能的分配机会。

最后几句话意译了马克思关于波拿巴式专政所不得不说的话。马克思认为资本主义民主不会持续下去，他把专政看作资本主义国家的唯一形式，其中，资本家可以追求自己的私人利益，而同时在政治上得到保护免受他们自己和其他阶级的损害。但是，在民主持续存在的情况下，它已经成为资本主义国家的一种相对自主的形式：所谓自主，由构成处于生产系统内团体的权力的概率分布所决定。民主是现代的波拿巴。[9]

民主体系中所固有的不确定性，构成了所有人实现其某些物质利益的机会。民主是一个社会机制，通过这个机制，任何人作为一个公民，都能表达他对扩大商品和服务的要求，因为社会产品的一部分在过去已经从直接生产者那里提留下来。尽管作为直接生产者，雇佣劳动者对产品没有提出制度性的要求，而作为公民，他们能够通过民主制度提出这样的要求。此外，作为公民，他们还与直接生产者相区别，他们能够干预生产的组织和利润的分配。

这种机会是有限的，然而却是真实的。它影响积累率，缓解市场运作，避免为工资而竞争，弥补劳动生产率的提高对就业的影响，使个人平等地进入某些服务领域，为老年人获得某些保障。并且即使这种机会是有限的，它仍是被组织起来的唯一机会，是可以集体利用的唯一机会。

正是这种不确定性把各种集团纳入了民主制度。既然冲突的结果在限制内是不确定的，参与就成了实现集体利益的一种工具。所谓参与，就是好像特定行动路线会对人们利益的实现产生影响那样采取行动。因此，不确定是参与的一个必要条件。如果结果是预先决定的，不管是由经济资源的分配、还是由法团主义的安排、或者由其他原因所决定，那么任何集团都没有理由作为参与者组织起来并且保持组织性。如果冲突的结果是完全不确定的，也就是说，如果它们与参与者采取的行动路线毫无关系，也同样没有任何参与的理由。[10]

同时，参与是以在资本主义范围内实现物质利益为取向的。在一个社会，如果从当前消费中扣留不是改善任何特定集团物质条件的一个充分条件，民主社会中固有的机会就会把政治活动集中在物质问题上。

物质利益冲突并不限于对分配的冲突。既然任何集团满足未来物质需要的能力在根本上取决于资本家投资规模和投资方向的决策，那么民主就成为任何人作为公民都可以借以影响这些决策的一种体系。既然特定团体的利益在某种程度上实现的可能性依赖于冲突得以组织的方式，那么关于物质利益的冲突就必然会扩大到对于政治的组织。[11]因此，尽管在资本主义民主国家，政治确实是"谁得到什么，何时得到，如何得到"的问题（Lasswell，1936），或者说是确立对国民产品要求的优先权的过程（Bottomore，1966：92），然而，冲突也涉及生产的方向和对政治的安排。

把政治简化为物质利益，是资本主义民主中所内在固有的。如果物质需求的满足导致冲突，物质需求就必然明显是紧迫的。但是这种还原的原因是结构上的：物质条件未来能否改善，这种不确定性导致寻求直接的保障。如果利润是未来改善物质生活的一个充分条件，任何集团都可能参加这种对于食利资本家可取的相对确定的权衡：它可以在按 6％将其部分收入用于五年投资和按 8％将其部分收入用于十年投资等等之间进行选择。任何个人或集团都能确切地假定，他们的物质条件将在一定时期内和一定程度上得到改善。的确，各种各样的"社会契约"，主要是那些把工资增加与生产率增加绑在一起的社会契约，其目的就在于创造这种确定性，同时将利润保持为从当前消费中扣留的形式。

然而，这样的社会契约不可能持续，除非它们被强制执行，因为资本主义民主把任何集团都置于囚徒困境的状态。对于任何集团而言，在当前拥有增进自身利益的保障，并且只是在不确定的未来与其他集团一起参与，才是有利的。任一集团，如果享受了工资的增加，而其他集团为提高生产率而付出代价，这个集团就在这个体系中处于最佳地位，因为通过这种方式，它使其当前收入和未来增长的可能性都得到最大化。因此，每个团体都参与到政治当中，试图使其当前消费和投资总量最大化。但某些人必须为积累的成本付出代价。因此，物质利益的满足，既不能被推延也不能授权他人，因为民主所提供的只是机会，而不是保证。只要存在着物质需求，政治冲突就会集中在物质问题上。

因此，资本主义民主是一个体系，在这个体系中，私人占有的利润表现为从当前消费中扣留的部分产品的形式，对它的依赖，是关于实现物质利益的有些不确定的冲突的基础。同时，资本主义民主把政治活动构建为政治参与，并且把政治冲突简化为短期物质问题。它引起了物质利益冲突，同时又把冲突还原成这些问题。正如博诺米（Bonomi，1975：993）指出的，霸权的代价是必须忍受一定的冲突，但与此同时，霸权的影响是只有一定的冲突受到组织。在这个意义上，民主提供了"壕沟"。

不仅作为国家的组织，而且作为市民社会中社团的复合物，现代民主的庞大结构为政治的艺术而形成，似乎它是战地前线的"壕沟"和永久防御工事：它们仅仅使通常作为战争的"全部"的运动要素"部分"地呈现出来。（Gramsci，1971：243）

雇佣劳动者同意的再生产

在资本主义社会，资本家利益的实现是其他任何团体利益实现的一个必要条件，而不是充分条件。社会组织作为一种资本主义体系，其与资本家利益之间的客观关系，开创了建立霸权体系的可能性，在这一体系中，资本家阶级被认为体现了普遍利益，政治冲突被构建为与物质利益在资本主义范围内的实现有关的冲突。这种霸权体系被组织为一种资本主义民主，并在以下意义上构成了阶级妥协的一种形式：在这个系统中，无论是个体资本利益的总和，还是有组织的雇佣劳动者的利益，都不能超越特定的限度加以违背。

只有在雇佣劳动者"同意"资本主义社会组织的条件下，这种妥协才能被再生产。"同意"这个词通常被用来避免常常与合法性概念相联系的唯心主义含义。构成资本主义关系再生产基础的同意，并不是由个体的心灵状态构成，而是由组织的行为特征构成的。它不应当被理解为心理或道德的概念。同意是一个认知和行为上的概念。[12]社会行为者，包括个体的和集体的，不是带着他们简单实施的"癖性"（predispositions）而四处行进的。社会关系构成了人们在其中觉察、评价和行动的选择结构。当他们选择特定的行动路线，以及当他们在实践上遵循这些选择时，他们就是同意了。当雇佣劳动者采取行动，好像能在资本主义范围内改善自己的物质条件，他们就对资本主义社会组织表示了同意。更明确地说，当他们集体地行动，好像资本主义是一种正和（positive-sum）博弈，也就是说，当他们选择与资本家合作的策略，此时他们就是同意。[13]

　　葛兰西断言，当以生产工具私人所有制为基础的霸权体系产生了在某种程度上满足各种团体的短期物质利益的结果时，同意就能得到再现。所以，在这种观点看来，一种特殊形式的社会关系的再生产，是以在这些社会关系中组织起来的冲突的结果为条件的。这在理论上是一种激进的回答。当这种观点与那些把社会安排的特殊形式——不管是市场还是民主——归因于关于这种组织形式的某种神秘的先在协议、契约或一致意见的理论形成反差时，它的深远意义就变得明晰起来。[14]对葛兰西而言，没有什么先在的共识是必要的。只有后天经验的同意才是资本主义社会秩序的根本。这种同意是在社会层面组织起来的：社会和政治组织的整个大厦被建立起来，这样才产生了这种同意。然而，这种同意不可能无限地维持下去，除非它与那些同意的实际利益相符。用葛兰西的话说，合法律性（legality）不是同意的充分条件。[15]即使合法性（legitimacy）构成了"接受关于尚不确定的同意的决定的普遍意愿"（Luhmann，1975：28），这种意愿也必须通过同意来持续加强。"合法性"只不过是收回同意的一种悬置。它仅仅提供了一个时间水平线，超过这个水平线，如果它没有发现物质利益上的真实的必然结果，这种同意，无论它组织得多么彻底，都将不再被准予。

　　因此，对现存社会关系的同意总是暂时性的。"意识形态的终结"从来不可能发生：没有哪种社会秩序是一劳永逸地给定的。对资本主义的同意永远是有条件的：存在着物质限制，超出这个限制它将不会被准许，而且超出这些限制就可能出现危机。

　　雇佣劳动者同意的再生产，要求他们的物质利益在资本主义社会内得到某种程度的满足。雇佣劳动者把资本主义看作他们能改善物质条件的一种体系：当他们在一个特定时期因部分社会产品以利润形式从当前消费中预扣下来而受益时，他们便作为参与者组织起来并采取行动，好像资本主义是一种合作体系。资本家保有扣取部分社会产品的能力，因为他们占有的利润被预期用于储蓄、投资、转换为生产潜力，以及作为收益把一部分分配给其他集团。

很显然，这些都不是"储蓄"——当工人把他们的部分工资作为银行存款借给资本家时，经济学家使用的术语。当工人用工资储蓄时，他们决定是否这样做，并且至少事先知道名义回报率。另一方面，当雇佣劳动者同意资本主义制度时，他们既没有决定是否有部分产品将会从他们那里扣除，也没有决定扣除多少产品，更没有以任何方式保证当前利润以某种比率转换为未来的工资。

帕西内蒂（Pasinetti）批评了卡尔多（Kaldor，1970）建立的经济增长模型，他注意到这个模型存在着一个逻辑上的疏漏，因为工人虽然进行储蓄——用经济学家的话说——但是并未从他们的投资中得到任何回报。帕西内蒂进一步说：

> 由于所有权赋予所有者一个利率，如果工人进行储蓄——从而拥有一部分资本储备（直接或通过借钱给资本家）——那么，他们也将得到全部利润中的一份……通过把所有的利润归于资本家所有，它（卡尔多的理论）并非故意但是必然意味着工人的储蓄总是全部作为礼物转给了资本家。这显然是荒谬的。（1970：96）

但是为什么停在那儿呢？如果雇佣劳动者没有预期到利润将转化为物质条件的改善，他们的收获就将比产品要少，难道这不荒谬吗？如果在某一可预见的未来，不存在实现其物质利益的现实可能性，他们将会同意资本主义关系，他们将不会运用其政治权利去争取"社会解放"，这难道不荒谬吗？但是，如果同意的再生产确实要求利润随着时间的推移转换成雇佣劳动者物质条件的改善，那么，在过去的利润史给定的情况下，在任何时刻都必然存在着一种为同意的再生产所必需的最低限度的工资增长水平。这种水平并不是由过去的利润史唯一给定的，因为它取决于雇佣劳动者组织的经济斗争性。然而，最低水平的物质利益的实现，是同意的再生产的一个必要条件，并且这个水平是过去利润的一种功能。

这种最低水平可以按照下面这个方式来思考。令 $P(t-v)$，其中 $v=0，1，2，\cdots$；t 代表资本家在过去各个时期所占有利润的历史。令 r 表示组织化的雇佣劳动者的经济斗争性；特别是令它表示，如果要再生产同意，当前利润的多少比例必须被转换成工资的增长。这样，如果要再生产同意，时间 t 与时间 $(t+1)$ 之间的工资增长至少必须为 $\Delta W(t)$。在简化的情况下，下式可能是正确的：

$$\Delta \hat{W}(t) = rP(t) \tag{1}$$

其中　　$r>0;t=0，1，2，\cdots$

给定差异的定义，Δ，在时间 t 时再生产出同意所必需的工资水平由下式给定：

$$\hat{W}(t) = W(t-1) + rP(t-1) \tag{2}$$

这个规律断言，如果同意被再生产，工资必须至少等于过去利润的一个给定比例，其中，这个比例取决于雇佣劳动者组织的经济斗争性。

这个规律所描述的是同意的经验的物质条件，即雇佣劳动者对他们已经获得的工资的反应方式。特别是，$\hat{W}(t)$ 被假设为代表雇佣劳动者物质利益的满足水平，低于这个水平，他们对资本主义制度的同意就会崩溃。反之，只要工资超过这个水平，同意就能够被再生产。

积累与合法性

霸权由得到同意的剥削所构成。这种同意不是人工制造的。同意必须建立在一个物质基础上：如果雇佣劳动者采取行动，似乎资本主义是一个合作体系，那么，他们的物质条件必须作为过去剥削的一个结果而得到改善。因此，如果要维持霸权的话，雇佣劳动者的物质利益在任何时刻都必须在某种明确的程度上得到实现。

因此，合法性在霸权资本主义社会构成了一个对积累的永恒制约。所要考察的问题是，在什么条件下，同意的再生产必然会导致积累的危机。

众所周知，马克思认为，利润率进而资本主义积累率在资本主义发展过程中必然呈下降趋势，即使当工资保持在——尽管是由历史决定的——维持生存的水平时也是如此。马克思的观点与资本家与工人之间的分配无关（尽管它依赖作为利润的剩余价值在资本家之间的分配），正是因为它建立在内生决定的工资水平的假定上。然而，不管马克思关于利润率的观点是否有效，现在有足够的证据表明，工资水平不是单独由生产体系内生决定的，而且实际上，在过去的一百年中，工资比任何语义不重复的改变生计定义所允许的增长都要快得多。

因此，所要考察的问题是，如果工资在同意的再生产的水平而不是维持生计的水平上形成，利润率（以及积累率）是否必然下降。更具体地说，我们将要探究的是：由于合法性的要求，利润率是否必然下降，甚至当它不因资本主义生产组织内在原因而下降时，是否也如此。反过来的问题是，在积累持续进行的资本主义社会，同意是否能被再生产，即持续进行的积累是否必然产生同意的危机。

为了考察这些问题，引入至少与资本主义经济体制的短期动力有关的某些假定是有必要的。假定把焦点集中在由合法性的要求所导致的利润率的下降上，通过选择一个经济模型来简化这种分析似乎是有道理的，在这个经济模型中，利润率未因马克思的非分配因素而下降，并且工资是外生决定的。在适度简化的情况下，我们首先假设，全部国民总产品在每个时期都被划分为总利润（即资本的替代成本加剩余价值）和工资，即

$$Y(t) = P(t) + W(t) \tag{3}$$

其中，$Y(t)$ 代表总产品，$P(t)$ 代表总利润，$W(t)$ 代表工资。再进行一些简化，利润代表资本家占有的那部分国民总产品，包括在每一生产周期中所耗费的资本的再生产成本和剩余或净利润，而工资代表就业者所得到的全部收入。

其次，我们假定，总产品的动态由下式决定：

$$Y(t+1) = (1+s/c)P(t)+W(t) \tag{4}$$

其中，s 代表来自（总）利润的储蓄率，c 是（总）资本/产出率。[16]
源自工资的储蓄率——典型地可以忽略不计（Kaldor，1970）——为
零。这种表述的逻辑如下：资本家把他们（总）利润中的一个比例 s
用于储蓄，并把它投资于一个经济，在这个经济中，一个额外单位的
产出必须要有 c 单位的资本投入。注意，s 和 c 这两个参数具有资本
家行为的特征：在配置投资时，他们注重节约和效益。工资被当作外
生物，反映了这个模型的新李嘉图主义（neo-Ricardian）方面。它们
被认为是部分地是由前述的民主机制所决定的，这样，我们可以一般地
认为工资的实际水平具有一个事前概率分布 $W_i(t)$ 的特征。

现在的问题是，当工资在无论何时都等于同意能再生产的水平
时，即，当对于所有 t 来说，

$$W(t) = \hat{W}(t), t = 0,1,2,\cdots \tag{5}$$

其中在这样的一个资本主义体系中会发生什么？

既然工资的同意再生产水平取决于雇佣劳动者的经济斗争性 r，
现在这个参数就决定了工资的实际水平。

根据这些假定，我们现在可以考察积累与合法性之间的动态关
系。总的结论如下：当雇佣劳动者相对于资本家的节约和效益而没有
经济斗争性时，那么利润呈指数增长，工资和总产品也呈指数增长，
分配变得对工资有利而上升到一个确定的点。当雇佣劳动者具有温和
的经济斗争性时——总是就相对于资本家行为而言的——那么，利润
以不断递减的比率下降，而工资和总产品以不断递减的比率增加，工资
的份额趋向于 1。最后，当雇佣劳动者具有很高的经济斗争性时，工资会
暂时增加，然后几乎下降到其最初的水平，而在工资增加的那段时间里
利润迅速下降。总产品会短暂地增加，然后几乎下降到其最初的水平。

因此，这些结论意味着，在雇佣劳动者不具有经济斗争性的条件
下，甚至当工资一直都足以再生产同意的时候，持续的资本主义积累
都是可能的。换言之，分配的冲突并不必然导致利润率的下降，哪怕

是在工资足以产生合法性的时候。同意总是能够得到再生产，并且积累能够平稳进行，这样的资本主义体系从分配的观点来看是可以想象的。

然而，当其同意正在被再生产的雇佣劳动者至少具有温和的斗争性时，由于分配的冲突，利润率会下降，积累的受阻也相随而来。当他们具有温和的斗争性时，利润率下降的长期趋势作为合法性的结果接踵而至。当雇佣劳动者具有高度的斗争性时，只有当资本再生产的成本没有回到资本家那里，即当资本主义积累的基本条件没有被再生产时，同意才能被再生产出来。

经过一段足够长的时间，不具斗争性的雇佣劳动者物质收益最好。既然能够使同意得到再生产的工资水平因过去的利润而产生，既然当雇佣劳动者不具斗争性时利润迅速扩展，那么，实际的工资就随着积累的进行而不断增加。此外，工资典型地是按国民总产品的一个比例而增加的。在图4—1所示的例子中，工资的份额最初占国民总产品的50%，到第32个周期结束时，爬升到74.12%，最终达到86.31%。不仅就对生产过程的控制而言，甚至就对个人收入的分配而言，这都仍然是一个不平等的社会。假定（非制度性的）资本家占所有家庭的3%，在第32个周期结束时，他们的家庭个人收入仍然比余下97%人口的普通家庭收入大5.66倍，如果这个过程永远持续下去，它仍将大2.55倍。的确，只要利润（和产品）持续扩展，资本家就个人而言就比其他人更富裕，而且他们中的某些人可能过得更好。由于在资本主义制度下，甚至贫穷往往也是倾向于不平衡分布的，所以这种不平等可能是非常令人烦恼的，但是它们确实会持续减少，直至工资达到总产品的大约84%。更重要的是，个人收入的再分配对雇佣劳动者生活条件的改善几乎没什么影响。如果个人收入在第32个周期结束时是均等的，工资资金的总收益将为33.64，等于前五个周期增长所产生的收益。

然而，根据我们的模型，当雇佣劳动者不具有斗争性时，资本家的个人消费仍然处于高水平$(1-s)P(t)$，这个事实不仅意味着不平等，而且意味着无效率。资本家消费的那部分利润大约占1/2，是从

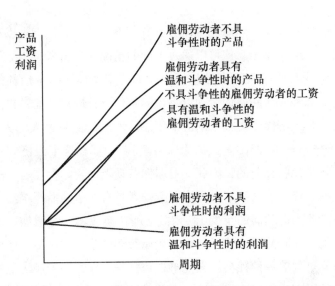

产品
工资
利润

雇佣劳动者不具
斗争性时的产品

雇佣劳动者具有
温和斗争性时的产品
不具斗争性的雇佣劳动者的工资
具有温和斗争性的
雇佣劳动者的工资

雇佣劳动者不具
斗争性时的利润

雇佣劳动者具有
温和斗争性时的利润

周期

图 4—1　当 $s/c=0.10$，$r=0.08$ 和 1.0 时，产品、工资和利润的动态

积累中抽出的一部分。如果资本家作为个人只像其余的人那样生活，或者更确切地说，如果从直接生产者那儿扣取的那部分总产品全部用于投资，增长率将会更高。一般而言，源自利润的个人收入与源自工资的个人收入之间的不平等意味着，在其他条件相同的情况下，消费随时间推移的增长，低于在一个平均主义社会中所能实现的消费的增长。如果当前消费总是以未来消费为代价，那么资本家的消费付出的代价就会非同寻常地高。即使当雇佣劳动者不具有经济上的斗争性时，积累也以尽可能快的速度进行，资本主义增长也不是最理想的。

尽管从长期来看，不具斗争性的雇佣劳动者会好起来，但是在这个词的博弈论意义上，从中期来看，温和的经济斗争性仍是一种占主导的策略。图 4—1 表明，当雇佣劳动者具有温和的斗争性时，他们在前 22 个周期比那些较少斗争性的雇佣劳动者生活得要好些。不管是用集体契约的存续期间、选举间隔，还是用年来衡量，这都是一个长时间周期：它至少代表一代人。因此，趋于斗争性的压力被构建成跨期权衡的结构。还要注意，温和的经济斗争性的结果是利润率和积累率的长期下降。

然而，温和的经济斗争性在任何长于数年的时期都支配着一种更具有斗争性的立场。当雇佣劳动者具有高度斗争性时，工资以利润为代价而首先迅速增长。这可以通过下面的情况体现出来：当 r 至少像 $(1+s/c)$ 那样大时，只有在包括生产的特定循环过程中消耗的资本在内的全部利润转到雇佣劳动者手中的条件下，同意才能被再生产出来。在一个经济体中，如果来源于（总）利润的储蓄率大约为 0.40，（总的增量）资本/产出率大约为 4，$r=1.1$，那么这个经济体在这个意义上将是没收充公的。因此，对雇佣劳动者而言，存在着一种纯粹经济上的反资本主义策略。当雇佣劳动者具有斗争性而拒绝与资本合作时，除非当前利润的至少110％被立即转换成工资的增加，否则一场危机就近在眼前了。然而，除非雇佣劳动者收入的这种突然增加伴随着积累过程的一种社会主义变革，否则它将导致一场经济危机。随着利润的下降，投资也将下降，最终总产品、就业和消费都将下降。在没有政治变革伴随时，经济危机就会落到雇佣劳动者肩上，经济复苏的成本将表现在工资或就业，或这两个方面。

图4—2显示了与雇佣劳动者所采取的不同策略相关的工资的演变。最不具斗争性的雇佣劳动者——当仅有1％的当前利润转换成工资增长时，他们的同意就能被再生产出来——在几乎50个周期后状况最佳，但是在较早时期，他们没有更具斗争性的雇佣劳动者状况好。当雇佣劳动者满足于8％的当前利润时，工资仍将无限期地持续增长，但是正如我们在前面所看到的那样，对于长达22个周期的长时期来说，这样的雇佣劳动者的状况就会变得糟糕，比不上只有以10％的当前利润才能再生产出同意的那些具有稍多斗争性的雇佣劳动者。然而，当雇佣劳动者变得具有高度斗争性时，在资本主义制度下，经过几个周期他们的状况就会好转，而在未来其状况又会持续恶化。因此，温和斗争性的策略在任何合理的时期内都占据着主导地位：高度斗争性产生经济危机，低斗争性则把收益推迟到遥远的未来。因此，在资本主义条件下，尽管存在着一个持续的利润率（和积累率）的可能这一事实，人们也应当预期到由工资所引起的，或更确切地说由合法性所引起的周期性行为。当雇佣劳动者具有温和的经济

斗争性时，资本主义的合法性导致了一种"利润的减少"（profit squeeze）（Glyn and Sutcliffe，1972）和积累的衰退。

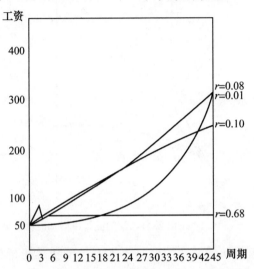

图 4—2　当 $s/c=0.10$ 时，与雇佣劳动者不同程度斗争性相关的合法工资的演变

　　然而要注意，关于雇佣劳动者的斗争性对于利润和工资演进的影响的所有陈述，都取决于资本家关于储蓄和配置投资的行为。当资本家以这样一种方式来投资——生产一个额外单位的产出只需要更少的资本，特别是，当他们把利润的更大比例用于储蓄时——工资能较快地增长且不会引起积累的衰退。图 4—3 显示了当同意的再生产要求把 17.08％的当前利润立即转换成工资增长，并且当 s/c 从 0.05 增加到 0.10、0.20，并最终增加到 0.30 时，合法工资的动态。

　　既然当 s/c 更高时——这在实践中就意味着资本家源于利润的储蓄率更高，工资增加更快，那么，在资本主义条件下，雇佣劳动者通过他们作为公民的身份影响资本家这个方面的行为，就成为他们的根本利益。投资税信贷、未分配利润和已分配利润的差别税制、加速折旧进度表是可以在一定程度上有效影响资本家的储蓄行为的手段。劳资之间的博弈并不限于分配领域，因为与兰卡斯特（Lancaster，1973）的观点相反，雇佣劳动者确实能一定程度上控制资本家的储蓄行为。这

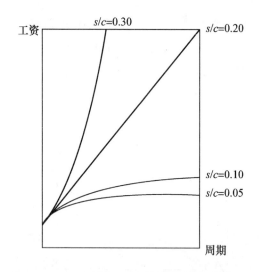

图4—3 当 $r=0.170\,8$ 和源自利润的储蓄率增加时合法工资的演变

意味着在雇佣劳动者的斗争性与资本家的消费之间存在着权衡。例如，斗争性从 $r=0.10$ 减少到 $r=0.08$ 对合法工资的影响，经过四个周期后可以通过 s/c 从 0.10 提高到 0.125 得到补偿。如果我们假定 $c=2$，这意味着，当资本家的消费率从总利润的80%减少到75%时，具有较少斗争性的雇佣劳动者的合法工资将保持不变。因此，博弈在下述意义上是合作性的：雇佣劳动者要求合法的工资水平而以斗争性相威胁，资本家则要求增加源自利润的投资而以增加消费相威胁。

但是，整块"馅饼"在资本主义条件下的增大这个事实本身并不重要，因为如果工人得不到增加馅饼的任何一部分，博弈仍将是一个非合作性的博弈。在短期，"剥夺剥夺者"仍将是工人的利益，因为如果利润为负，他们过得并不会更差。资本主义体系的合作性质本身，并不能构成雇佣劳动者与资本家之间的博弈的合作性质。当且仅当雇佣劳动者定期获得可能由于过去的受剥削而增加的某一部分时，才能合理地预期他们不会采取立即没收资本的不合作策略。当且仅当工资在一个合法的水平上形成，并且不存在立即进行社会主义积累的政治条件时，这种冲突才会成为一种合作性的冲突。在那些条件下，而且仅在那些条件下，以牺牲利润为代价的短期内增加工资的策略，受到温和斗争性策略的支配，并且仅在那些条件下，合作才是可能的。

　　不用说，如果雇佣劳动者能够获得较高收入，并将这些收入配置到社会主义积累中去，他们会总是生活得较好，由此他们就能直接控制投资率。资本家愿意投资而无须对工资进行权衡，就成为必然。然而，社会主义积累在更长时期更有效这一事实，并不意味着对短期内改善其物质条件感兴趣的雇佣劳动者将必然选择社会主义变革。这样的一种变革很可能产生一场经济危机，在此期间，雇佣劳动者的物质条件将会受到不利的影响。因此，社会主义变革的政治条件并不总是现成的。

紧要关头和危机

　　既然冲突的结果由于组织成为民主体系而具有不确定性，从前面的分析中得出的结论仅仅确立了持续的资本主义积累的可能性。如果源于分配冲突的工资结果在每个时刻都恰好足以再生产不具经济斗争性的雇佣劳动者的同意，那么，积累不受由分配冲突所引起的危机的影响就是有可能的。但正是因为如果民主能够有效地引起参与，它就必然允许不确定性存在，所以即使危机可能被避免，它们也是可能发生的。因此，即使雇佣劳动者不具斗争性，没有危机的积累也绝不是确定无疑的，或者说它只是一种可能性。

　　积累的分配性危机这一概念，内含于前述的决定论的长时期分析中。当实际工资下降到低于再生产同意所必要的水平 $\hat{W}(t)$ 时，同意的危机就会随时发生。为了说明一种具体的历史危机形势的特征，仍然要确定这种体系对于利润的最低需要。令积累所必需的当前利润水平持续地保持在一个固定比率 $\hat{P}(t)$ 上。

　　因此，当工资需求和利润需求之和大于总产品时，即

$$\hat{W}(t)+\hat{P}(t)>Y(t) \tag{6}$$

一场分配性危机就会发生。如果工资固定地总是等于再生产同意所必要的水平，那么危机的发生将仅仅取决于雇佣劳动者的经济斗争性和资本家的行为。但是，分配性冲突的结果是不确定的，并且一场危机可能发生，即使它在 s、c 和 r 给定——即雇佣劳动者相对于储蓄率和技术效率而言不具有斗争性——的情况下是可能避免的。

雇佣劳动者同意资本主义关系，是因为他们预期利润会转换成他们未来生活条件的改善。这意味着，这里存在着一种为再生产同意所必需的工资水平。反过来，只要雇佣劳动者考虑过去获得的利润，那么如果在持续积累的同时再生产同意是可能的，就必须存在着一种最低水平的利润。未来的合法性需要当前的积累。如果工资低于最低水平并且（或者）利润不足以再生产同意并允许未来获得利润，一场危机就必然随之而来。

具体形势的分析可以通过几何图形得到最好的表达。一场危机可以如图 4—4 中所描述。让我们以下述方式想象图 4—4。正方形的边代表在特定时间的总产品 $Y(t)$。工资和利润分别在横轴和纵轴上衡量。假定产品被分成工资和利润，那么满足这个条件的任何分配必然位于对角线上，对此以下公式是正确的：

$$P(W) = Y - W \qquad (7)$$

因此，任何分配结果都可以表达为 $[W(t), \hat{P}(t)]$ 或 $[W(t), P(W)]$。$\hat{P}(t)$ 和 $P(W)$ 的交点被垂直投影在 $W(t)$ 轴上。这一点代表最高工资水平，条件（6）在这个水平上得到满足，如果它能被满足的话。这个工资水平是：

$$W^*(t) = Y(t) - \hat{P}(t) \qquad (8)$$

马上就可以发现，图 4—4 中所示的形势代表了一场危机：对角线 $[W(t), P(W)]$ 上的任何一部分都与两个最低要求中的一个相违背。如果工资水平是 $0 < W < W^*$，那么工资就低于 $\hat{W}$。如果工资水平是 $W^* < W < \hat{W}$，那么利润和工资都低于最低需要的水平。如果 $\hat{W} < W < Y$，那么利润就低于 $\hat{P}$。

然而，如果同意和积累的最低需要之和小于总产品，危机将会避

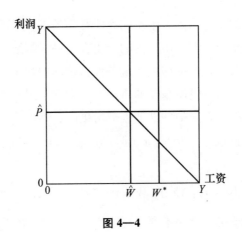

图 4—4

免。在图 4—5 所示的形势下，工资结果 $0<W<\hat{W}$ 导致同意的崩溃，而工资结果 $W^*<W<Y$ 则威胁积累。但是，在 $\hat{W}<W<W^*$ 范围内的任何结果都满足了这两种需要。因此，即使危机可能发生，这也不是一场危机的关头。

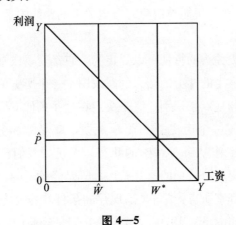

图 4—5

要注意的是，不管是在危机的关头还是在危机能被避免的关头，总产品是相同的。如果同意是以过去的利润史为条件的，那么危机在经济指标的层次上就是不明显的。当过去的利润比较高时，即在迅速增长时期，它们更有可能发生。

在进一步分析之前，我们来回顾一下前述的内容。我们已经发现，每一个历史时刻都是雇佣劳动者和利润攫取者过去的行动以这样一种方式构成的：总产品、生产同意所必需的工资水平、维持积累率所必需的利润水平，都是由过去的历史在这一时刻给定的。它们从过去继承而来，并且在当前作为客观条件在这样的意义上是给定的：它们独立于在这些条件下所采取的行动。人们确实创造了历史，但是他们是在从过去继承下来的条件下创造历史的。确切地说，这些条件是什么呢？它们构成了历史的每一时刻、每一个具体形势或"历史关头"，表述如下：

$$历史关头(t)：Y(t)，\hat{W}(t)，\hat{P}(t)，r，s，c \tag{9}$$

但是从过去继承来的这些条件，决定着在一个特殊时刻为维护或变革社会关系而出现的分配结果的后果。尽管从过去继承下来的条件这一点来看，实际分配结果是不确定的，但是这些条件决定着分配结果对于由这些条件产生的危机的路线图。危机关头是这样的关头：其中，为维护或变革社会关系的结果的路线图是：工资危机/工资和利润危机/利润危机。在危机能被避免的历史关头的路线图是：工资危机/无危机/利润危机。

因此，历史关头的特征可以界定为，它是变革或维护社会关系的结果影响其间发生的冲突的结果的路线图。一个历史关头总是可以根据具体的时间和地点来识别，它是决定在这些条件下可行行动之结果的一系列条件。一个历史关头简单地说，就是"局势"（the situation）、"历史时刻"、一种特殊的状态。但正如我们已经表明的，界定一个具体历史局势特征的这些条件，既是经验上的，同时也是理论上的。如阿尔都塞所言："同时是现存的条件和在考虑中的现象存在的条件。"（Althusser，1970：207）说它们是经验的，指的是它们是一个给定时刻的具体条件；说它们是理论上的，确切地说是因为它们决定着发生在这个时刻的行动的结果。

因此，尽管这些结果是确定的，但冲突的结果是不确定的。源自一个特定时刻团体之间冲突的一个特定分配性结果 $[W_i，P_i]$，它的概率分布是由这个时刻冲突被组织的方式决定的。例如，这种分布可以是图4—6所示的状况。

　　这种概率分布 W_i 组成了构成一个历史关头的要素之一，因为它决定着危机将要发生的可能性——这要以上面所阐明的所有其他要素为条件。让我们把图4—6所示的分布 $W_i(t)$ 加到图4—5所描绘的历史关头上去（见图4—7）。很显然，阴影部分给出了在条件（9）所表示的历史关头给定的条件下，一场危机将要发生的概率。即使危机可以避免，但如果 W_i 相对于 $\hat{W}<W<W^*$ 是平的，它们也是非常有可能的。

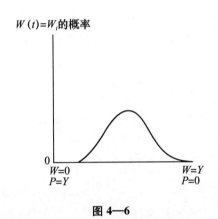

图4—6

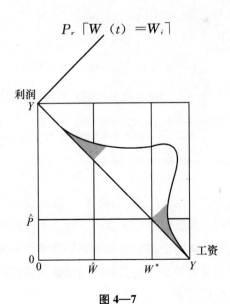

图4—7

要使同意被持续地再生产而同时利润也不下降，那么资本主义民主必须以这种方式组织起来：一方面，冲突的结果不能那么不确定，以至于雇佣劳动者或资本家的基本物质利益受到侵犯；但是另一方面，它们必须有足够的不确定性，从而吸收雇佣劳动者成为参与者。如果结果是确定的，足以保证它何时是可能的，那么，在不降低利润水平的情况下同意将得以持续再生产，这种确定性可能会达到参与受到削弱的那一点。

资本主义民主历史发展的基本趋势是向着减少不确定性的方向发展。先前的分布已从图 4—6 所示的偏向利润和高度不确定性的状况，向对工资更有利同时更狭窄的状况演变，正如图 4—8 所示的 1953 年至 1964 年间西欧国家的事后的经验分布那样。

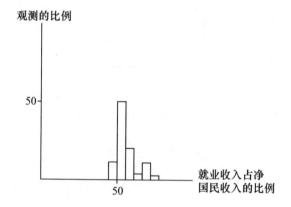

图 4—8 1953 年至 1964 年间 11 个西欧国家的事后结果分布

注：每个国家都被赋予了四个观测值，包括 1953 年与 1955 年、1956 年与 1958 年、1959 年与 1961 年、1962 年与 1964 年之间的平均比例。就业收入这里包括就业者对社会保障的贡献。

资料来源：United Nations Economic Commission for Europe，1967：part 2，ch. 2，30—31。

在一个非常窄的范围内，在工资等于总产品的 50%～55% 时，这个分布是平缓的，而它的方差非常小。在这个范围内，所有结果都具有同等的可能性，而超出这个范围，它们几乎是不可能的。用这种方式组织起来的冲突的特点，在下面的关于德国社会民主党一次会议的报道中得到了很好的表达：

在一个重要方面，大多数代表对埃普勒委员会（Eppler Commission）做得过分。他们投票提高高收入税率，从现在的53％提高到60％，而委员会提出58％。这引起席勒（Schiller）教授（时任经济部长，并且明显是党的领导的继承人）对他的内阁同僚评论道："显然，这些人试图从我们所拥有的共和国中得到完全不同的共和国。"（*Guardian*，November 27，1971）

这种趋势并不归咎于国家的任何"功能"，即使它有助于避免同意的危机（和参与功能失调）。它构成了一个由过去的危机导致的改革的累积效应。危机期间出现的冲突能被终止的一种方式是，雇佣劳动者同意忍受低于同意再生产水平的工资，以换取从此以后获得较高工资的可能性的增加。这种可能性一点也不亚于权力，并且确切地说，改革就是改变特定团体权力的冲突的组织方式的那些变化。公民权的扩大、比例代表制、结成组织的权利、乡村集体协议，以及选举的公众筹资，都属于这类典型的由于同意的危机导致的改革。在资本主义的历史进程中，资本家确实失去了权力。

然而，这些改革的一个累积效应是参与危机的发生，当实现物质利益的冲突以及关于这些冲突的组织方式的冲突，是以其结果与参加者采取的行动无关的方式来组织时，在民主制度的范围内代表雇佣劳动者的组织就丧失了它们的支持。只要这些结果是不确定的，并且取决于群众的行动，那么雇佣劳动者就必须被组织起来进行参与。但是当选举结果和集体谈判结果对雇佣劳动者的物质条件没有产生明显的影响时，群众就开始脱离他们的代表。社会所面临的问题尖锐而紧迫：组织起来解决冲突的制度是代议性制度；然而，一次接一次的选举，一个接一个的集体协议，却什么问题也没有解决。几个发达资本主义国家的制度性危机是参与的危机：如果越来越明显，参与的效果越来越差，那么雇佣劳动者就没有理由采取行动，好像他们的参与能发挥作用似的。各种团体从代议性机构中的退出，对这些机构会产生一种深刻的侵蚀稳定的影响（Przeworski，1975）。当这些团体不再参与时，"政党"就会变成"运动"：政治聚焦于社会组织，因为经济问题渐渐被社会、文化和意识形态冲突所替代，而这些冲突不可能轻而易举地通过一种合作的方式得到解决（Habermas，1975）。对于作为一种资本主义民主的社会组织的再生产而言，参与是必要的，因为参与把政治活动简化为物质问题；而物质问题在资本主义条件下能够以一种合作的方式得到解决。这种"后工业社会"，不是每个人想拥有什么就拥有什么的社会，而是民主制度吸收冲突的能力由于结果越来越独立于群众行动而被削弱的社会。

同意的破裂和暴力

葛兰西坚持强调，经济危机并不会自动导致"根本的历史危机"，即革命形势。他说，市民社会"已经发展成一种非常复杂的结构，并且成为抵制直接经济要素（危机、萧条等）的灾难性'侵扰'的结构"（1971：235）。换言之，同意的物质基础或者政治基础的破裂，并不必然以被统治阶级的革命高潮的形式表现出来。同意的瓦解不是资本主义瓦解的充分条件，因为它的影响首先遭遇了构成资本主义关系再生产的基础的强力机器。霸权"受到强力盔甲的保护"，当同意破裂时，强力仍然能够把这个体系保持在一起。

谈到霸权时，葛兰西典型地把强制职能归属于"上层建筑"（superstructures），或者是国家或者是"市民社会"，后者在这里不包括生产体系。然而，他对资本主义经济关系的分析意味着，即使在这个层次上也能发现强制的成分。不管个体的思想状态如何，任何不拥有生产工具的人都必须服从于工资关系，以此作为一种物质生存条件，在这个意义上，经济关系本身就是强制性的。反霸权不可能只是意识形态上的，因为只要强制性力量在经济结构层次上起作用，个体的行动就必然表达这种结构。但是即使在集体层次上，资本主义经济结构对于雇佣劳动者的组织也具有一种强制性影响。

　　同意的物质基础的崩溃，在工人阶级内部表现为群众和领导人——在正常时期他们同时也是工人在现有制度中的代表——之间关系的转变。工人阶级组织的使命是确保实现群众的物质利益。当它们不能完成这一使命时，阶级内的代表关系首先会受到影响。此时，路线出现分歧，领导人—代表面临着一个尖锐的明确的选择。他们要么采取参与民主制度以转变资本主义生产体系的策略，要么代表关系解体。因此，要么民主制度变成生产体系组织的冲突场所，要么整个代表体系随着雇佣劳动者退出工人社会组织、资本主义民主受到威胁而受到削弱；在这种情况下，参与不再表达同意，而退出参与是对于冲突的民主组织的一种威胁。

　　然而，只要积累的资金来源于利润，私有的利润对于积累而言就是必要的。资本主义危机不是一个人的物质利益。特别是，资本主义危机对于雇佣劳动者是一个威胁，因为资本主义是一个体系，经济危机最终必然会落到雇佣劳动者的身上。没有任何人设计这个蓝图，然而资本主义体系就是以这样的方式设计的：如果利润不够充分，那么最终要么是工资必然下降，要么是就业下降，或者两者都下降。如果每个人在资本主义条件下生活都将变得更好，雇佣劳动者的所获不可能比由资本家的节俭和效率所保证的更多。资本家所作出的储蓄和选择生产技术的决策，构成了约束任何人改善物质条件的可能性。当利润太低，当资本家不进行储蓄，或者他们的投资失败，产品的增长率下降，任何人改善物质条件的机会都会随之下降。而且，在资本主义条件下，没有办法逃避危机，只能增加源自利润的储蓄率，提高生产的投入产出效率，并且（或者）是减少工资（或强制储蓄，这是一样的）。成本的冲击或者表现为失业，或者表现为工资的下降。除非其中一种情况发生了，并且很可能两者同时发生，危机必然会加深，在资本主义条件下，复苏对于雇佣劳动者而言代价更高。

　　因此，一种强制的要素成为资本主义经济结构的一部分。除非建立社会主义的能力在经济、政治和意识形态上在资本主义社会中被组织起来，那么，避免危机并在资本主义积累的再生产中进行合作，雇佣劳动者才会过得更好。因此，西班牙共产党书记的如下观点是可以理解的：

> 人们必须有勇气向工人阶级解释，把剩余给予资产阶级，要比把剩余用于创造一种包含转而反对我们的风险的形势好得多。（Carillo，1974：187）

那就是为什么"工人阶级和群众运动的根本力量不把自己的运气押在危机恶化的风险上。他们在为一种积极的、民主的危机解决方式而努力"（Chiaramonte，1975）。资本霸权的条件不能放弃，除非生产体系转变为"对于已经建立新型国家的新兴社会集团的政治霸权必须主导经济秩序的同意……"。

另外，物质的剥夺并不总是经济危机的最后结果。如果说历史给出了什么教益的话，那就是仅靠经济斗争性"使体系崩溃"意味着法西斯主义的危险。由于私人利润制度面临威胁，资本家或者至少部分资本家，寻求在暴力保护下追求其私有企业的安全。这并不意味着无论资本主义何时受到威胁，资本家总是能够利用持久组织的物质力量作为镇压的工具。[17]危机的典型动力包括大众在资本主义民主制度中代表的退出。结果，物质力量关系在危机期间成为决定性因素。

武力，作为持久地组织起来的物质力量，是葛兰西所谓的同意的一个构成性要素，因为同意的任何破裂都会激活所有社会生活领域中固有并且只要同意足以再生产资本主义关系就仍然会潜伏的强制机制。同意的破裂暴露出了强制——强制是普遍存在的，它最终（且仅仅是最终）依赖于国家对于组织永久物质力量的垄断。

为了理解同意和武力的这种动力，我们必须阐明葛兰西关于国家与市民社会之间关系的概念——对于几个阐释者来说，市民社会是过多困难的一个源泉，最晚近的解释者是安德森（Anderson，1977）。对于葛兰西来说，参与资本主义社会关系再生产的所有制度，构成了国家的要素：

> 每一个国家都是伦理的，因为国家最重要的一种职能是，把大多数人口提高到一个特别的文化和道德水平上，这种水平（或类型）符合生产性力量发展的需要，因此也符合统治阶级的利益。学校承担一种积极性的教育职能，法院承担镇压和消极性的教育职能，它们在这种意义上是最重要的国家活动。但在现实中，大量其他的所谓私人倡议和活动往往倾向于同样的目的——形成统治阶级的政治和文化霸权机器的倡议和活动。(1971：258)

这个定义有独特的功能：任何以及每一个参与到资本主义关系生产的制度都是国家的一部分。公共的和私人的制度区别内在于资产阶级意识形态。当葛兰西问道——这令安德森迷惑不解——议会是否在某些情况下处于国家之外时，决定性的问题是："换句话说，它们的实际职能是什么？"(1971：253) 国家的定义依据的是各种倡议和活动的"目的"，而不是根据资产阶级立法上的区别。

此外，在所有这些制度中，积极方面的教育和消极方面的镇压是不可分割的。它们恰恰构成了"各个方面"，即同一种活动的两个孪生的特征。葛兰西说，"法律是国家所采取的全部积极的、教化活动的压制性和消极的方面"(1971：247；以及第 195、242、246 和 259)。同意和强制（高压统治）不能被当作对立面：强制通常是潜在的，内在于同意之中。正确的观点是，没有同意，强制是可能的，但同意总包含着一种强制的因素。

因此，强制是普遍存在的；它并不是留给任何特殊机构的。葛兰西将会拒绝"市民社会中法律上没有镇压的实践"这一断言，在这里，安德森对其观点的解释是正确的。此外，这种强制要素并不是唯一源于、或甚至主要源于"服从"或"习惯"，当然也从未源于一种自我施加的约束，即"共识"。安德森把国家对于组织和以持久物质力量进行威胁的垄断和施加强制的垄断相混淆。确切地说，因为拥有组织暴力的垄断权，所以国家对（包括"私人"机构在内的）其他机构发号施令，以国家的名义拥有施加强制的能力和法律权利。因此，一所学校能迫使学生遵循某些路线、穿着某种类型的服装、每天做45分钟的俯仰运动、去冰场滑冰。让我们指出它们的不同：在遇见红灯时我可能会停下来，因为我相信这是组织交通的最佳方式；我也可能因为习惯而停车；但如果我不停下来并且被抓住，我就会被罚款，如果我不支付罚款我将会进监狱。那么，我停车是一种共识行为、一种自愿协议，还是由于受到强制的铠甲保护的同意呢？我认为葛兰西说的是后者，即使我把必要性内化为自由，强制的要素——由垄断的暴力所保护的——在行为中也是隐而不见的。镇压的功能像教育的功能一样普遍存在，它扩展到了学校、教堂、政党、家庭，等等。"意识形态国家机器"与镇压的机器是一样的。

在"正常"条件下，当霸权未受到威胁时，这种强制的运用被对资本主义发展需要的"自愿"服从的表象所掩饰。甚至在使用武力时，"人们总是努力确保武力是以大多数人的同意为基础的，而这种同意是由所谓的公共舆论机关来表达的。……"（Gramsci，1971：80n）确实，构成强制功能基础的是：

> 国家强制权力机器对那些不主动或被动"同意"的团体"合法地"执行纪律。然而，这种机器是在自发的同意失败时，由整个社会对于控制和指导的危机时刻的预期所构成。（1971：12）

因此，当葛兰西在狭义的强制机器意义上谈到国家时，当他把镇压功能配置给特定机构时，以及当他强调危机期间持久组织的物质力量的轴心作用时，他是否前后不一致呢？葛兰西在给机构的功能进行排序时犹豫不决，因为这些机构的功能变化不定。它们不是简单地随着社会的不同而不同（东方和西方）；它们也不是简单地在历史的过程中演进。然而，构成这种表面上不一致基础的，是国家的动力完全一致的理论。这种动力根据阶级斗争的紧要关头，尤其是根据对资本主义威胁的形态和程度，把各个职能配置到不同机构。所有的制度都使同意和武力相结合，因为不存在未得到武力支撑的同意。然而，在正常情况下，一个社会中无论哪里都不会明显地存在暴力，因为暴力的使用最多被限于个别的犯罪活动。社会中仅仅使用的唯一暴力机构——军队——完全被隐藏了起来：它不干涉霸权的正常行使，并且表面上看起来它的确是为了应对外部威胁的紧急状态而组织起来的。因此，在正常时期，没有哪个机构像是在执行强制功能，哪怕是狭义上的国家镇压机器。

区分那些特定机构——那些表面上是私人机构和那些表面上是政治机构的，不是它们在霸权正常运用情况下的功能，而是在霸权受到威胁时它们显露出强制功能的顺序和方式。葛兰西仅对这种动力给予了不多的明示，他断言——依我看这易使人受到误导——是国家（狭义上的）处于防御的外层。而他的具体分析指出国家是防御的内层：市民社会的机构首先展现了它们的强制功能，并且只有当它们已经被竞争势力征服时，国家的强制力量的核心也就会展示出来。如果学校使人们适合社会需要去工作，就不需要其他手段了；如果学校被接管，市场纪律就必然会加强；如果人们不顾这些纪律，不在工厂或办公室工作，就必须通过新的法律迫使人们这样做。只有当这类法律未能通过，赤裸裸的暴力才会在社会生活所有领域显露出来。因此，完全可以想象，在某一时刻，议会可能不是国家的一部分：在议会基本上被敌视资本主义霸权的暴力所控制、或特别是被一个特殊阶级集团所控制的时候，就是如此。当学校或家庭没有产生同意时，一种社会结构就是虚弱的，因为进入核心——议会、行政部门，最根本的是军队——的通道是更直接的。在这样的社会结构中，物质力量对法案逐个地进行干预对维护资本主义是必要的，这使得这种体系更易受到攻击。

因此，持久物质力量的组织在大多数社会是被垄断的，尽管这是事实，但是只有当其他防线都失败时，这种力量才会活跃起来。革命力量达到摧毁这些防御力量边界的少数历史案例，清楚地表明它们的确是非常复杂的。葛兰西系统阐述的问题，以及我们对此仍没有多少宝贵答案的问题，确切地说，都与当它系统地显示强制时同意破裂的动力有关。[18]

【注释】

[1] 除非另外注明，对葛兰西的所有的参考文献均为收录在《狱中札记》（*Prison Notebooks*）中的文章。

[2] 参见霍尔（Hoare）和史密斯（Smith）对1971年版《狱中札记》的评论，以及菲奥里（Fiori, 1973）撰写的优美的传记。既然葛兰西的文献多到了汗牛充栋的程度，没有什么东西不引起争论，然而，关于下面葛兰西思想发展泉源问题，似乎也存在某些共识：在葛兰西看来，列宁领导了一场成功的革命，但并没有理解它为什么会发生。这场革命是"违背马克思的《资本论》的"：它成功的可能性在以前马克思主义的理论中找不到，尤其是它在第二国际中得到解释的时候。因此，问题在于，什么样的理论基础是确立布尔什维克革命的可能性所需要的。然而，葛兰西的时代不同于列宁的时代：在"西方"，突发的暴动不可能成功。因此，这种理论必须找到一条新的通往社会主义的道路。参见坎巴若里（Canbareri, 1973）的著作，特别是帕吉（Paggi, 1977）的著作。

[3] 实际上，卢卡奇在《论列宁的笔记》（*Notes on Lenin*）开篇就断言，"历史唯物主义是无产阶级革命的理论"，44年之后，他认为这一断言"体现着时代的偏见"（1971: 9, 90）。

[4] 尤其是博比奥（Bobbio, 1967: 97）的著作，根据他的观点，葛兰西为马克思主义引入了两种"反转"："其一是给予上层建筑超出经济基础的特权地位，其二是给予意识形态以超出上层建筑中的制度因素的特权地位。"其他类似的解释，皮科恩（Piccone, 1977）在关于它们在当代意大利政治中的作用的论述中进行了评述。泰克西尔（Texier, 1968）对这些解释做了很好的批评。

[5] 投资不是增加产出的唯一来源。学习可能在没有任何额外投资的情况下带来对生产的更好的组织（Arrow, 1962）。低度的利用能力可以被激活。关于通过强调投资的根本重要性进行推断的这些问题的讨论，参见麦迪逊（Maddison, 1964）对于第二次世界大战后西方国家经济发展的描述。

[6] 这个断言提出这样一个问题：在资本主义体系中，储蓄和投资——即

使仍然受资本家及其代表指导——是否不可能主要来自工资。这个问题一直是一个激烈争论的理论和经验的主题，因为很多标准的新凯恩斯主义结论都依赖以下假定：利润用于储蓄的比率高于工资用于储蓄的比率。参见哈考特（Harcourt, 1972：ch. 5）对这场争论的评述，以及卡尔多（Kaldor, 1970）的表述：工资的储蓄率如果不是负数，实际上也是可以忽略不计的。

[7] 关于资本概念的意识形态功能的分析，参见纽蒂（Nuti, 1972）的著作。

[8] 葛兰西说："对于个体工人而言，技术发展的需要与统治阶级利益之间的接合点是'客观的'。"（1971：202）。

[9] 因此，当普兰查斯（Poulantzas, 1973）坚持认为在资本主义条件下国家就阶级而论是相对自主的时候，他是正确的。但是他错误地把这种自主的一般特征归因于马克思。对马克思来说，资本主义国家为了自主而不得不实行专政。

[10] 因此，如果墨西哥人参与政治确实不如美国人积极（Almond and Verba, 1965），这可能只是表明，在墨西哥，国家的政治不太依靠参与。参与不是一种文化的表达，而是一种工具的表达。

[11] 正如考茨基（Kautsky, 1971：186）在评论爱尔福特纲领时指出的，"经济斗争需要政治权利，而这一切都不会从天上掉下来。为了获得和维持这些权利，最有活力的政治行动是必要的"。

[12] 葛兰西说："断言人们在意识形态层次上认识到基本冲突的观点，不具有心理上或者道德上的特征，但具有结构的和认识论的特征……"（1971：164, 365）

[13] "合作"由谈判过程中作出为对手所知道的决策和威胁构成。参见卢斯和雷法（Luce and Raiffa, 1958：ch. 6）的著作。

[14] 参见戈德利耶尔（Godelier, 1972）对社会契约论的深刻批判。

[15] 关于德国人对合法律性与合法性之间关系的讨论，可以参见哈贝马斯（Habermas, 1975：Part III, ch. 1）的论述。

[16] 得出这个动态方程的标准方法是假定：

(1) $S(t)$ 的一部分来源于对利润的储蓄，即

$$S(t) = sP(t)$$

(2) 投资 $I(t)$ 受制于对总需求的预期，即

$$I(t) = c\triangle Y(t)$$

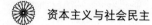

（3）储蓄被用于投资，并且双方处于平衡状态，即

$$S(t) = I(t)$$

用这个假定计算方程（3）并解这个方程组得出方程（4）。参见Harrod，1970。

[17] 参见葛兰西关于军队的阶级构成及其政治影响的分析（1971：210-217）。奥唐纳（O'Donnell，1977）指出，资本主义是一种经济上占统治地位的阶级与有组织的强制手段相分离的体系。他在1976年关于武装部队政治倾向的分析是我所知的最好的分析。

[18] 帕吉写道："对葛兰西来说，与武力有关的问题，明显要比战场上军队的各自力量更为复杂。这更多的是一个理解阶级社会从经济领域到政治领域进行建构的复杂方式的问题，并且把它的运动描述为斗争力量之间对抗的一系列不同结果。"（Paggi，1977：59）

第 5 章 物质利益、阶级妥协 与国家*

导 论

本章考察发达资本主义社会中资本家与雇佣劳动者在物质利益的实现方面的冲突。中心问题是，雇佣劳动者对自身物质利益的追求是否将必然导致他们选择社会主义。

这是一个老问题，对它的回答是熟悉的、引人注目的，也是使人困惑的。其中一种回答是马克思做出的，实际上，在他的一些著作尤其是《雇佣劳动与资本》（*Wage Labour and Capital*）中可以找到这样的回答。马克思坚持认为，由于经济的资本主义部分产生的国民产品，被分割成由资本家以利润的形式占有的部分和作为工资支付用于交换劳动力的部分，所以资本与劳动双方的份额呈反比的关系。这在很大程度上显然是正确的，因为根据定义，产品在任一时刻都是不变的常量。但是马克思走得更远。他认为，即使当用动态的观点来看待积累，实际上甚至当工人的条件正在得到改善时，关于分配的冲突仍

---

* 本章的部分内容是与迈克尔·沃勒斯坦共同撰写的。

资本主义与社会民主

具有本质上非合作的性质。对于马克思而言，这种冲突在资本主义社会的范围内是不可调和的。

马克思及其大多数追随者从这种分析中得出的政治结论是，工人对物质利益的追求必然使他们认识到，当且仅当整个雇佣劳动体系被废除时，这些利益才能得到促进。正如罗莎·卢森堡（Luxemburg，1970b：30）在1900年指出的："作为工会与议会斗争的结果，无产阶级确信通过这样的活动实现根本的社会变革的不可能性，并且认识到夺取政治权力是不可避免的。"从"物质利益的客观冲突"出发，人们能够通过演绎推理的方式进而谈到同样客观的在政治上的"对社会主义的根本利益"。

这种回答在资本主义的那些辩护者中找到了一种镜像。这些辩护者声称，资本主义制度在本质上是合作性的，它构成了一种"非零和博弈"，工人们与资本家合作以做大蛋糕，要比为相对的份额而争斗结果更好些。

有人认为马克思对其他视而不见，仅看到历史的丑恶的一面，冲突和冷酷的一面，而看不到合作的光明前景（Boulding，1970：ch.5）。所谓的工人阶级运动的去激进化（deradicalization），在反马克思主义的经济决定论的支持者眼里，构成了一个足够的证据：在经济发展过程中，工人自己发现了妥协的好处并且放弃了所有的变革思想。

这是个重要的意识形态的议题，预期我们能达成共识将是天真的想法。不过，我将马上表明，目前对它的阐述是混乱的，如果我们能就某些假定达成一致，我们将得出明确的答案。因此，我将进行从假定到其逻辑结果的演绎推理。

被界定的问题

我将用尽可能最狭义的阐述探讨这个问题，因为按照惯例这个问题就是用这种狭义的阐述提出来的。特别是，我将假定，在资本主义条件下，改善物质福利是工人的利益所在，并且我将把对他们的政治偏好和策略的全部分析建立在这个狭义的假定基础之上。

注意，这种观点可能是正确的。首先，实际上，在资本主义条件下，工人被赋予了超出这个体系的某些需要，而根据定义，这些需要只有在社会主义条件下才能实现，例如，"为自由和正义的不懈奋斗"（Fromm，1961）。然而，这种假定将会使工人对社会主义的偏好问题成了直接的同义反复。这里的问题，不是人类是不是天生就对社会主义有某种先验需要的物种的问题，而只是工人在资本主义条件下寻求满足的需要是否必然导致他们选择社会主义作为满足这些需要的更好制度的问题。

其次，即使在资本主义条件下，工人也可能有许多需求：对工作场所自治的需求，对闲暇时间的需求，对性的需求，或者对美的需求。对满足这些需求的追求，可能导致工人反对资本主义。我将转过来谈谈这些可能发生的事情，但此刻将仅限于对物质利益的分析，即通过消费，或者说通过对自然物的社会有组织转化活动的具体物品（objectifications）——在资本主义下，即商品——的使用，就能得到满足的需要。再重复一次，问题不是在资本主义条件下工人是否经历过导致他们选择社会主义的任何需要，而只是原则上可以作为社会有组织生产过程的结果而得到满足的那些需要，是否将不可避免地导致他们选择生产过程的社会主义组织。

另外，不是所有的物质需要都被作为利益组织起来。仿效赫勒（Heller，1974），我将把那些可以通过消费或使用商品得到满足的需要看成利益，满足这些需要的障碍（在一个特定社会）是外在于一个特定个人的需要的。如果我不能消费更多的蛋糕和酒，那是因为我想更漂亮些，即如果满足一种需要的唯一障碍是由我的其他需要导致的，那么这种需要就不是利益。因此，能被具体物品满足的需要在稀缺条件下就变成了利益。

因此我假定，在资本主义条件下，工人具有改善其物质条件的利益。问题是，对这种利益的追求，并且仅仅对这种利益的追求，是否必然导致工人选择社会主义作为满足物质需要的优选制度。矿工联合会主席（United Mine Workers）约翰·米切尔（John Mitchell）在世纪之交为有组织的工人提出下列选择时写道："工联主义不是不可变更地赞成维持这种工资制，也不是不可变更地赞成废除它。它要求工人条件得到不断改善，如果可能的话，通过维持当前的工资体制的方式改善；如果不可能，就通过最终废除这种体制来改善。"（Sombart，1976：19）问题是，对"不断改善工人条件"的要求，是否必然导致工人选择最终从总体上废除工资制。

想象一下资本家占有利润并且将其全部用于消费的情形。在这种条件下，如果工人不同意利润的私人占有，他们当然会过得更好——马上过得更好，或在将来的某个时候。如果他们是消费这部分产品的人，他们会马上过得更好；另一种情况是，如果他们从当前消费中留出部分产品并用于投资，他们就会在将来过得更好。或者，更现实地并按照马克思分析的精神来假设：资本家的确将他们留出的部分利润用于投资，并且他们自己消费了由过去的投资带来的剩余的增量。在这种状况下，积累过程将会继续，但是工人并非在任何时候都是它的受益者。因此，尽管这种博弈将不再是一种零和博弈，但工人将长期像过去一样过得不好。在这种状况下，如果工人不能容忍私人占有利润，而取而代之的是取得全部产品，或者消费掉，或者为了自己将来的消费而将其用于投资，那么工人又将会过得更好。这种博弈不是零和博弈，然而这并不意味着它是一种合作型博弈：这一点常常被马克思的批评者们所忽略。

然而，这些条件仍然受到太多的限制。就工人而言，他们出于自身物质利益考虑理性地选择社会主义，所需要的全部条件只有两条：社会主义在满足物质需要方面比资本主义更有效；走向社会主义将会立即并且持续地改善工人的物质条件。在资本主义条件下，工人的物质条件是在恶化还是在改善并不重要，只要朝着社会主义方向运动总能立即并且持续地更有利于工人的福利。这些条件在图5—1中得到了描述。即使工人的状况在资本主义条件下将从水平 a 提高到水平 b，但是如果他们在时间 $t=0$ 时走社会主义道路，他们还能以 $c—b$ 的量而过得更好。因此，即使工人的物质条件在资本主义条件下正在得到改善，作为追求其物质福利的必然结果，理性的工人仍将选择社会主义。在这种情形下，下面的说法的确是正确的："哪怕是对工人阶级最有利的情形，哪怕资本以可能最快的速度增长，也无论它能在多大程度上改善工人的物质存在，都不会消除工人利益与资产阶级利益以及资本家利益的对抗。"（Marx，1952b：37）

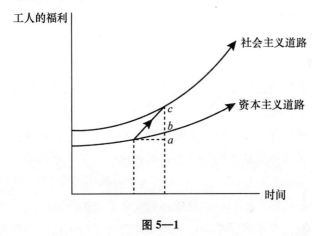

图 5—1

　　这种情形存在的可能性足以表明，把改善工人状况（"资产阶级化"）与他们的"去激进化"联系在一起的经验研究，依赖于无效的认识论前提，正如所有的经验研究所做的那样，没有为观察到的历史说明可能的选择方案。即使在工人物质福利得到改善的同时其组织的去激进化这一点在经验上是真实的，人们也不能从这种观察到的历史共变性中得出任何因果推论，除非同时能够证明不存在一种更好的选择方案。如果说工人的去激进化，是因为他们的条件已经得到改善，那么人们就必须承认这样的可能性，即如果这些条件通过向社会主义迈出一步将会得到更大的改善，他们就会变得更加激进。经验主义认识论在本质上是意识形态性的，因为它含蓄地否认了任何历史替代方案的存在：尽管去激进化在历史上与资产阶级化相一致这一命题能被判断真伪，但是工人的去激进化是因为其物质条件的改善这一命题并不遵从这样的检验，除非其他可能性被明确否认。工人的条件在资本主义历史过程中得到改善这种观察，其本身并不足以得出关于他们偏好一种特殊社会组织形式的任何推论。所以，如果马克思是正确的，工人沿着社会主义方向前进总是过得更好。

在进一步论述之前，阐明走向社会主义在这里意味着什么以及我们还有其他什么选择，或许是有益的。作为一个先行的概算，我们假定工人有三种选择。第一种选择，他们能向资本家主张得到全部资本存量（"生产工具"）的权利，并且用下述方式重组生产体系：投资方向和从当前消费扣留的决策，是由所有公民而不是由资本所有者或他们的代表做出的。因此，投资基金直接从总产品中扣除，利润被作为一个法律和经济范畴而取消。我认为，要求重组积累过程是走向社会主义的一个步骤。

第二种选择，工人可以主张得到全部当前产品或者至少部分资本存货，而无须重组从当前消费扣留的过程。这是一个纯粹经济学家的策略。

第三种选择，他们可以要求得到少于全部的产品，因此留下一部分作为利润留在资本家手中。这种策略打开了阶级妥协和与资本家合作的空间。

物质利益必然导致对社会主义的偏好这种假设断言，如果工人对物质条件的不断改善拥有利益，并且如果他们是理性的，他们必然选择社会主义。如果它的前提是正确的，并且下面谈到的一点或两点——在有效配置资源以供社会根据偏好使用（由所有公民通过某种合理的投票系统来选择使用）方面，社会主义逊于资本主义，就如冯·米塞斯（von Mises）及其追随者所认为的；并且（或者）在现存条件下朝社会主义方向运动使工人比朝资本主义方向运动过得更糟——也能够被证明是正确的话，那么这种假设就是错误的。

我将立即排除第一种可能性，并将始终假定，作为一个生产组织体系，社会主义在满足物质需要方面并不比资本主义逊色。让我只提醒一点：这种假定并不是没有提及任一体系的历史实际表现。关于这一点已经存在着大量讨论，但是关于这两种体系所固有的潜在能力，又是一个反复争论的主题。尤其是，把资本主义的历史记录与想象的社会主义的潜力作比较，将是一个错误，因为这样一种方法意味着，工人在所有时间里都像他们在资本主义条件下的那些时间可能达到的程度那样好。因此，这个程序将会排除资本主义为改善工人福利进行改革的可能性。

因此，假设社会主义优越于资本主义。问题的关键就是，这种优越性是否足以使工人选择社会主义。如果能够证明，在现存条件下沿着社会主义方向走下去，比不上沿着资本主义道路走，那么人们就不再从工人的物质利益出发推断他们的社会主义取向。

让我们首先想象，这些条件可能是什么，并且仅在此时探寻它们的存在。假设在资本主义发展的任何时刻（或者至少在跨过某个门槛之后，如果我们相信条件必须是"成熟的"的话），社会主义都潜在地优越于资本主义，但是直接步入社会主义，使得工人比他们沿着资本主义道路前进要过得坏。[1]于是，图5—1的等价物看起来像图5—2。在这些规定的条件下，从完全的资本主义道路向完全的社会主义道路前进，包含着工人福利的暂时恶化。在 $t=0$ 到 $t=1$ 期间，工人的条件恶化到低于他们过去的水平，并且低于他们在资本主义条件下可以实现的水平，即 c_1，只有到那时条件才开始改善。尽管在社会主义道路上最终实现的福利水平 s_3，高于工人沿资本主义道路前进可以达到的水平 c_3，但是在直到 $t=2$ 的整个时期，这些工人走资本主义道路将会过得更好。如果工人随时走向社会主义的话，在资本主义道路与社会主义道路之间，都存在着一处必须穿越的低谷。如果这样的条件确实存在，并且如果工人对持续改善其物质福利感兴趣，那么这种福利的下降将不会发生；如果发生了，在民主条件下工人也不会任其发展的。

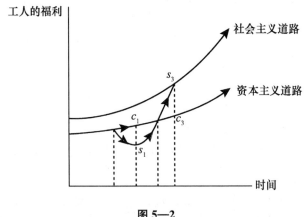

图 5—2

因此，工人随时都面临着一种选择：向上攀升到在资本主义条件下可以到达的最佳位置，或者走社会主义道路他们的条件暂时恶化。在一个确定的时点，我们可以用图 5—3 来描述这种选择的结构。只要他们当前的状态位于与过渡的低谷的底部相对应的无差别水平的上面，任何向社会主义方向的前进都包含着工人福利的暂时恶化。

现在，如果向社会主义过渡包含了工人福利的恶化，并且如果工人选择通过与资本家合作来改善自己的物质条件，那么这种社会主义取向就不能从工人的物质利益中推演出来。下面我将证明这就是事实。

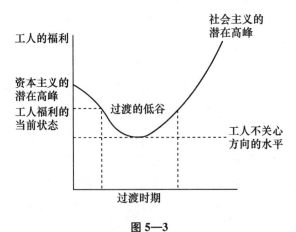

图 5—3

阶级妥协的形式

至此，我们仅仅定义了问题。现在的问题是，阶级妥协的条件在资本主义条件下是否真的存在。这是一个具有两重性的问题。工人能通过与资本家合作从而改善自己的物质福利吗？走向社会主义是否必然包含工人福利的暂时恶化？然而，在我们回答这个问题之前，有必要理解在资本主义条件下阶级妥协将意味着什么。

在资本主义社会，利润是投资的一个必要条件，而投资又是持续生产、消费和就业的一个必要条件。正如施密特总理所指出的："企业今天的利润就是明天的投资，明天的投资就是后天的就业"，替换一下"就业"，他也可以说"生产"或"消费"（*Le Monde*，July 6，1976：5）。在任何社会中，如果生产要持续进行、消费要增加的话，就必须从当前消费中扣留部分产品。但是资本主义的一个突出特征是大部分投资来自利润，即从直接生产者那里扣留下来的那部分产品。因此，在资本主义条件下，私人利润对于改善社会中任何集团的物质条件都是必要的。除非资本家占有利润，否则资本存量消耗殆尽，生产下降，就业和消费也随之下降。实际上，资本家正是用这些理由证明这种利润机制的合理性，正如美孚石油公司在下面的付费广告中完美阐述的那样。

如果我们国家不陷入更深的麻烦，公司的收益必定会提高到超出近年来的水平。（如果这种现象不出现）每一个集团将开始为争取那个固定馅饼的一个更大部分而战斗。妇女、黑人和其他种族运动，以及各种背景的年轻人将受到最猛烈的打击。大学毕业生找工作将会更加艰难。他们中越来越多的人将不得不接受低于经济规模水平的工作。这将会进一步挤压每一个少数群体和其他每一个人。对穷人和我们所有其他人而言，经济增长成为最后的和最好的希望。纯粹的收入再分配不可能起作用。我们必须制造一个稳定的更大的收入馅饼。这只有通过经济增长才能做到。只有盈利的私人企业才能进行资本投资，这种投资会带来经济增长、就业和税收。(*New York Times*, May 6, 1976: 17)

积累对利润的这种依赖性，在形式上可以用多种方式加以描述，其中，我将选择一种非常简单的宏观经济模型：

$$Y(t+1) = (1+ s/c)P(t) + W(t) \tag{1}$$

其中，$Y(t)$ 代表净国民产品，$P(t)$ 代表净利润，$W(t)$ 代表工资，s 代表源自利润的储蓄率，c 代表资本/产出比，并且其中源自工资的储蓄率被假定可以忽略不计。在任一时刻 t，利润 $P(t)$ 的 s 部分被用于储蓄并被投资到一个经济体中，其中，生产一个单位产品需要 c 个单位资本。这种经济的增长率取决于利润率和源自利润的储蓄率：

$$\Delta Y(t)/ Y(t) = sP(t)/cY(t) = sP(t)/K(t) = sp(t) \tag{2}$$

其中，$\Delta Y(t)$ 代表时间 t 与时间 $(t+1)$ 之间所增加的产品，$K(t) = cY(t)$ 代表积累起来的资本存量，$p(t) = P(t)/K(t)$，代表利润率。因此，增长率随利润率和源自利润的储蓄率的变化而成比例地变化。储蓄率 s 标志着资本家的行为特征，因为在国民产品中的利润份额给定的情况下，他们的投资决策，进而储蓄决策决定着经济的增长率。

尽管利润是发展的一个必要条件，但对于任何特定集团物质条件的改善而言，它不是一个充分条件。首先，资本家不可能投资利润以提高生产率：尽管有约束因素，但是他们可能代之以消费利润，把利润用于非生产性投资，积聚它们，或者将其出口到其他地方。其次，即使资本家投资利润以提高生产率，也没有哪个特定集团能以任何方式确信它将是投资的受益者。资本家可能自己保留这个增量，或者他们可能结成许多可选择的政治联盟。随着生产周期结束，工资被支付，他们与工人的市场联系也就结束了，在资本主义生产体系中，没有什么能够保证工人将成为从作为利润从他们那里扣留的那部分产品的受益者。

这些结构性条件限制了资本家与工人之间任何可能的妥协，由于资本家占有利润是工人物质福利的任何改善的一个必要而非充分的条件，所以只有在工人有理由确信未来的工资会作为当前利润的一种功能而增加的条件下，阶级妥协才是可能的。任何妥协必须具有下列形式：工人同意利润作为一种制度永久存在，以此交换他们未来物质福利改善的前景。按照这样一种妥协，资本家保留着预扣一部分产品的能力，因为他们占有的利润被工人预期去储蓄、投资，转换成生产潜力，并且部分地作为收益分配给工人。

合作的一般逻辑总是得不到明确的阐述。的确，在工人阶级运动发展的早期阶段，这种妥协仅仅建立在工人的结社、集体谈判和罢工等权利的基础上。最终，明确的规范出现了，根据价格和产业在国际市场体系中的竞争力限定工资，尤其是在 1950—1970 年的扩张主义阶段，根据劳动生产率的提高限定工资。然而，不管有怎样的巩固特定"社会契约"的明确规范，合作的根本逻辑都必然把未来的工资与当前的利润联系在一起。对于工人自愿同意不要求全部社会产品的唯一可想象的理由，就是把当前利润看作工人一种"委托"（delegated）投资的形式。

因此，阶级妥协必须依赖于某种形式的规范：

$$\Delta \hat{W}(t)=F[P(t-i)], i=0,1,k,\cdots$$

其中 $\Delta \hat{W}(t)$ 代表某个特定协议在时间 t 至 $t+1$ 中所预期的工资的增长，$P(t-i)$ 代表利润史，F 代表在一个特定协议下把过去利润与当前的工资增长联系起来的规则。为了简便而又不丧失过多的一般性，这种规则可以简化为如下形式：

$$\Delta \hat{W}(t)=rP(t) \tag{3}$$

其中，系数 r 代表根据某个特定协议必须立即转换成工资增长的当前利润的比例。

注意，妥协仅在 $0 < r < (1 + s/c)$ 的条件下才是可能的。很显然，如果这种规则有任何意义的话，r 必须大于零。如果妥协对于资本家来说是完全可以容忍的，那么为什么它应小于 $(1 + s/c)$ 而不是简单地小于 1，就不那么明显了。如果 $r = 1$，那么在时间 $(t+1)$ 时，资本家将把在时间 t 时所占有的全部利润用于支付工资的增加。然而同时，他们以边际收益率 s/c 投资这些利润，经过一个时期以后，他们仍会留下 $(s/c) P(t)$ 的数量。因此，只有当 $r = 1 + s/c$ 时，全部利润才会在时间 $(t+1)$ 时被征用。因此，就用于再投资的当前利润而言，r 的这种水平被立即"征用"（confiscatory），尽管它仍然把积累起来的资本存量留在资本家手里。

系数 r 表示利润向工资增长的转换率，在这种转换率下，工人参加一种特定的妥协。因此，这个系数可被看作代表着组织起来的雇佣劳动者的经济斗争性。

然而，关于利润向工资增长的转换率的协议，在工人们看来仍是非常脆弱的，因为它留下一个悬而未决的问题：资本家是否会充足地储蓄和投资，以使工资尽可能地增长。工人阶级运动一直抱怨，资本家太懒散、效率太低，以至于不能受委托控制投资。早在 1910 年，一个法国社会主义者就已经注意到资本家的"胆怯"、"游移不定"和"缺乏创造精神"。他继续说，"我们要求法国雇主像美国雇主阶级那样…… 我们想要一个忙碌、积极、活跃的国家，一个名副其实的蜂箱总是清醒的。用那种方式，我们自己的力量将会得到增强"（Griffuelhes，1910：331）。齐拉蒙特（Chiaramonte）在 1975 年致意大利共产党中央委员会（C.P.I）的一份正式报告中抱怨道："对国家经济和产业的未来以及对他们（资本家的）自己的产业前景令人困惑地缺乏思想。他们继续坚持几十年前采取的生产、技术和组织政策……"（1973：31）

投资不能交给资本家管理：这是一个成熟妥协的第二个条件。而在资本—劳动关系发展的早期阶段，这种冲突狭隘地集中在为提高工资而斗争的权利上，这是社会民主的根本特征，凯恩斯式的妥协促使工人阶级组织对源自利润的实际投资的关注。在宣布了严厉的政策并重申意大利共产党"不是以恶化形势……或加重危机为目标"之后，齐拉蒙特继续写道，"这并不意味着我们以任何方式认为，它将足以限制工人的支付主张和对更多控制工作条件以自动获得投资增加和生产恢复的要求"（1975：34）。

意大利共产党所要求的用于交换"严厉政策"的是对投资的控制。或者，正如爱尔兰工会联合会 1973 年大会所指出的："必须保证，所有工人的工资约束将带来生产性的和有益的投资，并且甚至不会带来社会特权阶层个人收入的进一步增长……"（Jacobsen，1980：268）

如果资本家是否投资利润以及如何投资利润是不确定的，那么任何阶级妥协必须包括以下要素：工人同意利润作为一种机制，即他们以这样一种方式行事以使正的利润率成为可能；资本家则致力于利润向工资增长的某一转换率和来自利润的某一投资率。

阶级妥协的条件

到此为止，我们只是说明，如果一种阶级妥协被推断出来该是什么样子。现在我们能讨论本章的中心问题，即追求其物质利益的组织起来的工人，是会选择这种妥协，还是会为生产体系的变革而选择斗争。

组织起来的工人将如何理性地做出这样的决策？这里有两个考虑：如果达成妥协他们预期的未来工资，以及如果未能达成妥协存在的风险。首先假设，实际工资遵从妥协所规定的路径，即在所有 $T \leqslant t \leqslant T+h$ 范围内，$W(t) = \hat{W}(t)$，其中，h 是工人用来考虑未来的水平线。如果资本家以 s 的比率对以资本的生产率 $1/c$ 为特征的经济进行投资，那么妥协工资的时间轨迹将取决于 r 和 s/c 之间的关系。回顾一下

$$\Delta Y(t) = \Delta P(t) + \Delta W(t) = (s/c)P(t) \qquad ［得自（1）式］$$

和

$$\Delta W(t) = \Delta \hat{W}(t) = rP(t) \qquad\qquad [\text{得自（3）式}]$$

由此得出

$$\Delta P(t) = (s/c - r)P(t) \qquad\qquad (4)$$

或

$$P(t+1) = (1 + s/c - r)P(t) \qquad\qquad (5)$$

这里有三种情况要考虑（见图5—4）[2]：

如果工人选择一个 r，$r < s/c$，那么工资将随着利润的指数增长而呈指数增长。在这种状况下，我们将说工人没有斗争性，或者说他们愿意工资约束。

如果工人选择一个 r，$s/c < r < (1 + s/c)$，那么，工资首先将迅速增长，然后当净利润降到 0 时停滞在一个固定水平。这样的策略我们称为温和的斗争性。

如果工人选择一个 r，$r > (1 + s/c)$，那么，工人将具有高度的斗争性。于是当净利润立即变为负数时，工资经历了一个急剧上升。既然这种策略不能导致妥协，就没有理由预期后来的工资与利润有任何关系。如果他们这样选择，此后工资将围绕一个固定水平上下波动，而利润将围绕 0 上下波动。

评估工人采取这些策略的结果的一个方法，是观察无斗争性的工人经过某个时间 h_2 之后将会过得更好，如果时间以年来衡量的话，大约要经过一代人；具有温和斗争性的工人在某个时间 h_1 和 h_2 之间的时期，会过得更好；具有高度斗争性的工人在直到 h_1 时的初始时期会过得更好。h_1 和 h_2 的值取决于 r 与 s/c 之间的特定关系。时间段 h_2 可以短至几年，也可以长至 30 年。

然而，在考虑这些行为的影响时，工人并不能确定是否能够达成妥协。因此，他们的决策依赖于资本家遵守妥协条件的可能性，如果人们能推断出一个妥协的话。既然人们越是想了解未来，它就变得越是难以预测，那么，在未来某个时刻工人将会获得的工资，其在工人的决策中的权重就会不断减少，而它们在未来就越有可能发生。因

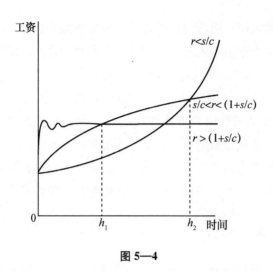

图 5—4

此，我假定，即使工人无论当前工资是多少都同样重视工资的增长，并且不关心今天某种消费与未来的某种消费之间的差异，他们也会由于未来的不确定性而对未来打折扣。

既然我下面假定资本家也会由于不确定性而对未来的福利打折扣，我们就可以同样地对待每个阶级所面对的风险决定因素。这种风险与做出决策时的政治和经济条件相联系，特别是：

（1）双边垄断的程度。除非工人是垄断性地组织起来的，否则他们就不能确定他们中的特定集团会不会以损害其他工人为代价与他们各自的雇主达成自己的协议。由于资本家不能完全避免彼此竞争，每个公司都面临着被其他公司不支付妥协成本地搭便车的风险。

（2）劳资关系的制度化和妥协能被国家实施的可能性。问题是国家有能力并有意愿强制防止谁偏离妥协？是资本家、工人，还是两者都要防止？党派对国家的控制和选举前景，构成了评估风险时的一个重要考虑因素。

（3）由于国内和国际经济波动、国内和国际竞争、技术变革和其他经济要素，投资所固有的一般风险。

此外还有，当投资部分地依赖于他们的工资承诺的刚性时，资本家所要承担的风险程度。如果工资是高度刚性的，资本家便独自面对

资本主义与社会民主

投资所固有的风险；而当时局艰难、工资可能减少到妥协的条件以下时，大部分风险则由工人承受。因此，在某种程度上，资本家面临的不确定性与工人面临的不确定性是反向相关的。

设 a 为工人因不确定性而对未来所打的折扣率，$a>0$。a 越高，在 $t=0$ 时未来达成妥协的可能性就越小，而工人对妥协中所规定的未来工资打折扣就越来越快。在工人不确定性的程度以及与某一特定妥协相联系的工资水平给定的情况下，工人的问题是找到能够使他们打了折扣的未来工资的当前价值最大化的经济斗争性水平，或

$$\max_{r} W^* = \sum_{t=0}^{t=h} (1+a)^{-t} \hat{W}(t), a > 0 \qquad (6)$$

其中工资的预期轨迹 $\hat{W}(t)$ 是由（3）式和（5）式给定的。[3]

注意，W^* 取决于工人的斗争性 r、他们的水平线 h、他们的折扣率 a、资本的生产率 $1/c$，以及资本家的储蓄行为 s。于是，$W^* = F(r; h, a, c; s)$。资本的生产率、水平线以及折扣率是固定的，它们构成了当时的客观条件。资本家的储蓄行为是工人必须适应的。经济斗争性是工人的策略性变量，其问题是在面对资本家的投资策略（用 s 表示）时选择一个使 W^* 最大化的 r 值。设 $r^*(s)$ 是（6）式的解；也就是，当给定 h、a 和 c 时，给定资本家以 s 的比率进行投资时使 W^* 最大化的 r 值。那么，$r^*(s)$ 就是工人最好的回应策略（Harsanyi，1977：102）。

工人必须在工资立即增长的收益与由于未来缺少斗争性而得到的预期收益之间做出权衡。以比率 s 进行投资的资本家所占用的利润，将会以 s/c 或者 $\Delta Y(t) P(t)=s/c$ 提高产出。还要注意，当所有利润都被投资时，一个单位利润产出的最大回报，由资本的生产率 $1/c$ 所给定。由此，我们就得出了下面的理论：当水平线足够长时，如果工人的折扣率 a 低于回报率 s/c，那么工人的最好回应将是 r 的一个妥协水平。否则，他们将具有高度的斗争性。可以规范地表述为：

工人的最佳回应理论

对于所有的 $h>H$，其中 H 是某一正数，

如果对于任何 s，都有 $a>1/c$，则 $r^*(s)>(1+s/c)$，

如果 $a>s/c$，或者 $s<ac$，则 $r^*(s)>(1+s/c)$，

如果 $a<s/c$，或者 $s>ac$，则 $r^*(s)<(1+s/c)$。

在一个无限长的水平线的情况下，工人的最佳回应策略是由一个 bang-bang 函数给定的。当 $a>s/c$ 时，工人的最佳回应是使斗争精神最大化；当 $a<s/c$ 时，工人的最佳回应接近于零。[4]

当 h 是某一个有限数时会发生什么呢？我们的数字实验表明，对于 $c=4$，H 近似等于 12；即对于任何 $h>12$，当 $a>s/c$ 时，最大斗争性策略是最佳策略，而当 $a<s/c$ 时，妥协策略是最佳策略（如果 $h<12$，最佳回应策略是在所有情况下斗争性最大化）。但是，对任何有限的水平线来说，工人的最佳策略都不会突然从最高性骤降至零。相反，对于 $s>ac$，$r^*(s)$ 是一个连续单调递减正函数。在产品 ac 之上的储蓄率越高，工人斗争性的最佳回应水平就越低。

解释这种理论的一个方法是，如果对于任何两个连续的时期，妥协的工资将以 $W(t+1)=(1+a)W(t)$ 的比率或者等值地以 $\Delta W(t)=aW(t)$ 的比率增加，那么工人们今天同样地重视他们预期从妥协的每一年得到的工资。我们现在知道，如果妥协得到严格遵守，工资轨迹对于所有 t 都将遵循 $\Delta W(t)=rP(t)$ 这样的规律。因此，对于工人而言，当且仅当 $rP(t)=aW(t)$ 时，他们在以斗争争性水平 r 为特征的一次妥协的任何时期中所获工资的比率 a 对其未来打折扣，其现在价值才会是个常量。如果 $rP(t)>aW(t)$，每个时期工资的现值将会增加，反之，将会下降。

假设对于所有 t，都有 $rP(t)=aW(t)$。将两边取差分并且除以 $P(t)$，就得到 $r\Delta P(t)/P(t)=a\Delta W(t)/P(t)$。但是，$\Delta P(t)/P(t)=(s/c-r)$，并且 $\Delta W(t)/P(t)=r$。所以，如果 $a=(s/c-r)$，则由一次妥协所规定的未来工资的现值将保持不变；如果 $a<(s/c-r)$，或 $r<(s/c-a)$，它们将随时间的推移而增长；如果 $a>(s/c-r)$，或 $r>(s/c-a)$，它们将下降。

现在，如果工人要从当前利润中获益，r 必须是正数。这样，问

题就是，在由 s/c 和 a 所给定的条件之下，是否存在着 r 的一个正数值，从而使得未来工资的现值增长。这样的一个 r 仅在（$s/c-a$）>0，或者 $s/c>a$ 时才存在。在这些条件下，对于任何 $h>12$，工人都将妥协。如果水平线足够长（其中这种足够的长度取决于 s/c 和 a），工人将选择一个工资限制的策略，使得 $r<(s/c-a)$，因为不断增长的打了折扣的工资的时间轨迹，最终将超过停滞或下降的折扣工资的任何轨迹。另一方面，如果 $s/c<a$，那么对于任何正数 r，未来工资的现值将下降，而工人具有高度斗争性，会随着工资尽可能多的立即增长而过得最好。

这个理论的直观含义是明显的。由于 s/c 是每单位利润的产出增长率，因此它构成了在一种妥协条件下工资可能增长的最大比率。如果可想象的最大工资增长低于工人对工资增长的折扣率，那么如果他们同意那种利润占有的话，工人将过得更糟糕。但是，如果产出增长快于工人对未来打的折扣，那么工人选择妥协策略并等待未来的工资收益将过得较好。

图 5—5 显示了在 $h=30$ 时的某些说明性函数 $W^*(r, s)$。当 $a>s/c$ 时，较低的部分描述了 W^*，当 $a<s/c$ 时，较高的部分描述了 W^*。当 $a>s/c$ 时，W^* 是 r 的一个单调递增函数，但是当 $a<s/c$ 时，W^* 在斗争性的一个妥协水平上有一个最大值。

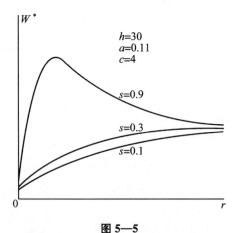

图 5—5

图 5—6 呈现了数导函数 $r^*(s)$，即在工人风险和资本家储蓄行为给定的情况下，使 W^* 最大化的斗争性水平。只要 $a > 1/c$，对于所有 s，这个函数将大于 $(1 + s/c)$。如果我们假定 $c = 4$，那么在 $a = 0.24$ 时，就工人对 r 的一个妥协值的最佳回应而言，储蓄率必须大到 0.96；在 $a = 0.01$ 时，0.04 的储蓄率就足够了。

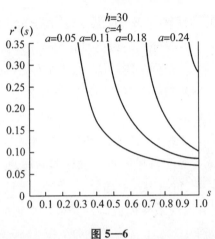

图 5—6

然而，这些结果仍未构成对于工人行为的一种预测，因为工人将要选择的战略取决于资本家的行为。资本家可能不愿意把他们的储蓄率提高到为妥协所必需的水平，即使可能做到这一点。实际上，资本家能用他们自己的威胁回应工人提出的每一种威胁：如果工人威胁要增加斗争性，资本家就可以威胁降低储蓄率。这是仍需调查研究的问题。

资本家与工人进行妥协的目的是什么呢？很明显，他们关注的主要是维持利润作为部分产品从当前消费中预扣出来的一种形式。然而，私有产权制度的保护是不充分的：实际利润必须获得。此外，看来没有理由假定资本家只是"理性的吝啬鬼"。最终，他们关心的不仅是利润的再投资，而且还要能消费这些利润。资本家不仅仅是工人的投资机器：他们的确有自己的特殊利益。因此有理由假定，经过一个 h 年的阶段，资本家试图使他们的消费 $C(t) = (1-s)P(t)$ 最大化。此外，资本家将根据他们所面临的不确定性而对未来消费打折扣。

如果资本家的折扣率为 b，那么资本家所面临的问题，就是选择储蓄率 s 的值，在工人斗争性水平给定的情况下，这个储蓄率使他们打折扣的未来消费的现值最大化，或者

$$\max_s C^* = (1-s)\sum_{t=0}^{t=h}(1+b)^{-t}\hat{p}(t), a>0 \tag{7}$$

其中，妥协利润的预期轨迹 $P(t)$ 由（5）式给定。储蓄率 s 是资本家的策略变量，$s^*(r)$ 是他们的最佳回应策略，即在由 h、b、c 给定的条件下，给定一个特定的 r 值，这个 s 的值使 C^* 最大化。

资本家的最佳回应策略由下面的理论所给定。当资本家的水平线足够长时，只要他们对未来的折扣率低于他们的投资回报率，他们的最佳回应就是投资；否则他们将收缩投资。资本家的投资回报率等于资本的生产率，或者等于每单位用于投资的利润的产出增长部分 $1/c$，减去这单位利润支付给工人的部分 r。因此，当且仅当 $b<(1/c-1)$ 时，资本家才会发现最佳回应方式是以一个正的比率进行投资。可以规范地表述如下：

资本家的最佳回应理论

对于所有 $h>H$，其中 H 与工人最佳回应理论中的数相同，

对任意 r，如果 $b>1/c$，则 $s^*(r)<0$，

如果 $b>(1/c-r)$，或 $r<(1/c-b)$，则 $s^*(r)<0$，

如果 $b<(1/c-r)$，或 $r>(1/c-b)$，则 $s^*(r)>0$。[1]

当水平线无限长时，资本家的最佳回应策略是一个 bang-bang 函数，按照资本家的折扣率 b 小于还是大于 $(1/c-r)$，这个函数等于最大投资或最大投资收缩。对有限的水平线而言，资本家的最佳回应函数必然由数值推导出来。对于 $h>12$（当 $c=4$ 时），$s^*(r)$ 是一个连续单调递减函数，当 $r<(1/c-b)$ 时，$0<s^*(r)<1$。工人斗争性在 $(1/c-b)$ 量之下的约束越大，资本家的最佳回应储蓄率就越高。

资本家最佳回应理论的直观意义可以表达如下：$(1/c-r)$ 表示

---

① 式 $r<(1/c-b)$ 中的"<"原为">"，应为"<"。——译者注

由一次特定妥协所规定的斗争性 r 给定的条件下，利润进而来自利润的消费能够增长的最大比率。如果可想象的最高利润增长率低于资本家对未来的折扣率，收缩投资使资本家过得最好。但是，如果最大可能的利润增长率超过资本家的折扣率，积极投资的策略是最优选择。

图 5—7 描绘了 $h=30$、$c=4$ 时的某些说明性函数 $C^*(s, r)$。图 5—8 表明了在同样条件下函数 $s^*(r)$ 的正的部分。

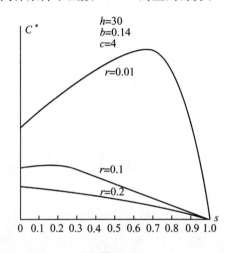

图 5—7

至此，我们已经考察了每个阶级对另一阶级的行为的最佳回应，即当其对立阶级以一种固定方式行事时，每个阶级所面临的最大化问题的解决办法。如果一个阶级的对手不按策略行动，该阶级的最佳回应策略就是最理想的策略，但是两个阶级的确都按策略行动，并且唯一合理的假定是每个阶级都预期另一阶级将按策略行动。每个阶级不仅必须考虑另一阶级的行动，而且必须考虑它的反应；不仅必须考虑另一阶级当前的策略，而且必须考虑对它自己的策略的可能反应。例如，如果工人对某一正的储蓄率的最佳回应策略是变得具有高度斗争性，那么如果工人实施这个最佳回应策略，他们就不能期望资本家会继续储蓄。工人必须考虑到，资本家对高度斗争性的最佳回应是收缩投资。

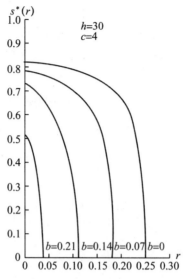

图 5—8

在其对手的预期反应给定的情况下，如果没有哪个阶级有更好的策略选择，一对策略（r，s）是这个博弈的一个解。因此，一个解是一对（r，s），一旦选定，只要条件不变，它将保持稳定。注意，最佳回应函数（$r^*(s^*)$，$s^*(r^*)$）的交点构成了一个解。两个阶级都对其对手的当前策略做出最优的反应。此即纳什均衡（Nash equilibrium）。在该模型中，只有当妥协破裂时，这个解才会出现。[5]资本家对高度斗争性水平的最佳回应是收缩投资，工人对于收缩投资的最佳回应是高度斗争性。

然而，假设工人预期资本家将对任何 r 都以他们的最佳回应策略 $s^*(r)$ 加以回应。现在，工人面临的问题是，选择使函数 $W^*(r, s^*(r))$ 最大化的斗争性水平，即给定资本家将以 $s^*(r)$ 对工人可能选择的任何 r 做出回应时，使工人福利最大化的那种斗争性。令这个 r 的最大值是 r^{**}。这对数（r^{**}，s^{**}）也是这个博弈的一个解。斗争性水平 r^{**} 是工人在资本家预期反应给定的情况下工人的最优选择，根据定义，$s^*(r^{**})$ 是资本家对工人策略 r^{**} 的最优反应。这是以工人作为居支配地位的游戏者的施塔克伯格（Stackelberg, 1952）的解。注意，r^{**} 并不必然位于工人最佳回应策略 $r^*(s)$ 的集合中。函

数 $r^*(s^*)$ 被定义为关于函数 $W^*(r, s)$ 的 r 的最大值，每一个 s 的值是常数，而数值 r^{**} 被定义为函数 $W^*(r, s^*(r))$ 中的 r 的最大值，其中 $s=s^*(r)$ 是 r 的一个函数。

现在假设资本家预期，针对资本家所选择的任何储蓄率 s，工人都将采取他们的最佳回应策略 $r^*(s)$。于是资本家将寻求使 $C^*(s, r^*(s))$ 最大化。设 s 的最大值是 s^{**}。这对策略 $(r^*(s^{**}), s^{**})$ 是博弈的另一个解。在资本家对工人反应的预期给定的条件下，他们已选择了最佳策略，并且工人在对资本家的选择做出最优反应。这是资本家居支配地位的游戏者的施塔克伯格的解（Stackelberg solution）。再一次地，s^{**} 并不必然位于资本家最佳回应策略的集合中。函数 $s^*(r)$ 是资本家对工人当前斗争性水平的最佳反应。s^{**} 的数值是在给定工人对任何 s 都以最佳回应 $r^*(s)$ 做出反应的条件下资本家的最优选择。

代表缺乏妥协的纳什均衡总是可能的。仍需要研究的是妥协存在的条件，即施塔克伯格解。如果水平线太短，$h<12$，就不存在妥协的解。然而，对于任何 $h>12$ 的情况，妥协的解的存在完全取决于折扣率 a、b 与资本生产率 $1/c$ 之间的关系。在随后的讨论中，我们假定 $h>12$（在数字例子中 $h=30$），这里有四种情况要考虑。

$$a>1/c, b>1/c \tag{i}$$

工人和资本家都面临着是否能达成某种妥协的很大程度的不确定性。法国 1936 年的形势提供了一个原型：1936 年以前，在法国没有什么工人被组织起来，几乎没有集体谈判的传统，几个工会和政党为赢得工人的支持而竞争，在自发的占据工厂的压力下缔结了马提翁协议（Matignon agreement）。因此，工人和资本家都没有期望这个协议能持久，实际上，在它缔结六个星期之后，协议双方就开始削弱它的基础：资本家在遵守工资条款（尤其是关于最低工资和带薪休假期）方面行动缓慢，并且提高价格，而工人则罢工并重新占据工厂。

在这些情况下，工人发现其最佳策略是具有高度斗争性，而不管资本家所选定的储蓄率如何，而资本家发现最优策略是收缩投资而不管工人的斗争性水平。达不成任何妥协是可能的。所有三个解都归为一个纳什均衡，在此，$r^*(s) > 1 + s/c$，并且 $s^*(r) < 0$。

$$a > 1/c, \quad b < 1/c \qquad\qquad\qquad (ii)$$

工人承担了大部分风险，而资本家相对确定，他们将获得由任何妥协所规定的利润。当工会化程度较低或几个工会彼此竞争，劳资关系制度化较弱，工人对国家没有什么影响，这时就会出现这种状况。今天的美国提供了一个典型范例。

当 $b < 1/c$ 时，只要工人不具有高度斗争性，资本家的最佳回应策略就是按正的比率去投资：如果 $r < (1/c - b)$，则 $s^*(r) < 0$。然而，由于 $a > 1/c$，工人的最佳回应策略是提高他们的斗争性而不管储蓄率的高低。一种可能性是，工人遵循自己的最佳回应策略，而资本家则以收缩投资来回应，事态再次以无妥协而结束。但是也可能存在一个可供选择的解。假设工人通过考虑 r 的一个无斗争性的值，即 $r = r_0$，来开始他们当前的决策过程。（接受这种论点时，可参见图5—9。）

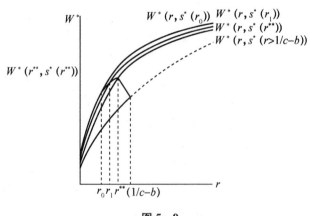

图5—9

如果工人选择 r_0，那么资本家将选择 $s_0 = s^*(r_0)$。由于工人对任一 s 的最佳回应策略都是提高斗争性，那么他们现在将会考虑移动到一个新的水平 $r = r_1$。反过来，资本家将把投资率降到 $s_1 = s^*(r_1)$，以应回斗争性的提高。资本家这种调整的结果，将是把工人降到函数 $W^*(r, s_1)$ 的位置，次于 $W^*(r, s_0)$。然而，如果 r_1 只比 r_0 略高一点，资本家将会以投资率的略微减少来做出回应（见图 5—8），并且，工人将会发现，他们在这个新点 $(r, s^*(r))$ 比他们以前要过得更好。既然工人对 s_1 的最佳回应是再次采用最大的斗争性，他们现在将会考虑进一步提高斗争性到 $r = r^{**}$。资本家将把储蓄率降到 $s = s^*(r^{**})$，然而工人仍会发现他们在 $(r^{**}, s^*(r^{**}))$ 要比在 r 的任何较低的值都过得更好。现在，当工人考虑把他们的斗争性提高到超过 $r = r^{**}$ 的水平时，他们发现，资本家的最佳回应策略是迅速地降低投资率，以至于工人以略高于 r^{**} 的 r 的水平比他们在 r^{**} 处过得更差。即使工人对任何固定的储蓄率的最佳回应（包括 $s^*(r^{**})$）是采用最大的斗争性，资本家的收缩投资威胁在 r 稍微高于 r^{**} 的区域也是有效的。的确，工人发现，如果他们使 r 保持逐渐增长超过 r^{**}，当 $W^*(r, s^*(r))$ 随着较高的斗争性而不断下降时，他们将过得越来越糟。然而，在 $r > r^{**}$ 的整个区域，收缩投资威胁将是无效的。当 r 达到 $r = 1/c - b$ 的值时，资本家将以最大可能的比率收缩投资，并且他们的威胁将被用尽。如果工人选择一个 $r > 1/c - b$，妥协就会破裂，工人试图把资本存量国有化，而资本家则收缩投资。图 5—10 提供了函数 $W^*(r, s^*(r))$ 的曲线图，它是在资本家根据其最佳回应策略做出反应时，工人面临的一个选择系列。在 r^{**} 处存在着一个构成了一个妥协解的最大值，而在 $1/c - b$ 处存在着一个最小值。

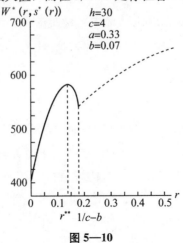

图 5—10

妥协（r^{**}，$s^*(r^{**})$）将会构成这种解吗？不幸的是，没有其他额外的假定就不能给出任何答案。如果工人有很好的理由担心妥协破裂的政治后果，妥协就将是这种解，这一主题我们下面将加以讨论。

$$a<1/c,\ b>1/c \tag{iii}$$

工人相对确定地得到由任何妥协所规定的工资，而资本家承担不确定性的冲击。当工人被垄断性地组织起来，劳资关系被制度化，并且工人由施加选举影响的政党来代表，这时就会出现这种情况。1924—1928 年间的魏玛共和国、1969—1976 年间的意大利和 1951 年后不同时期的英国，都是很好的例子。

当 $a<1/c$ 时，只要资本家以足够比率进行投资，工人的最佳回应策略就是低度或中等程度的斗争性：如果 $s>ac$，则 $r^*(s)<(1+s/c)$。然而，资本家的最佳回应策略是无论斗争性水平如何都收缩投资。但是资本家必须考虑到工人的反应。图 5—11 说明了函数 $C^*(s,\ r^*(s))$。在给定工人按照自己最佳回应策略做出反应的条件下，选择每个正的储蓄水平的预期结果。资本家的选择位于 $s^*>0$ 之间，即收缩投资，这必然造成妥协的破裂（未显示），或他们能得到的最佳妥协 s^{**}。如果妥协的失败足以在政治上威胁资本家，将选定（$r^*(s^{**})$，s^{**}）作为解。给定 s^{**}，工人（在资本主义条件下）在 $r^*(s^{**})$ 处达到一个总体上的最大值；而由于 $s^{**}>ac$，这个值代表了一种妥协策略。并且对资本家来说，来自 s^{**} 的收益是从任何妥协中所能获得的最大收益。

$$a<1/c,\ b<1/c \tag{iv}$$

资本家和工人都十分确信，在任何妥协条件下，他们都能获得所预期的收益。存在着一种高度的双边垄断；劳资关系高度制度化；这个经济体在国际体系中处于很好的位置。1936 年以后和 20 世纪 70年代中期以前的瑞典就是一个范例。在瑞典，世纪之交时开始形成集体协议，到 1905 年时，它们已经覆盖了相当大比例的工人。最高法

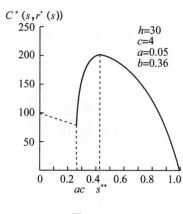

图 5—11

院的一系列决定使得这些协议具有了约束力,最高法院首先强制执行
了资本家之间的协议,随后又在 1916 年执行集体谈判协议。1920
年,建立了劳动法庭,到 1926 年,各方可能由于不公平的谈判实践
而在这些法庭遭到起诉。在 1938 年,一种集体谈判体系在全国规模
上集中起来,这个系统经过某些修改一直沿用至今。

在这种状况下,无论是工人还是资本家,他们采取的最佳回应策
略都不会必然导致冲突。这两个解都是可行的——$(r^*, s^*(r^{**}))$①,
这时,妥协因为收缩投资的威胁而得到执行;$(r^*(s^{**}), s^{**})$,这时,
协议由于斗争性的威胁而得到执行。每一个阶级都希望另一阶级偏离自
己的最佳回应策略。工人的较好策略是以斗争性的解$(r^*(s^{**}), s^{**})$威
胁资本家,而资本家的较好策略是以解 $(r^*, s^*(r^{**}))$ 威胁工人。实
际上,被迫偏离其最佳策略的阶级以付出妥协的成本而告终。对于双
方而言,如果两个妥协解都优于双方顽固地追求最佳回应策略所造成
的结果,那么工人和资本家就面临着一个合作问题(Schelling,
1960)。我将不再深入讨论这个问题。

概言之,当两个阶级都高度不确定是否能形成妥协时,妥协是不
可能达成的。工人变得具有高度斗争性而无论储蓄率的高低,资本家

---

① 原文为$(r^*, s(r^{**}))$,疑有误。——译者注

则试图收缩投资而不管斗争性水平的高低。

当工人高度不确定而资本家相对确定时，妥协可能在这样一点上得以确立，即工人由于资本家的收缩投资威胁而不提高斗争性，而资本家的最优投资率是正的。

当工人相对确定而资本家承担高风险时，妥协可能在这样一点上达成，即资本家因受到斗争性的威胁而被迫储蓄，而工人的最优的斗争性水平也不高。

当工人和资本家双方都面临中等程度的不确定时，在资本家的收缩投资威胁下达成的妥协，以及在工人的斗争性威胁下达成的妥协都是可行的。两者之中任何一种情况都会达成妥协。

超越资本主义

什么是阶级妥协的替代方案呢？我已经提及妥协的破裂，而没有说明什么可能会替代性地发生。的确，我们关于阶级妥协条件的结果最终并不令人满意，因为它们是非决定性的。妥协的决定最终依赖于对所能达成的最佳妥协与没有任何妥协的后果这两者之间的比较。政治权力的平衡问题成为首要问题，结果是高度不确定的。我相信，基于预期收益的理性计算的任何分析，在危机时刻只有有限的价值。冲突内在地充满着不确定性，而这种不确定性很难评估，不仅对我们而且对我们故事的主人公，都是如此。然而，我将试图阐明这种包含在把向社会主义的过渡作为资本主义条件下的妥协或者经济斗争性的替代方案的考虑中的选择。

首先，让我们阐明缺少妥协时可能发生的结果。一般来说，有以下三种结果：

（1）工人拥有使生产工具国有化并且在一个新的基础上组织积累的政治权力。利润作为一个经济和法律概念被废弃，资本主义也随之消失。

（2）资本家拥有强加一个非民主的解决方案的政治权力。巴西、智利和阿根廷近来的经历表明，在这些体制下，利润增长与工资的显著下降同时发生。对工人的经济剥夺以及普遍的武力压迫是独裁体制的特征。

（3）资本家没有强加一个独裁主义解决方案的权力，工人也没有强加一个社会主义解决方案的权力。在这种情况下，民主资本主义制度在没有妥协的情况下继续存在，但伴随着一种不稳定的僵持，葛兰西（Gramsci，1971：210 ff.）在谈到英国麦克唐纳政府时将其称为一种长期的"灾难性"危机。这可能是几个西欧国家在为经济问题而举行的总罢工失败之后的形势：1909 年的瑞典，1921 年的挪威，1920 年的法国，1926 年的英国。这些形势以高密度的罢工和一般程度的镇压为特征：它们形成了一场拔河比赛。工资和利润波动剧烈。

我不打算进一步研究这些替代方案，而只是说明考虑社会主义的替代方案时涉及的选择结构。工人如何选择向社会主义过渡的策略？

首先要注意，在两种性质截然不同的条件下，工人可能实施使资本存量社会化的策略。第一个条件已经描述过：妥协是不可能的，工人提出经济要求，引发了政治危机，并且在这种危机中，唯一的选择可能在社会主义和独裁的资本主义之间产生。这种情况下，向社会主义的过渡源于资本主义条件下的经济危机，这是马克思主义者所设想的通向社会主义道路的典型情况。这是导致最坏的政治（politique de pire）的方案：根据这种观点，在资本主义条件下，经济形势越糟糕，社会主义就越有可能形成。我相信这种危机传播的策略是不可行的，也是不负责任的。正如瓦尔加（Varga，1927）所警告的：

> 如果工人阶级创造了这样的条件，即资本家的利润变得不可能，但同时资产阶级并没有在政治上失败，而无产阶级的学说还未建立起来，那么资产阶级就会通过残酷的恐怖手段来摧毁工人阶级，以维持资本主义制度的经济基础，并且使剥削劳动力成为可能。（Pirker，1965：133-134；trans. by David Abraham）

然而，工人可能会发现，在资本主义社会中工人可以达成有吸引力的妥协的同样条件下，社会主义是有吸引力的可选择方案。如果工人拥有政治权力，能够使得他们在资本主义条件下执行妥协，他们就不会使用这种权力把社会转变为社会主义吗？如果在资本主义社会中工人可以达成有吸引力的妥协的同样条件下，社会主义是更可取的方案，那么理性的工人就不会形成任何妥协。因此，资本主义妥协的条件，必然总是包含着这样一种妥协对于社会主义选择方案的优越性。

　　让我们思考下面的方案。假设在 $t=0$ 的某一时刻，工人决定把全部资本存量都国有化。在稍后的时刻 $t=T$，最后的国有化法案被通过，而且全部资本存量被社会化了。在从 $t=T$ 到 $t=h$ 这段时间，利润制度不复存在，并且投资决策是全社会通过某种合理的投票机制做出的。

　　在 $0 \leqslant t < T$ 期间，即直到社会化的完成为止，资本的私有权仍未受到触动。面对即将到来的国有化，资本家将尽可能地迅速收缩投资。他们收缩投资不能被阻止，而且人们对他们的行为并不感到惊讶：甚至"一蹴而就的"（one stroke）国有化策略的最著名鼓吹者兰格（Lange，1964）也承认，在资本存量国有化之前就可能发生某些收缩投资现象。设 $S^*(T)$ 是在工人采取一种社会化策略而资本家以收缩投资做出的反应时，在 $t=0$ 和 $t=T$ 之间打了折扣的工资的现值。$S^*(T)$ 可能不是工人在 $t=0$ 和 $t=T$ 之间能够获得的最大值。如果 $W^*(T)$ 是他们在资本主义条件下所能获得的最大值，那么这些量之间的差异就是这期间过渡战略的成本。

　　在 $t=T$ 时，资本存量全部被国有化，从此以后该经济体按下列方式运行。现在整个社会都加入到确定源自总产品的最优储蓄率 s_w 的计划中，投资规模由 $\Delta K(t) = s_w Y(t)$ 给定。[6]令 q 为社会主义社会的投资所面临的内在风险。那么所要解决的问题就是：

$$\max_{s_w} S^* = (1 - s_w) Y(T) \sum_{t=T}^{t=h} (1+q)^{-(t-T)} (1 + s_w/c)^{(t-T)}$$

设解这个问题的储蓄率是 s^*，在社会主义条件下的工人福利

是 $S^*(h-T)$。

  然而，工人在 $t=0$ 时做出策略选择的社会主义的总价值也取决于下面的风险：在武装部队、外国政府、外国公司，甚至工人自己——如果他们反对在 $0\leqslant t<T$ 期间不得不承受的代价的话——的压力下，向社会主义的过渡将发生夭折或遭到颠覆。（关于这些考虑的某些方面，可参见 Kolm, 1977。）即使一项国有化法案与宪法的要求完全一致地由议会通过，资本家也有很多方法去回击。如果实现向社会主义转变的可能性是 $(1-f)$，最后结果是资本主义专政的可能性是 f，那么我们就能认为 $kS^*(h-T)$ 是革命尝试的预期值，$k<1$，其中 $kS^*(h-T)=(1-f) S^*(h-T)+f$（在资本主义专政下的物质福利）。注意，已经为公共所有的资本存量的比例越大，社会主义政党的选举力量越大，k 就越接近于 1。

  因而，在 $t=0$ 时工人实施向社会主义转变策略的总价值，可以被认为是：$S^*=S^*(T)+kS^*(h-T)$，其中 $S^*(T)$ 和 $S^*(h-T)$ 已由上面给定。注意，当工人决定是不是走社会主义道路时，这又是在 $t=0$ 时工人向社会主义转变的现值。所以，这个值可以与工人在民主资本主义特定条件下所能实现的最佳值 $W^*(r, s)$ 相比较，其中 (r, s) 或者代表一种妥协，或者代表一种拉锯战。

  我将不再进一步讨论这一问题，主要因为我相信，这种计算包含了太多的无法衡量之物，从而难以严肃地用于实践。我想澄清这种决定的性质，但是我并不打算用它来描述走或不走社会主义道路的决策实际上是如何做出的。

阶级冲突与国家

  就像马克思所做的那样，假设在某一时刻，关于物质利益的冲突是不可调和的，并且工人对物质利益的追求导致他们不可避免地认识到，当且仅当利润制度被完全废止时，这些利益才能得以改善。给定这种假设，资本主义关系的再生产就不确定了。即使资本的扩大再生产的所有条件"仅仅通过孤立的生产活动的重复"就能"自行"得到满足（Marx，1967，I：577-578），但是当工人集体组织起来去废除资本主义关系时，它们的存在也就不再有保证了。那么，人们就必须超越生产体系去寻找资本主义得以维持的机制。因此，资本主义再生产的一种功能主义（functionalist）的描述，必然遵循这种阶级冲突模型。因为，如果一种关于物质利益实现的不可调和的冲突是任何资本主义社会的特征，并且如果资本主义在至少一百年内经受得住这种冲突的话，那么就必须援引某些外在于阶级关系的机制，来解释这种持久性。每当发生阶级冲突并对资本主义关系再生产产生一种威胁时，某些机制——多数常常认为是国家——必然通过镇压、组织意识形态统治或增补新成员来进行挽救。

对关于国家的工具主义理论的逐步摒弃（Miliband，1970），以及用一种国家被看作相对独立于阶级关系的模型来代替，并没有改变这种功能的逻辑。按照工具主义的观点，可以预测国家正在采取行动保护资本家或类似资本家那些人的利益。而在结构主义者看来，国家独立于资本家的特殊利益，并且被看作建立在大众支持的基础上："大众阶级国家"（Poulantzas，1973）。然而由于某种原因，在面对冲突时，在需要的任何时间和地方，这种国家仍然会用设计好的、对维护资本主义有影响的方式，勉力去镇压、组织意识形态统治和干预。关于国家的工具主义理论和自治理论，都是功能主义的理论，尽管工具主义理论显然与事实不一致，但它至少还具有解释为什么国家——具体的人在具体机构中的功能——要做再生产资本主义关系所有必需的事情这个问题的逻辑价值。

事实上，最终甚至国家作为一种机构也从功能主义的分析中消失了。因为根据假定，国家总是对资本主义再生产的功能需要做出反应，并且因为根据假定，国家的政策具有满足这些需要的功能，所以，人们能够从再生产的需要出发，完全不必麻烦国家。国家的这个概念建立在具体化（reification）的基础上。国家是现成的衣服；好像预测到了这些冲突，在冲突到来之前就裁制好了，每当这些冲突威胁资本主义关系再生产的时候，它就穿戴整齐出现了。在任何冲突出现之前，在任何问题需要解决之前，国家总是给定的，穿戴好了其功能性服装。

确实，任何功能主义视角经久存在的困难，是说明为什么在具体历史环境下特定团体之间的冲突往往导致国家履行其职能。确定无疑的是，社会对历史条件变化做出反应的方式一旦被制度化，这种反应很大程度上就会自动进行。换言之，每个社会都把它的再生产机制组织成为一个体系。然而，同样明显的是，机构的活动和机构本身是持续冲突的结果。在具体的历史环境下，特定集团参与关于特定议题的冲突，而这些冲突的结果是国家的一种特定组织和一个特定的政策组合。所不清楚的是，为什么可以预言这种政策具有再生产资本主义关系的功能。很显然，这个问题的答案，不可能是国家再生产了资本主义关系，因为这"是"它的功能。答案可能是两方面的：一方面，资本主义制度以这样一种方式组织起来——它被再生产出来而不管所有冲突，于是包括阶级冲突在内的这些冲突，获得了一个多余仪式的地位，就像萨林斯（Sahlins）著作中描述的；另一方面，冲突的结局实际上决定了国家所采取的政策，在这种状况下，解释的任务转到这些冲突上，并且任何功能的概念都变得多余了。

对再生产的难以置信的描述，不能解释为什么国家采取特定政策，以及国家的具体化，这些问题是任何功能主义视角所固有的。然而，我们的主张是，在民主资本主义社会中，这种视角由于一种错误的阶级冲突模型而成为必要。再生产问题表现为一个功能性问题，因为不可调和的阶级冲突模型导致了这样的结论：资本主义不可能作为工人阶级的一种选择而存在下去。的确，在这个模型中，工人阶级表现为镇压的被动牺牲者、永远受意识形态统治愚弄的人，或者至少也是被其领导反复出卖的人。

如果我们的阶级冲突模型是有效的，那么对这种结构的需要就消失了。资本主义社会中国家实行的政策——制定这些政策是为了活跃和增强资本主义社会组织体系——不再被看作一个自主国家在面对一个革命的工人阶级威胁时的职能。这些政策以及国家本身，现在作为一种妥协的表达方式出现：它们非常有助于实现包括资本家与有组织的工人在内的阶级联盟的利益。当工人追求一种导致妥协的策略时，国家所做的看起来是再生产资本主义所必需的，因为这不仅是工人的选择，也是资本家的选择。国家组织为一种机构以及由这种机构实行的政策，构成了一种特定阶级妥协的表达方式。

阶级妥协意味着政治关系的一种特定组织，意味着每个阶级与国家的一种特定关系，意味着机构的一种特定组合，也意味着政策的一种特定组合。国家必须强制两个阶级都遵守每次妥协的条款，并且保护每个阶级中参与妥协的那些部分不受其同类阶级成员的非合作行为的损害。由于资本家之间相互竞争，国家必须劝导个体资本家做出为阶级妥协所必要的决策，转变他们所面对的选择条件，以产生必需的总体影响。最后，由于发生阶级妥协的国家是一个民主国家，所以必须明白，形成妥协的阶级联盟能够在选择中赢得民众的支持，这意味着排除在这个特定联盟之外的那些人的利益也必须被考虑在内。因此，所有这些迹象都导致凯恩斯所想象的那种国家，他主张，"对于国家而言，重要的不是取得生产工具的所有权，如果国家有能力决定用于扩大生产工具和给予那些工具拥有者的基本报酬率的资源总量，那么，它就会完成所有必需的事"（1964：378）。那就是说，有必要组织阶级妥协。

【注释】

[1] 不管这条道路是向上还是向下倾斜，它都是真实的。即使工人的条件在资本主义条件下正在恶化，过渡道路仍可能加深危机。

[2] （5）式是一个形式为 $Y(t+1)=aY(t)$ 的一阶线性差分方程，其解为 $Y(t)=a^tY(0)$。对任何 $Y(0)>0$，如果 $a>1$，$Y(t)$ 将是一个时间的单调递增函数；如果 $0<a<1$，它将单调减少到 0；如果 $a<0$，它将围绕 0 上下波动（Goldberg，1973）。

[3] 注意，工人在每一个 T（$T=0，1，\cdots$）时重复解答这个问题，并且我

们应该把 W_T^* 作为从 $t=T$ 到 $t=T+h$ 的和。为方便起见，我们假定，我们正在考察 $T+0$ 时的这样一个决定。

[4] 关于这个理论和其他理论的证明，参见 Przeworski and Wallerstein，1982：236-237。

[5] 有一个例外。在 $a=b=0$ 这个限定的情况下，在妥协点上存在着另一个纳什均衡。

[6] 我们希望读者不要把这个社会主义模型误认为是对苏联或者其他东欧国家的描述。在那些国家，投资决策来自于中央计划者与管理者之间的博弈，已知的投资影响位于高于人口偏好的水平上。

第6章　处在十字路口的
　　　民主资本主义 *

我们面临的选择

在很多方面，指引当前右翼进攻的意识形态是 20 世纪 20 年代的一个幽灵：强调企业家主导权的反国家主义者，把大众消费描绘成对国家利益的损害，并且以对市场理性和自发的货币重要性的信念为基础。然而，这种意识形态中的新内容是技术经济理论所扮演的主导性角色。在 20 世纪 20 年代，作为从经验中积累的智慧，通货紧缩政策以及金本位制和平衡预算原则被认为是合理的。这些原则的唯一抽象基础是货币数量论。意识形态的呼吁被表达为大众的价值观，例如节俭、责任心和常识。这一意识形态的典型代言人是财政部和银行的商管。相比之下，在 20 世纪 70 年代，辩护理由似乎是从技术理论中得出的："货币主义"、"新经济学"（la nouvelle économie）以及"合理预期"。它们都是作为下面这一问题的科学理由而提供的：如果国家从国民经济中退出并且资本家被允许累积而不用考虑分配，为什么

---

　　* 本章是与迈克尔・沃勒斯坦共同撰写的。

每个人都会过得更好。即便是那个针对更高的收入分配的最赤裸裸的计划——罗纳德·里根的经济政策——也披上"供应理论"的外衣，并以一个虚构的拉弗曲线（Laffer curve）作为主要理论支柱。

是凯恩斯把宏观经济学从一个观念框架转化为一种理论的：一种用于分析国民收入的决定因素和评估替代政策的演绎方法。他的追随者构建了资本主义经济的数学模型，并根据这些模型用统计方法描述特定的经济。这种新理论成为特定团体把自身的利益表达为普遍利益的框架。它成了表达支配权要求和经济政策语言的载体。意识形态冲突领域已经被技术经济理论所征服，这是凯恩斯主义革命的最后一项遗产。

尽管很多人后来都声称凯恩斯主义经济学的中心原理已经被马克思及其某些追随者所预知，但事实上，对左派来说，马克思主义经济理论从来都不具有经济上的重要性。马克思的理论提供了一种有用的三重分析：第一，资本主义是建立在剥削基础上的（利润的来源是剩余价值）；第二，生产资料私有制既是资本主义非正义的来源，同时也是其非理性的来源；第三，利润率下降是危机的来源。这种理论在政治上的用途，仅仅是证明革命目标——特别是生产资料国有化计划——合理性的一个理由。马克思的经济学，即使它最深刻的观点，对于在资本主义范围内提出工人的分配要求而言，也不是一个有用的工具；而且对于管理资本主义经济而言，也不是一个有用的框架。说"那又怎么样"很容易，但事实是，在历史上，左派的所有群众运动恰恰都不得不面对这些任务。

结果，就有了为左派所接受的凯恩斯主义经济学所提供的对资本主义经济的理解和政策建议。但是凯恩斯主义经济学现在已经黯然失色了。20 世纪 70 年代早期以来，构成大部分发达资本主义国家特征的两种现象——逐渐增长的通货膨胀率和逐渐下降的经济增长率——已被证明对凯恩斯理论所描述的传统干预毫无反应。然而，这种根深蒂固的传统继续保持着，为左派反击保守主义者的进攻提供了大部分基础。许多人坚持认为，储蓄的供给是不成问题的，需求长期不足，收入再分配、充分就业政策和社会开支，是走出当前危机的仅有的方式。问题是，这样的回答已不再具有说服力。它代表了对固守右翼所主张的旧思想和旧政策的一种反应，尽管有些合理性，但已经被实践过并且证明是有缺陷的。固执地维护与过去的失败相联系的政策，就是把意识形态阵地拱手相让给右翼，我相信，这是不必要的。

那么，我们面临的选择是什么呢？在一个层次上，我们是在讨论一个关于一项经济方案的问题，这个方案对于需求管理政策以及右翼的当前潮流以供给为取向的经济学，都是一种合理的、有吸引力的替代方案。但是经济理论是冲突中的阶级与团体的政治利益的合理化，并且应该被视为如此。在经济可选择方案的背后，潜伏着社会的想象、文化模式和对权力的渴望。经济方案使政治方案和社会方案成为必需。

作为一种妥协的凯恩斯主义革命

民主和资本主义的结合构成了一种妥协：那些不拥有生产工具的人同意资本存量的私人所有制，而那些拥有生产工具的人同意允许其他团体有效表达其对资源配置和产出分配的权利要求的政治制度。值得再次提及的是，马克思认为这种妥协是不可行的，他认为，"资产阶级共和国"建立在一种矛盾之上，这使得它作为一种社会组织形式具有内在的不稳定性。马克思认为，生产资料私有制与普选权的结合，或者必然导致被压迫阶级利用其政治权力而得到"社会解放"，或者必然导致剥削阶级利用其经济权力而实现"政治复辟"。因此，马克思认为，资本主义民主"只是资产阶级社会的革命的政治形式，而不是它生活的保守形式"，"只是事物的一种痉挛的、异常的状态……而不可能是社会的常规形式"。

正是凯恩斯主义为资本主义民主国家的妥协提供了意识形态基础和政治基础。凯恩斯主义提出了这样的前景：国家能够使生产工具的私有制与国民经济的民主管理相协调。正如凯恩斯本人所指出的：
"对于国家所要承担的任务而言，重要的并不是生产工具的所有制。
如果国家能够确定用于扩大生产工具及其拥有者的基本报酬的资源总
量，它就完成了所有需要完成的一切了。"（1964：378）对失业和收
入分配水平的民主控制，成了使民主的资本主义成为可能的那种妥协
的条件。

　　20 世纪 30 年代的问题是资源闲置：机器处于闲置状态，而人处
于失业状态。资本主义制度的非理性，在历史上没有哪个时候比那时
更明显。当很多家庭忍饥挨饿时，生产出来的食物却被销毁。咖啡被
烧，猪被宰杀，存货腐烂，机器锈蚀。失业是社会的核心政治问题。

　　根据当时的正统经济观念，事情的这种状态不过是给定的，仅有
的可用资源是削减生产成本，这意味着削减工资和支付。帮助就业者
的某些救济措施明显紧迫，但从经济观点看这些措施是否值得提倡引
起了激烈的争论。在英国，实际上工党政府提出要减少失业补偿：那
时这是得到 I. M. F. 救助的条件，其中"M."代表摩根银行（Mor-
gan Bank）。但是在瑞典，赢得了 1932 年大选的社会民主党打破了正
统货币政策的窠臼。当失业人数随着大萧条的爆发而急剧攀升时，瑞
典社会民主党人偶然发现了一种新的手段：不是帮助失业者，取而代
之的是雇用他们。这是左翼与凯恩斯主义经济学联姻的开始。[1]

　　通过给那些代表工人的政党在资本主义社会担任公职提供正当理
由，凯恩斯主义为阶级妥协提供了基础。并且这样的理由是绝对必需
的。自 19 世纪 90 年代以来，社会民主党人已经认识到，不可逆转的
选举进步，将会以达到一个选举的多数而告终，这将使他们有朝一日
担任公职，并且通过立法使他们的社会进入社会主义。他们对接下来
将会发生什么事毫无准备：在几个国家里，社会民主党、工党和社会
党在没有获得为实行国有化方案所必要的大多数选票的情况下，应邀
缺席组成政府，因为资产阶级政党太分裂以至于不能继续它们的传统
联盟。的确，世界上第一个选举产生的社会主义政府，是由瑞典社会
民主党人在 1920 年组成的，当时他们正经历第一次选举逆转。他们

一执政，就发现自己处于一个尴尬的境地：不能实行国有化方案，没有任何其他区别于资产阶级对手的方案。他们能够实行并且的确实行了改善其选民生活条件的特殊措施：发展公有住房、建立失业救济机构、引入最低工资标准、征收所得税和遗产税，以及发放养老金。但这些措施与俾斯麦、迪斯累利或吉奥里提所实行的保守改革的传统没什么不同。社会主义政党像所有其他政党那样行事：对其选民进行某种分配上的偏袒，但充分尊重平衡预算、通货紧缩、金本位制等重要原则。

凯恩斯主义意外地给工人阶级政党提供了一个担任公职的理由。看来，还有一些事情需要去做，经济也没有按照自然规律运行，如果国家采取反周期的需求管理政策，经济危机可能会减弱，资源的耗费和痛苦可能会减轻。给定现存的资本存量和劳动，如果国民经济在低于其生产能力的水平上运行，那么一项适当的政府政策就能提高产出，直到接近经济生产的全部潜力。政府有能力结束"充分就业缺口"，以确保人和机器都不会失业。充分就业成了可能一直被加以追求的现实目标。

如何能够做到这一点呢？在这里，凯恩斯主义经济学又一次为阶级妥协提供了技术理由。它提供的答案是增加消费。根据凯恩斯主义的诊断，失业的原因是需求不足。因此，对消费掉其大部分收入的人的任何收入再分配和政府开支的任何扩大，都将刺激生产并减少失业。[2]在现有的资本存量给定的条件下，实际产出总是可能由于工资的增加、对穷人的转移支付、政府开支的增加或税收的减少而得到提高。由于提高产出意味着资源利用率的提高，同样的政策将减少失业。因此，左派在分配上对其选民的偏爱，在一种技术经济理论中找到了合理性。正如布卢姆指出的："一种更好的分配方案……将在恢复生产的同时，满足公正的需要。"

但生死攸关的问题更多。按照正统的想法，当工人或失业者对更高消费的需求作为一种特殊利益出现时，就不利于国家的未来发展。增加工资或社会服务，就会提高生产成本，就是从经济增长所必需的投资、资本积累、提高劳动生产率方面转移资源。穷人的福利是一种私人慈善事务，而不是经济事务。但在凯恩斯主义的理论框架中，正是消费提供了生产的原动力，并且工人和穷人忽然间成了普遍利益的代表。他们在消费中的特殊利益与他们在生产中的普遍利益相一致。"人民"成了社会中的支配性力量。正如俄林（Ohlin，1938）所指出的："近年来变得明显的是……'消费'的很多形式——衣、食、住、休闲、娱乐——代表了一种对最有价值的生产手段的投资，即对人们本身的投资。"（Ohlin，1938：5）讨论的术语转换了。

并非所有"凯恩斯主义的"主张都是相同的。一种为激进左翼所强烈拥护的政策方向，聚焦在对于工资和转移支付的收入再分配上。这就是 1936 年发生在法国的事。一种更谨慎也更成功的政策，由控制政府开支、税收和货币供应构成。1932 年瑞典的政策是唯一一项"就业政策"：它由通过赤字和增税来筹资的生产性公共就业组成。瑞典的工资率没有增长，直到 1938 年经济走出萧条后才有所好转。实际上，正如人们在当代宏观经济学教科书中看到的那样，凯恩斯主义经济学简单的形式框架支持政府的开支超出收入再分配：政府开支的"乘数"大于 1，而工资和转移支付的"乘数"小于 1。因此，至少在原则上，政府的开支大于对增加生产的支付，而收入分配部分地损害了需求的其他要素。

在其所有形式中，妥协的凯恩斯主义由一种二元方案构成："充分就业与平等"，其中前者意味着经由需求管理——特别是政府开支——对就业水平进行规制；后者由构成"福利"的社会服务净值组成。因此，妥协的凯恩斯主义所导致的结果是政府在宏观经济管理中扮演多种积极角色。作为社会服务的提供者和市场的管理者，国家在多种社会领域内活动。政府开发出人力方案、家庭政策、住房规划、收入补助体系、医保体系，等等。它们试图通过综合使用刺激与遏制参与劳动市场的办法对劳动力进行管理。它们试图改变种族差异和地区差异的模式。结果是社会关系通过民主政治制度来调节，而不是仍由私人来调节。

资本主义与社会民主

同时，妥协的凯恩斯主义越来越依赖于同意把各种人民团体组织成非市场行动者的经济让步。政治转变为这些团体之间联盟的相互作用，产生了直接谈判的合作主义倾向，这种谈判或者是在政府的监护下，在有组织的团体——特别是劳资之间，或者在各个团体与政府之间。各种政治势力的关系对经济资源的主导作用越来越大。

这种妥协是站得住脚的，只要它能提供就业和物质保障。的确，以经济进步的大多数标准来衡量，它在凯恩斯主义时代都是成功的。这是缘于凯恩斯主义经济政策的功效，或者仅仅是一种偶然，仍有很大的争议。然而，产出增加了，失业下降了，社会服务扩大了，社会充溢着和平氛围。直到 20 世纪 60 年代末，凯恩斯主义是牢固的阶级妥协的意识形态，不同的团体可以在资本主义和民主制度范围内发生冲突。除了瑞典的雷恩（Karl Rehn）的 1951 年方案和意大利共产党 20 世纪 70 年代中期短暂的紧缩政策这两个可能的例外，凯恩斯主义为这种妥协提供了唯一的理论框架。凯恩斯主义的危机就是民主资本主义的危机。

经济替代方案

凯恩斯主义经济学是需求经济学。资本的供给和劳动的供给被假定为常量。储蓄的供给是内生地决定的：它总是等于投资。当需求受到政府政策或外生事件的刺激时，生产就会扩大以便与需求相适应，收入增加，储蓄也会增加，直到达到一个新的平衡，即储蓄在一个更高的生产能力效用水平上再次与投资相等。产出水平发生改变，以维持储蓄和投资的相等。此外，由于凯恩斯主义的问题是使实际产出达到现有资本存量的潜在水平，因此，资本的积累被完全忽视了，并且达到这样一个点：新的投资被假定为非负数，同时，全部资本存量被假定为一个常量。

凯恩斯主义经济学是"短期"经济学，这里的短期指的是一种形势而不是一个时间阶段，资本存量的累积性变化在此可以被忽略。给定这种凯恩斯主义问题，以上假定不是没有道理的，但结果是，在关于潜在产出水平的决定因素、关于资本积累，或者关于劳动生产率等方面，凯恩斯主义什么也没有说明。凯恩斯主义政策的问题，总是消除实际产出与潜在产出之间的差距，而不管潜在产出可能是什么。

假设此时这个问题已经得到了解决，并且国民经济在以它的全部潜能进行生产。由于已经配备的资本存量现在得到了充分利用，没有投资，产出就不能增加，即没有新增的资本存量，产出就不能增加。按照人们的需求观点——不再是凯恩斯自己的需求观点，但却是非常"凯恩斯主义的"的需求观点——需求刺激仍将对增加产出具有影响，这次是通过"加速"投资来实现的。[3]假定投资者做出投资决策是为了增加生产以适应预期的未来总需求。因此，同样的政府政策——开支、收入分配、减税——将会持续有效，因为通过刺激需求使之超过潜在的产出水平，政府将能够刺激投资和经济增长。

但是，当生产性投入的供给不再固定地或被动地实施时，事情看起来就有所不同了。现在，储蓄的供给是否充足变得成问题了。可用于投资的储蓄供给，是从总产出中扣除了工资、转移支付和政府开支后剩下的。因此，真正用于刺激需求的措施，具有减少潜在储蓄的效果，也就是说，当国民经济以自己全部潜力运行时，可得到的储蓄就会减少。

只要国民经济在完全潜在水平之下运行，就不会有矛盾卷入。给定现有的资本存量，由总需求水平决定的产出水平被假定不大于可能的水平，并且储蓄的供给也不是一个约束条件。的确，在这种环境下，储蓄太高，并且凯恩斯主义的补救方法全都涉及减少作为产出的一部分的储蓄。但是，当国民经济接近充分就业时，意在增加总需求并因而会减少总储蓄的措施，就具有限制潜在产出增长率的作用。并且，既然潜在产出是实际产出的最高限度，短期需求刺激转而对长期具有反常的影响。当我们遭遇投资不足的各种症状——实际工资停滞、生产率下降、工厂和设备遭废置——需求管理并没有提供解决办法。的确，当问题是资本短缺时，需求刺激会强化这个问题。

供应方是资产阶级的王国。在这里，资产阶级具有支配权：它在利润方面的利益的实现，是每个人物质条件改善的一个必要条件。增加产出需要投资，投资靠储蓄来筹资，储蓄则通过利润来筹资。因此，利润是增长的条件。从供应方来说，正是储蓄为积累提供了原动力，并且正如所有的研究表明的那样，工人没有多少储蓄。因此，工资、转移支付以及"福利"支出的增加就好像成了增长的障碍。对富人征税和任何形式限制利润率的政府干预同样是增长的障碍，即使这种限制反映了社会成本和负的外部性。

显然，经济体系的这种表现对于那些消费了大部分收入的人来说没有什么特殊的吸引力。左派的自然反应是认为储蓄的供给问题是一个虚假问题。[4]这是包含在凯恩斯主义理论框架中的一种反应，认为投资和经济增长受到需求不足的制约，而不是受到可利用的储蓄的制约。但是，这种反应是错误的。在美国，投资不充分在过去十年的经济不景气中并不是突然出现的。整个二战后时期，美国的投资、资本积累、平均每个工人产出的增长低于英国以外的任何一个主要发达资本主义国家。[5]右派经济学家观点中的谬误，不在于断言储蓄的供给不足以为值得期待的投资水平提供资金，而在于认为由于利润太低而导致储蓄不足。

实际上，投资水平不充分这一事实，并不必然意味着储蓄的增长——至少如果我们接受这种可能性：大多数当前投资可能是社会性的浪费、过剩，或者其他我们不希望看到的情况。总体上的平衡总是隐藏着本质上不同的选择方案。一架轰炸机所消耗的储蓄，可能与为芝加哥城建设现代公共交通系统所消耗的一样多。如果投资不足，就会在很多地方看到浪费，并且非军事公共开支可能并不必然是一个理性观察者首先选择的地方。

但是，这样一种性质的反应是不够的。此外，它与不加区别地要求政府持续扩大开支、支持废弃的产业以及对需求的不懈刺激并不是同义的。储蓄的供给问题必须认真对待。

几个国家的历史经验表明，当政府积极地影响投资率和投资方向以及劳动供给时，在不对收入分配产生有害影响的情况下，增长就可能产生。战后德国的"奇迹"、日本经济的迅速增长，以及瑞典社会民主党在西方社会较成功地把相对较快增长的劳动生产率与最平均主义的收入分配结合起来，表明了存在着一种对于以需求管理和利润取向为特征的右派供给政策的替代性方案。

尽管在这几个国家中，它们是以些微不同的形式来实行的，这些替代性的供给取向政策还从来没有形成一个理论框架。的确，瑞典社会民主党人似乎是在 1951 年偶然发现了这种政策，这种方式令人回想起 1932 年赤字开支的发现：在充分就业条件下，主要是作为维持价格稳定的一种补救措施（Rehn，1952）。就 1949 年后联邦德国的政策而言，可以明确地说，这些政策是那些银行家所发现的，他们的作为好像凯恩斯从来就不存在。然而，德国人、瑞典人以及许多其他国家的人，都成功地实行了由对投资的公共控制、消除无效产业、用以减少结构性失业的人力政策和扩大福利体系所组成的可持续的方案。

为了抽象地理解这些投资导向的供给策略，人们必须首先留意，在发达的资本主义经济中，生产性投资大部分来自利润收益。这意味着，积累率，即变动的资本存量与总资本存量的比率，近似地等于两个量的乘积：源自利润的储蓄率与税后的利润率。[6] 例如，6％的增长率可能要通过一个 60％的储蓄率和 10％的利润率相结合来实现，或者同样的，通过一个 30％的储蓄率和 20％的利润率相结合来实现。

关键的问题是，当利润率较低时，是否能使厂商投资。右派的观点是，这种情况是不可能出现的，因为如果未来没有足够的回报，资本家在目前不会节制。大公司和代表它们的政治力量总是认为，增加储蓄规模的唯一途径是提供税后利润率，这种增加被认为具有两种影响：第一，给定一个不变的源自利润的储蓄率，或者由厂商直接占有，或者有利润收入的接受者占有，储蓄总量将会与利润总量成比例地增长。第二，人们期待一个更高的回报率能导致对源自利润的储蓄倾向。假定把更多的钱给予"那些储蓄的人"——《华尔街日报》(*Wall Street Journal*) 使用的一个词，将鼓励他们按一个较高的比率来储蓄。的确，新经济学的核心信条是，有利于利润的收入再分配是社会为了产生一个较高的投资率和经济增长率所必须承担的必要成本。因此，右派的政策是通过大幅度减少得自财产的收入的名义税率、通过削减非军事公共开支、通过消除所有限制利润管制以及通过限制工人结成组织和举行罢工的权利，来提高有效的利润率。作为回报，他们承诺要增加投资、改善劳动生产率和加速增长。

然而在有些国家——上面提到过的那些国家——投资率相对较高而税后利润率则相对较低。在这些国家，政府试图通过税收、信贷和直接补贴的方式，来改变私人决策者在消费和投资之间的选择条件。

让我们集中讨论税制的运用。考虑一下所有税收都来自对得自于资本所有权的收入中征收。它们通常包括对所挣收入（高级行政人员的"薪水"）征收的个人所得税，对财产收入征收的个人所得税、财产税和公司利润税。给定这些收入的任何一种混合，存在着总财产收入的某种平均名义税率。同时，所有西方国家都把税制作为刺激投资的工具来使用：通过对资本收益、贬值注销、投资信贷和补助等方式给以优惠对待。给定这些不同投资方式的一种混合，还存在着一个依投资率而定的平均投资救济率。因此，有效税率——源自利润的收入被实际征收的比率——将取决于名义税率与投资救济率之间的差。

现在让我们来比较一下不同的税制。当名义的利润税率低时，这种税制具有使税后利润率较高的影响——与投资率无关。这样的一种税制奖赏的是财富，而不是投资。尽管在最好的情况下证据也可能是混合性的（New York Stock Exchange, 1981），这可以给投资带来一种刺激，但是它并不提供任何保证。它并不对利润的非生产性使用进行处罚。因此，降低名义利润税率是经营方案。于是，资本所有者可以在没有任何控制的情况下自由地去做符合其自身利益的任何事情。

但是假设，至少对于某些选定类型的投资而言，名义利润税率较高——非常高，并且边际投资救济税率也很高。[7]利润的非生产性使用现在被处罚。没有进行投资的人和工厂并没有得到减税照顾。资本所有者面临的选择条件发生了改变，他们要么在公共指定的方向进行投资，要么缴税。现在，投资符合工厂的利益。

再来考虑两个以每年 6％ 的比率增加资本存量和产出的社会的例子。其中一个的税后利润率为 20％，投资率为 30％；另一个的税后利润率为 10％，源自利润的投资率为 60％。正如表 6—1 所表明的，经济增长的这些替代性选择模式的分配性含义是相当惊人的。当通过一种高投资率和低利润率为积累筹资时，即状态 B，工资和政府开支的份额，要比通过高利润率和低投资率为积累筹资的状态 A 高很多，而源自利润收入的消费率比状态 A 低很多。很明显，同样的增长率可以通过不同的方式获得。问题仅仅是谁将为积累付出代价：是雇佣劳动者和失业者，还是资本所有者？

表 6—1　　　　　每年 6％ 资本积累（净增资本—产出率为 2）的两种假设模式

	状态 A（％）	状态 B（％）
产出与资本存量的增长率	6	6
净投资/产出	12	12
利润率	20	10
源自利润的储蓄率	30	60
产出中利润的份额	40	20
工资和政府支出的份额	60	80
源自利润的消费份额	28	8
投资＋工资和政府支出＋源自利润的消费＝100％		

因此，资本供给问题，即投资和劳动生产率问题，可以在不提高收入再分配和不废弃政府服务的情况下得到解决——如果税制被用于鼓励投资和阻止对利润收入的消费的话。这种税制满足三个标准：第一，它释放了投资。第二，它没有把做出牺牲的负担加在雇佣劳动者和依靠政府维持生计的人身上。第三，如果运用质的标准，它允许社会在这个标准而不是私人获利的基础上选择投资方向。

然而，上述三项标准，没有任何一项是想表明，通过税制实行的对投资的民主控制是一剂万灵药。对于投资配置的决策涉及很多痛苦的权衡，权衡本来就是痛苦的。我们并没有意见一致的标准，可以用它来评估通过考虑社会效应、环境、健康和安全、自然资源的枯竭、获利性等方面而呈现出来的选择。在缺乏这种标准的情况下，对于投资性质的控制，可能导致政府官僚迫于政治压力而进行反复无常的统治。在投资政策上的自由裁量权的运用，使私人企业和公共企业可能在政府官僚内部影响的基础上，而不是在它们事业的绩效基础上，获得成功。并且在资源配置上只要市场理性仍然是国际的效率标准，市场标准往往最终会在国际竞争的压力下流行起来。

此外，经济增长和劳动生产率提高的目标，是与保护现存工作的目标相冲突的。鼓励节省劳动的创新政策，拒绝对低效生产者进行补贴或对过时产业进行保护的政策，必须与瑞典式的就业再培训和劳动力流动补贴的人力方案结合起来。但正如瑞典人所发现的，这种人力政策需要付出高昂的社会成本，并且可能在政治上是无法忍受的。[8]旨在促使人们按照转换中的产业形式进行移动的措施，意味着家庭的迁移，社会联系的割断，甚至整个共同体因被养家糊口者舍弃而消亡。

然而，一个针对投资和收入分配的全面且一贯的公共控制系统，为实现社会主义运动的最初目标提供了可能性，这个目标在其历史上已经被放弃并且被曲解，即人们通常所说的减少必要劳动时间。具有讽刺意味的是，自 20 世纪 30 年代以来，充分就业成了左派的关注重点。在 19 世纪中期通常被称作"工资奴役"的状况，现在成了普遍存在的条件。从寻求废除工资关系到试图确保没有一个人被从这种关系中排除，工人阶级走了很长一段路。正如罗莎·卢森堡（Rosa Luxemburg, 1906）所观察到的，工人已经成了可能使自己解放技术变革的障碍。为维持工作而保护过时的工厂和低效的产业，已经成为左派几乎无法抵抗的立场，这将不可避免地对经济福利产生不利影响。维持充分就业已经成了将会提高劳动生产率、增加产出、提高工资和（或）减少劳动时间的投资的一种主要障碍。

只要一种体面的生活标准依赖于受到雇佣，左派优先考虑创造就业机会就是不可避免的。只有当一种足够的最低收入对所有人都完全有保证时，维持充分就业才不再是经济政策的一个必要目的。那时，相当程度的平等就成为工人阶级支持宏观经济政策的一个前提条件，这种政策允许为了提高劳动生产率而失去工作岗位，不保护技术落后的工厂和产业，鼓励而不是阻碍节约劳动的创新。但是，要考虑一下报酬。在每年劳动生产增长率不到 3％的情况下，每个工人的产出在 25 年后翻一番：在一代人的时间内，我们能减少一半劳动时间。人们是否选择使用劳动生产率收益以增加消费或闲暇时间，我们不得而知。但是，一旦维持充分就业不再是一种迷信，一旦体面的生活条件对每个人而言都得到了保证，这种选择的空间就打开了。

作为一种政治方案的市场经济

在任何社会，某些决策具有一种公共的效应，而其他决策仅具有私人的或有限的影响。并且在任何社会，某些决策是由公众做出的，而其他决策则被限于私人领域。投资决策——从当前消费中扣除一部分社会资源的决策和对它们进行配置以替代或增加生产工具方面的决定——具有既普遍又长期持续的影响，即公共的影响。然而，私人所有制意味着它们是一种私人特权。对投资的控制是资本主义条件下的中心政治问题，因为严格说来，私人做出的其他任何决策，都不具有如此深刻的公共影响。

右派的纲领是投资的形式和数量由市场决定。市场毕竟是一种协调私人决策和聚合偏好的制度。如果市场被垄断和外部性等所扭曲，并且消费者是自主的，市场以符合作为消费者的个人偏好的方式聚合私人决策。由追求利润最大化的投资者所做出的决策，将对那些关心非现期的和跨期的资源配置的消费者的偏好做出反应。但是，市场对其做出反应的偏好，是由每个个人控制的资源数量加权而成的。一个理想化的"完美"市场与聚合起来的消费者对私人商品的偏好有效匹配，这是福利经济学的第一课。聚合起来的消费者对私人商品的偏好反映收入和财富分配，是一个常常被忽视的推论。

一个民主的政治制度构成了个人偏好得以聚合的另一种机制。如果政治竞争摆脱了强制，如果选民是自主的，那么政府政策将反映作为公民的个人的聚合偏好。但作为公民，个人被赋予了同等的权重。因此，当它们被政治机构而不是被市场聚合时，个人对于私人商品以及公共商品的偏好的同样聚合，通常将产生对资源的不同配置的需求。

进一步说，市场没有保证那些目前的消费受到最大限制的人能在将来获得投资的回报。在任何社会，如果生产要持续并且消费要增长的话，当前产出的某些部分就必须从消费中扣除。使资本主义得以辨识的特征是，大部分投资是由利润来筹资的，即从雇佣劳动者那里扣除的那部分产品中筹资。资本存货的更新和扩大也依赖利润。因此，在资本主义条件下，利润的存在是改善该社会上任何团体物质条件的一个必要条件。但这还不够充分。利润可能被储存、消费、输出或用作不良投资。即使资本家是有节制的、有效率的和有先见的，当生产周期完成并支付了工资时，他们与工人的市场关系就终结了。并且在资本主义生产体系的结构中，没有什么能够保证，雇佣劳动者能够受益于一部分产品当前作为利润从他们那里扣除这一事实。

因此，任何阶级妥协至少必然包括两个方面：一个与收入分配有关，另一个与投资有关。如果那些不拥有资本的人自愿同意生产工具的私人所有权，他们就必须有理由确信，由于资本家对当前利润的占有，他们的物质条件在未来会得到改善。直到最近，这种妥协几乎仍没有得到明确阐述，因为它基本上是制度性的：工人同意生产工具的私人所有制，而这些生产工具的所有者同意其他团体可以借以有效实现其需求的政治制度。今天，由于对于妥协的信任遭到侵蚀，工人要求更加明确的承诺。正如欧洲工会联合会最近委托做出的一份报告所宣称的："为了接受投资所需的利润水平，并且给公司一个合理的财务基础，工人将越来越需要在关于投资及其产生的一个更加公平的收

入份额的决策方面拥有发言权。"（Köpke，1979：iv）

然而，当前这个时期是 20 世纪 20 年代以来资本所有者公开反对一种涉及公众影响投资和收入分配的妥协的第一个时期。右派几十年来第一次有了自己的历史方案：使积累摆脱民主强加给它的所有束缚。对于资产阶级而言，它从来就没能完成它的革命。

就像资产阶级使积累摆脱封建秩序的束缚那样，它被迫使积累服从于通过普选权行使的公众控制的约束。生产工具私人所有权与普选权的结合是一种妥协，并且这种妥协意味着，积累的逻辑并不绝对是私人行动者的逻辑。

右派当前攻势中所包含的不仅仅是税收、政府开支甚至收入分配的问题。降低利润所得税、取消环境控制、终止福利计划、取消政府对产品安全和工作条件的控制、弱化劳工联盟的力量，这些计划加起来比重新制定经济政策还要多。它们构成了新社会的一种方案，一种资产阶级革命目标。

因此，有必要考虑下面的问题：在哪种社会里，积累能不受任何形式的政治控制，不受收入分配的约束，不受就业、环境、工人健康和消费者安全这些因素的影响？这些假设问题没有现成的答案，但却令人深思。

这个社会是由家庭和企业完全通过市场相互联系而组成的。社会关系随着市场关系而共同扩展，政治权力的角色可以简化为保护市场免受作为非市场行为者（即非家庭和企业）组织起来的任何团体企图的损害，以至于改变市场配置的理性。由于社会和政治关系是非政治化的，非市场行为者的需求就不会找到拥护者。积累与合法性之间的紧张将被克服：对那些从积累中获益的人来说，积累是自身合法的，没有其他合法性可寻。常言道，"政府不欠任何人任何东西"。

家庭收入将完全依靠劳动实现的市场价值。劳动力的再生产被重新私有化，家庭内雇佣劳动者与养育人之间的传统劳动分工将被恢复。不参与获利活动的人，在生存方面将没有制度性的保障。他们可能在"保留地"内被孤立起来，不管是在城内还是在萧条的地区，他们都将被遗忘或被忽视。

作为一个阶级的工人的组织将会解体。如果工资谈判依照法律分散得低于企业的水平（就像目前智利的状况），并且如果生产国际化的过程持续进行，工会的垄断势力就会被有效地打破。某些企业的分散选举、以反垄断势力为取向的压制——最重要的是失业的威胁，这些因素会结合在一起，共同对工人进行控制。

所有这些变化都表明了我们一贯认为不可逆转的趋势出现了反转。的确，我们所描绘的图景可以很容易地与比如说卡尔（E. H. Carr）或哈贝马斯所描述的当代资本主义趋势结合起来，并且反转它们而得到。经济关系将被去政治化。政府经济计划将被废弃。合法性将留给市场。"经济激发"（economic whip）将作为政治控制的中心机制而得到恢复。

这样的社会是可行的吗？智利的经验表明，伴随着严酷的镇压、民主制度的毁灭和所有形式政治的清除，它是可行的。至少在智利——大多数观察家都同意——在民主条件下，如果没有军人专政，社会的这种重组是不可能成功的。但是，不摧毁形式上的民主，没有一个资本主义民主的"智利化"，这样的社会可行吗？

在传统上选举参与程度较高、工人阶级政党享有选举支持，并且选举体系的入口相对开放的国家——如大多数西欧国家——右派的方案在民主条件下看来注定要失败。但是在美国，大约有40％的成年人从来没有投过票，权贵政党对选举体系进行双头垄断式的控制，并且进入的障碍是禁止性的，人们对于前景必然不太乐观。假设这种方案在经济上是成功的，并且对相当大一部分选民是有利的——即使出于纯粹偶然的原因，假设右派把两个政党都吸引了，并且这种攻势得到了大众媒体的支持……这样的一种前景也绝不是遥不可及的。

【注释】

[1] 实际上，瑞典的政策是凯恩斯思想的一种应用，还是一种源自马克思经由威克塞尔的自主发展，这个问题持续地引起争论。参见 Gustafsson, 1973。

［2］在理论上，还存在另一种凯恩斯主义的工具：通过降低利率，增加投资开支，从而增加总需求。但是，名义利率对投资水平的影响在经验上被证明是凯恩斯主义的最薄弱环节，这是丁伯根（Tinbergen）在1939年得出的一个结论。因此，在实践中，货币政策主要是用来适应财政政策，即防止政府赤字抬高利率，或者控制通货膨胀，而不是刺激需求，至少不是故意地刺激需求。

［3］这种投资理论首先是由克拉克（Clark，1917）提出来的，它的现代形式应归功于钱纳里（Chenery，1952）。

［4］参见佩洛（Perlo，1976）及斯威齐和麦格多夫（Sweezy and Magdoff，1980）的著作；或更晚近的罗思柴尔德（Rothschild，1982）的文献。

［5］近来对这个问题的有关研究，可参见 Kendrick，1981。

［6］形式上可表述为，$\Delta K / K = s P / K$，其中 K 是资本存量，ΔK 是资本存量的变化量，s 是源自利润的储蓄率，P 是利润量，P/K 是利润率。

［7］正如肖恩菲尔德（Shonfield）在谈到德国时所指出的："为了使工作干得有技巧，税率不得不提高。他们是这么做的。"（1969：282）投资的税务减免也是如此，可参见其著作的附录Ⅳ。

［8］瑞典社会民主党人踌躇满志，他们试图确定在一种资本主义经济中通过政府政策来塑造劳动和私有资本的供给方式的年代。对于他们在此过程中所遇到的问题的讨论，可以参见俄林（Ohlin，1977）和海布罗纳（Heibroner，1980）的文献。

第7章 剥削、阶级冲突和社会主义：约翰·罗默的伦理唯物主义

导 论

约翰·罗默关于剥削的一般理论为所有革命理论的根本问题提供了一个分析框架：在一个特定社会组织中生活的人在什么条件下才会理智地选择一种替代方案？特别是，罗默解释了为什么生活在资本主义条件下的工人会选择社会主义。我相信，他的阐述是不正确的，而且答案也是错误的。

为了讨论这个问题，需要做一些初步的工作。我首先概括罗默的两个关于剥削的理论，即他的论文中界定剥削、断言其存在、解释其起源的那些部分。[1]然后我将考察他的观点，即尽管阶级斗争可以根据、并且只能根据劳动的剥削来理解，但是资本的积累是一个"技术事实"，并不仅仅与劳动剥削相联系。我认为，这种阐述的结果是先验地排除了阶级冲突在资本主义条件下对工人的物质福利有任何影响的可能性。在罗默的理论中，工人面临着是个人工资最大化还是为社会主义进行集体斗争的两难选择。在资本主义条件下，不能为任何变

革而斗争，因而根据罗默的假定，工人注定是革命者。罗默不能证明，生活在资本主义条件下的包括工人在内的任何人，具有充分的理由偏爱社会主义。我也相信，对于罗默的问题我知道一个令人信服的答案：对工人来说，社会主义比资本主义更可取，并不是因为它以牺牲资本家利益为代价提高了工人的消费，而是因为在社会主义社会，每一个人都能共同决定社会资源应该如何按需分配。

剥削及其起源

我们为什么需要一种剥削理论呢？罗默的观点独具匠心，以至于我们不得不重新思考这个基本问题。我们必须仔细地准确定义这种理论的目标。我相信，罗默冠以以"剥削理论"（theory of exploitation）为题的论文，最终也是为了阐述某种其他的理论。[2]

一种剥削理论应当界定剥削，从而可以说它所表述的现象是存在的（至少是偶然存在的），进而，这种理论应解释为什么这些现象会存在，以及它们为什么采取了特定的历史形式。罗默以定义剥削为劳动时间的转换作为起点，并且使用这种定义证明了关于剥削起源的一种令人吃惊的定理。

使这一定理如此令人吃惊的原因是，在此之前从来没有一个马克思主义者在逻辑上证明，剥削的原因在于（不平等的）生产工具的私人所有权。以前，马克思主义者通过人们与生产工具所有权的关系、通过他们是出卖还是购买劳动力、通过他们的劳动力价值与劳动之间的关系——即剥削——对他们进行分类。自马克思以来，马克思主义者断言，这三种观察社会的方法是等同的，就是说，生产资料的所有者就是劳动力的购买者和剩余劳动的占有者。他们从来没有证明这种定理是正确的。罗默做到了这一点。

罗默首先表明，即使每个人都拥有生产其生存必需品的生产资料，即使没有剩余也没有劳动交换，只要生产资料（简称"财富"）

的初始禀赋是不平等的，剥削就仍将存在。在罗默的著作中找到的证据表明，在市场经济中，即使没有任何工资关系，也能给剥削下一个有意义的定义，换言之，财富（可转让的）禀赋的不平等是剥削的一个充分条件。这个结果在两个方面令人吃惊。[3]一方面，与新古典主义经济学家相反，它表明，来自贸易和剥削的收益不是相互排斥的；另一方面，它证明，剥削的概念可以应用于不存在直接工资关系的国际经济关系领域。

于是，罗默引入了工资关系，并证明了两个定理。第一个定理断言，当人们试图使他们的目标最大化时，按照财产禀赋数量排序的人们将会自己排列成阶级——由出卖或购买劳动力来定义。这里会再一次出现一些新的结果。阶级结构被证明由五个阶级组成，而不是通常所说的三个，因为罗默把纯粹的资本家（不为自己工作的食利者）和混合资本家（为自己工作且雇用其他人的企业家）区分开来，把纯粹的无产者（仅为其他人工作）与混合的无产者（用自己的生产工具工作，也出卖自己的劳动力）区分开来。[4]经过把人口普查资料纳入马克思主义的阶级类型的几年工作之后，我发现这些区别是有益的。例如，在某些资本主义国家，有1/5的产业工人拥有或经营着自己的土地。[5]

第二个定理被罗默看作其论据的根本，这个定理认为，剥削（体现在商品中的劳动时间的净转移）仅仅是由阶级地位决定的。为了他们的所得，所有那些出卖劳动力的人要比所有购买劳动力的人（或者那些进行资本借贷的人）付出更多的劳动。因此，作为交换，所包含的劳动时间从劳动力出卖者那里转移到劳动力购买者那里。

总之，财富—阶级相符定理（Wealth-Class Correspondence Theorem）和阶级—剥削相符理论认为：（1）可以说，剥削存在于非常一般的制度和技术条件下；（2）剥削产生于不平等的生产工具所有权。此外，即使每个人都获得来自劳动力和所生产商品的交换所有可能的收益，在资本主义条件下仍然存在剥削。

然而，由于一些原因——部分原因与所宣称的劳动价值理论的不足有关——罗默得出了一个替代性的"一般的"剥削观。尽管迄今为止人们把剥削界定和解释为一种资本占有剩余劳动的模型——不管剥削的界定有多抽象，罗默却非常关注在他所谓的"社会主义"条件下如何解释剥削的问题，他提出了一种可以应用于任何生产模式的关于剥削的元理论。解释一下他的阐述：当且仅当一个给定社会中某个团体能够以一种特定方式从这个社会中"退出"（withdrawing）而改善其物质福利时，这个社会才存在剥削。"退出"这个概念不是按字面来解释的，因为在一个特定经济体的内部和外部，各个团体福利的比较仅仅是以静态均衡的属性为基础的。用罗默的话来说，一个群体"被假设为受剥削，如果它有某种一定条件下可行的替代方案，在该方案下，其成员会过得更好"（1982a：276）。

我将这个新的剥削定义称为"偶然退出"，这需要一个因果解释，罗默认为这与"剩余劳动"定义所需要的解释有所不同。罗默对比了他所说的理解剥削的财产关系方法和剩余价值方法。然而，我认为，他混淆了一些问题。如此，剥削是否能够笼统地通过提及劳动价值得到令人满意的界定？他的观点是不可能做到的。再如此，什么原因使剥削得以存在，是在偶然退出的意义上还是在劳动价值的意义上劳动价值才能得到有意义的界定？最后，某些争议因罗默自己的论证——在资本主义条件下，这两种定义被证明是等价的——而得以扩散。

如果我们使用偶然退出的一般定义，同时使用劳动价值的定义，我相信，罗默要表明的似乎是，剥削是（可转让的和不可转让的）生产资料所有权不平等的一个结果。的确，阶级—剥削相符原则不是解释劳动剥削的理论。是财富的不平等分配产生了阶级。确实，罗默对劳动剥削的解释在不提及任何阶级的情况下也能构建起来，因为它最初就是由罗默本人构建起来的。劳动剥削的起因仍然是财富的不平等分配。因此，如果偶然退出定义优于剩余价值定义，这并不是因为前者提供了一个更好的因果解释，而是因为后者是有缺陷的，或者正如罗默所指出的，是因为偶然退出这个定义使马克思主义理论的"伦理命令"（ethical imperatives）变得更加清楚。

剥削和阶级斗争

一旦有了一种（或多种）剥削理论，我们用它来做什么？既然罗默明确地陈述了他的答案，我们让他自己发言：剥削理论的目的是解释阶级斗争（1982a：274）。但是，什么是阶级斗争，在哪些人之间存在阶级斗争，以及为什么而斗争？罗默指出："我们看看历史，发现贫困的工人在与富裕的资本家斗争。为了解释这一点，或为之辩护，或指导它并为之提供意识形态弹药，我们构建了一种剥削理论，敌对的双方分成剥削者或被剥削者。"（1982a：274－275）。另外，罗默继续说，这是"一种特殊的资本主义理论，与把资本主义解释为贫穷工人与富有资本家之间的阶级斗争相符合，按照历史唯物主义的观点，这是对资本主义的最有教益的历史解释"（1982a：275）。

因此，罗默的剥削概念与阶级斗争、不平等以三位一体的形式出现。让我们首先区分罗默论述这些关系的两个步骤，即不平等与剥削的关系以及剥削与阶级斗争的关系。

罗默相信，我们需要一种理论，这种理论将"把社会解构成与资本主义的阶级斗争相符合的剥削者和被剥削者"（1982a：275）。的确，我们已经知道，当我们观察历史时，我们发现工人在与资本家进行斗争。这是一个三重主张：（1）历史的主体必然并且永远是被剥削者与剥削者；（2）这些集体的行动者必然并且永远"斗争"，或在它们的相互关系中构成"敌对双方"；（3）所有的历史变革都是因为被剥削者与剥削者之间的斗争。我认为，罗默在剥削与阶级斗争之间并未建立任何逻辑相符性，不仅没有建立这样的相符性，而且他的历史论断也完全是花言巧语。

我不准备对罗默这方面的观点进行任何细节上的评论，如果这样做的话，就要重复包括我自己在内的很多人已经说过很多遍的话：作为历史主体、斗争集体的阶级组织，不是由个人在财产关系领域所占据的位置决定的。这里推断不出任何关系。资本主义的历史并不必然是被剥削者与剥削者之间的阶级斗争史，尽管如果工人和资本家像这样组织起来，并且如果每个人仅以工人或资本家的身份来斗争，可能会产生前述结果。资本主义的历史可能是剥削者之间的一部斗争史；它也可能是妇女之间、民族之间、种族之间、宗教团体之间的一部斗争史。如果我们想要建立剥削和阶级斗争理论，我们将不得不从放弃它们彼此"相一致"的任何信念开始。的确，当我阅读罗默著作的某些段落时，我想起了乔治·马歇（Georges Marchais）在电视上提供给法国公众的那种"马克思主义"："存在着富人和穷人、剥削者和被剥削者……"

此外，即使被剥削者与剥削者作为推动资本主义历史的主体出现，也仍然有待证明，他们必然并永远彼此"斗争"。这个问题对于随后的讨论是重要的，所以让我们来介绍一下某些区别。

为什么罗默理论中的工人必然要与资本家斗争呢？其原因可以从罗默对它的分析中找到。他的资本主义完全在交换—生产—交换的孤立循环中运行，并且他的分析方法完全建立在产生于这种循环的静态均衡的财产的比较上。在每次循环的开始，所有行动者交易其初始禀赋，于是产品出现了，然后他们再次交易并评估其结果。每个循环的最终结果是一个均衡解（在这一点上所有的市场出清），并且与每一个解相联系的是收入（或闲暇）的分配。的确，要注意，在罗默的模型中，整个资本主义的历史由一个循环而耗尽，在这个循环中，每件事都是由财产禀赋的初始分配所决定的。

根据这种表述，相关的经济行为者对于未来必然是缺乏远见的。每个人都试图使自己的目标在现时实现最大化，并且视野没有超越这个特定的循环。因此，罗默笔下的工人不可能把在放弃使当前收入最大化并允许资本家以一个较快速度进行积累的情况下将要发生的事情，与根据罗默的假定强加给他们的使当前收入（或闲暇）最大化的策略进行比较。

此外，当前收入的均衡分配在每次循环中是由财富的初始分配

（即以前积累的或外生给定的收入的分配）决定的，在这种分配中，那些缺乏初始财富的穷人是被剥削者，并且其当前收入要少于那些占有大量初始财富且处于剥削地位的人。我相信，罗默理论框架的这种特征对他理解阶级斗争具有意义深远的影响。然而，在分析这些影响之前，让我们详细考察罗默是如何以及为什么用这种方式来建构他的理论框架。

首先要注意，"贫穷的工人"（像"富裕的资本家"一样）可以指代两种不同状况：那些（在初始财富方面）贫穷的人和因贫穷而成为工人的人；或那些身为工人的人（因而受剥削）和因为身为工人而（在当前收入方面）变得贫穷的人。的确，罗默对这两者都谈到了：财富—阶级相符定理说的是前者，阶级—剥削相符定理谈的是后者。这两个定理共同断言，收入的最终分配是完全由财富的初始分配决定的：我们以贫穷的工人持续贫穷和富裕的资本家持续富裕而告终。

至少有两个理由可以说明，为什么初始财富与当前收入之间的这种相符性不像罗默所说的那样严格。第一个原因与生产中劳动的榨取有关，第二个原因与不平等的劳动禀赋有关。

生产中的劳动榨取在罗默的剥削概念中不起作用。罗默说，他的分析"向那些相信劳动交换过程是资本主义剥削起源的关键时刻的人提出了挑战"[6]。（1982a：266-267）实际上，这是一句表达不够充分的陈述，因为他的分析没有给生产中的剥削留出任何位置。但是我认为，是罗默自己误把假设当做了结论。

罗默对这一观点做了如下论证。首先，他论证了剥削存在于缺少劳动交换的地方。因而他挑战了那些相信劳动过程至关重要的人——我应该补充一句，这是正确的。于是他引入了劳动交换，而没有修改任何其他初始假设。在没有劳动交换的经济中，使用同样生产技术的每个人都以同样的强度来劳动，并且罗默把这一假设输送到"劳动市场岛"（labor market island）上，在那里，人们为其他人也为自己劳动。人们是用自己的资本还是其他某个人的资本来经营，这没有什么区别。因此，从劳动力中榨取劳动的问题，仅仅被假设成为了生存：

它是一个假设，而不是一个结论，并且我相信，它是一个不合理的假设。罗默从一个"即使"（不存在劳动交换）的状态推理到一个"如果"（存在劳动交换）的状态，仅仅把后者看得不像前者那样普遍。实际上它们是不同的。

初始财富并不总是与当前收入相符的第二个原因，与不平等的劳动禀赋相关。罗默坚持认为，任何"适当的"（proper）剥削理论都必然把"穷人划分为被剥削者，把富人划分为剥削者"；他的理论产生了这样一种分类，因而是一个"适当的"剥削理论（1982a：274）。另外，他想使剥削与不平等之间的关系以两种方式运行：不仅富裕的人（the rich）——更确切地说是有财产的人（the wealthy）——必然变成剥削者，而且剥削者得以允许成为富人。注意罗默是怎样推理的。假设我们观察今天美国的收入分配，并且我们发现，大公司雇用的律师（在收入上）比小资本家更富有。（实际上，几年前在瑞典，来自就业的平均收入高于来自财产权的平均收入。）罗默实际上说的是，无论我们设定了什么样的剥削理论，它都不应当考虑到这种观察资料。因此，我们面临的选择是在以下两种理论之间进行的：一种理论假定一个相同的劳动禀赋分配，从而是"适当的"，但显然是错误的；一种理论考虑到不平等的劳动禀赋，从而是不适当的，因为它从财富的初始分配中分离出当前收入分配。面对这种两难处境——如果人们想要一种适当并且真实的理论，它就是一种两难处境——为了支持偶然退出理论，罗默完全放弃了劳动剥削理论（1982a：286）。

为什么当前的收入分配可能不像罗默坚持认为的那样由财富的初始分配直接决定，我们已经发现了两个原因。人们在为他人工作的时候，可能并不会像为自己工作那样有效地使用一种特定的生产技术，如果我们考虑到这种可能性，那么资本家之间的收入分配将不仅依赖他们的初始禀赋，而且依赖他们从生产中成功地榨取剩余劳动。如果我们考虑到不平等的劳动禀赋，那么收入分配将不仅依赖可转让的禀赋，而且依赖不可转让的禀赋。因此，把初始财富与当前收入和积累财富连接起来的神奇循环将被打破。

现在让我们考虑一下，为什么罗默笔下的工人必须必然与资本家进行斗争。假设罗默的观点是正确的，即给定初始财富禀赋，收入分配是一劳永逸地固定的。这就意味着，经济行为者能够比较、评估和为之斗争的世界的唯一可选择状态，将是收入的均衡分配，每一种均衡分配都与特定的生产方式相联系。工人在资本主义社会出生，他们的偏好是固定的，他们继承了一种财富的初始分配。因而，在罗默的世界里，他们在资本主义条件下的命运是确定的（sealed）。在资本主义条件下，他们无法改变自己的命运。他们所能做的，只是在财富初始分配给定条件下使自己的目标（当前收入或闲暇）最大化，并且实现与他们的初始财富相适应的最高收入，即从贫穷到贫穷。他们能够改善其物质条件的唯一途径就是财富的再分配。但在罗默的阐述中，他们在资本主义条件下不可能对财富进行再分配：财富是积累起来的收入，而收入是由初始财富给定的，并且不存在财富再分配的其他途径。因此，工人只能转向社会主义：如果他们想改善其物质条件，他们必须是革命者。

在我看来，这不是一个可信的理论，而且我要说，这不是一个在政治层面上特别相关的理论。任何试图解释、论证或指导工人的社会主义斗争的合理的理论——按照罗默的观点，这是剥削理论的任务——将不得不（1）考虑到工人能够在资本主义条件下以个体或集体的方式改善自身条件的可能性；（2）认识到这是大多数组织起来的工人在资本主义历史时期一直努力去做的；（3）详细说明工人为社会主义而斗争所处的条件。如果工人理性地选择社会主义，必然是因为社会主义要好于他们在资本主义条件下所能得到的最好结果，而不仅仅好于他们在资本主义条件下所处的当前形势。对罗默来说，所谓"伦理命令"即剥削与阶级斗争"相符"，"退出"与社会主义相符，但是这种"伦理命令"的原因是，在他的理论中，工人从未被给予任何机会。

剥削、阶级斗争和积累

在论证一种剥削理论的目的是解释阶级斗争后，罗默认为，劳动的剥削不能解释资本的积累。既然有关的段落有助于替代性的解释，下面我完整地引用这段话：

> 相比之下，不能选择劳动剥削理论来解释资本的积累，就像人们有时主张的那样。如果劳动力是资本主义条件下唯一被剥削的商品，那么这种主张就是合理的。但就如前面所提到的，在一个生产剩余产品的经济中，每一种商品都被剥削——与马克思所意指的相反，在这一点上劳动力也没什么特别之处。因此，通过选择任一商品作为价值标准，资本的积累可以解释为一种技术事实。但是，无产者和资本家之间的阶级斗争只能通过选择劳动作为价值标准来解释。(1982a：275)

我把这段话作如下解读：根据劳动价值阐述的任何剥削理论都不能解释资本的积累。资本积累只不过是能够用各种等同的方式解释为可能与社会过程相对立的一种"技术事实"。如果人们想维护一种剥削的劳动价值观念，人们就应该与罗默一起解释贫穷工人与富裕资本家之间的阶级斗争。

让我重申罗默提出的观点。一是没有哪一个劳动价值剥削理论能够解释资本积累。二是这样的一种理论，并且只有这样一种理论能够解释阶级冲突。三是似乎阶级斗争是值得解释的，而对积累的解释是无关紧要的。马上就能注意到这些断言的一种令人吃惊的含义：既然劳动剥削不能解释积累，并且只有剥削才能解释阶级斗争，那么，积累和阶级斗争就不能在同一种剥削理论中得到解释。

此刻，把罗默的观点与马克思的观点进行比较是有好处的。正如所有阐释者似乎都同意的，马克思的确想用他的劳动剥削理论解释利润的起源，进而解释积累。但是，与所声称的相反，他从来没有建立一种与积累和阶级斗争的社会过程相联系的理论。马克思在《资本论》中阐述的积累理论并没有给阶级斗争留下逻辑空间：在他的理论中，阶级冲突能加快或减缓积累以及所有与此有关的趋势，但是它们不能转变这种过程。阶级冲突导致马克思的分析产生暂时的和过渡性的偏差，但并不能影响资本主义的发展规律，并且这些理论谈的是规律，而不是偏差。马克思的积累观忽视了工人和资本家的阶级组织的影响。某些阐释者——从林赛（Lindsay）开始，经由斯威齐，直到波兹南哲学学派（Poznan Philosophical School），都为这种理论辩护，认为它是在抽象层次上对资本主义发展所做的一种有效分析。[7]但是，从影响预测的过程中所作的抽象不是好的抽象。

然而我认为，将劳动剥削、阶级斗争和资本积累系统地联系在一起的理论，原则上在我们修正了马克思和罗默所共享的四个假设的条件下，是可能的。因此，工人与资本家之间利益冲突的模型，必须通过引入时间偏好来修正。竞争的假设必须加以修正，以考虑由于工人和资本家的集体组织而产生的不完美性。为了支持分配的冲突模型，必须放弃收入分配由纯经济要素内生决定的观念。最后，国家必须作为一个行为者明确地引入。除非作出这些修正，否则我们将继续使"马克思主义经济学"与"马克思主义的国家理论"相分离，正如我们过去20年间一直做的那样。的确，当代马克思主义蓬勃发展的最显著特征，就是"经济学"领域和"政治学"领域已经彼此隔绝地密封起来。由于国家是"自治的"，人们在没有涉及任何经济动态的情况下研究政治活动；由于经济行为者从未被集体地组织起来，人们能在不涉及任何政治的情况下研究经济动态。经济行为者只是作为试图使其工资或利润最大化的个人而策略地行事。政治行为者完全不是行为者：他们不过是为了那些未得到很好界定或完全想象出来的"长期"利益而彼此斗争的自动机。

让我在罗默论文范围之外引用一个例子。[8]马克思主义经济学家之间对利润率的长期趋势一直存在着激烈的争论。正统的观点认为，竞争中的资本家被迫投资，在某种程度上降低了平均利润率；而修正主义者的观点认为，在一种竞争的经济中，利润率是不确定的。这种争论确实解释了竞争性资本主义的动态，但是假设，当资本家进行竞争时，利润率确实下降。他们首先要迈出的一步难道不是组织成一个集体以缓解这种毁灭性的竞争吗？马克思没有系统地研究这种可能性，因为他似乎相信，当资本家组织成集体的时候，也为社会主义创造了条件，并且这个问题将是不恰当的。但是我们现在已经在一个资本家组织起来的世界中生活了很多年，尽管在经济的、法团的、政治的各个方面并不总是成功的。如果今天的经济行为者被集体组织起来，并作为政治力量而策略地行事，为什么扩大再生产的竞争模型还会继续呢？

　　一种马克思主义者的经济理论——我说的马克思主义者，并不意指接受马克思的假设或者承认他的问题的人，而是指在寻求全人类的解放过程中试图理解冲突与发展之间关系的人——必须是把所有层次的策略选择都纳入其核心假设的理论。它必须是这样的一种理论，即给经济行为者一个机会去组织、去集体斗争、去对国家施加影响，并对经济产生影响的理论。它也必须是这样的一种理论，即把资本主义市场的特定结构、阶级和国家的特定组织形式、剥削和积累的特定形式，看作行为者在资本主义条件下以他们能采取的各种手段追求自己目标的策略行为的偶然结果。它不能是这样的一种理论，即个人在自动运行的资本主义条件下对经济福利的追求或对革命目标的集体追求之间，给工人提供一种虚假的选择。

　　在过去的几年中，马克思主义经济学的发展，除了把马克思主义吸收进主流的资产阶级经济学之外，几乎别无其他成就。"修正主义者"的使命是表明，马克思的经济理论可以在逻辑上被清理，从而使之与均衡增长的一般框架相符合。按照斯蒂德曼（Steedman）的恰当描述，"蒙昧主义者"（obscurantists）的抗拒，是转而声称这种清理是不必要的，因为马克思的理论在逻辑上本来就是清理这方面的。但正是马克思和现代增长理论家的共同点——当经济行为者排他性地作为市场行动者追求其目标时，积累"自动地"发生于其中的框架——使马克思的理论无关于对当代资本主义及其所固有政治选择的理解。生产模型说明了经济数量之间的技术联系，例如，剥削率与（最大）积累率之间的关系。但是生产体系一定不能被看作是一个自动运行的装置。更确切地说，它是一种约束的源泉，在这种约束下，工人和资本家个人或集体地参与冲突或妥协，在各个阶级之内和不同阶级之间追求自己的目标。为结束这种漫长的爆发，马克思主义经济理论必须是一种关于经济的政治理论。在这种理论中，行为者决定剥削率、积累率、收入分配、失业率或价格水平，他们至少可以将自己想象成是以各种方式——而不仅仅把他们的资本或人身从一个部门转移到另一个部门——追求自己目标的集体行动者出现的。这意味着，马克思主义经济理论必须使自己摆脱马克思，或至少脱离马克思的如下观点：资本的再生产"仅通过孤立的生产循环的重复"就"自动地"发生。[9] 只有在那时，我们才会有一种在经济学和政治学领域与马克思主义相区别的理论，也只有在那时，我们才会有一种关于我们周围的世界及其提供给我们的选择的理论。

一个愤世嫉俗的读者无疑会注意到，我提倡放弃把马克思与一种资产阶级理论联系起来的做法，取而代之把他与另外一种理论联系起来。我是这样做的。我相信，我们应该完全接受理解经济现象的博弈论方法，我们应该把生产模型的作用仅限于对构成博弈模型限制因素的技术联系的说明。

因此，我非常赞同罗默转而讨论剥削的"一般"理论。他的一般理论是用集体策略行为的语言加以阐述的，我相信他的理论得到了正确的阐述。然而问题是罗默完全放弃了对资本主义内在动力（或者对于任何生产方式）的分析。革命不是工人所进行的全部博弈，资本主义也是其博弈的一部分。在把资本积累与阶级斗争分离的情况下，罗默把积累看作一种"技术事实"，并且把阶级斗争看作限于生产方式的冲突。在资本主义条件下只有积累，阶级斗争只存在于生产方式之间。我相信，这种阐述使罗默既不能解释资本主义的动力，也不能解释向社会主义的过渡。的确，我现在试图说明，正是因为罗默未能在资本主义内为阶级斗争保留一个位置，所以他不能提供一种令人信服的向社会主义过渡的理论。

剥削与向社会主义的过渡

我们应该承认，罗默关于剥削的一般理论为工人提供了比高度抽象且模糊的剩余劳动理论更好的"意识形态弹药"。至少，人们可能争辩说，罗默的更可取的定义直接告诉工人，"拿走你们那份社会资源，你们会过得更好"，而剩余价值的解释只告诉工人，他们得到的少于他们生产的。然而，出于很多原因，我们不承认这种优越性。

罗默关于从资本主义"退出"的模型是一种纯粹的列宁主义模型：工厂就在这里，工人们已被教会如何使它们运转起来，我们所不得不做的只是改变所有者（George，1973；Santamaria and Manville，1976）。它是一种科尔施（Korsch）称作生产工具的"资本主义社会化"的一种模型，这与不仅改变所有者而且改变积累目的的"社会主义社会化"有所不同（1975：60-82）。在罗默的社会主义中，可转让的资源（与劳动禀赋相对的生产资料）是被平等分配的，大概是在每个公民都有一个影响社会资源配置的投票权的意义上而言的。[10]因此，从资本主义中的退出，是建立在以下比较基础上的：生产资料的资本主义不平等分配和社会主义平等分配条件下工人福利（购买产品的收入）。

首先要注意，在罗默的阐述中，国民经济的总产出不受产权结构的影响。由于退出是瞬时的（包括静态均衡的比较），财富禀赋的总量、技术、自主的劳动生产率都不受退到社会主义的影响。如同以前的制度一样，社会主义制度满足了同样的需要。

其次要注意，那些通过"退出"而过得更好的，总是社会中的一个团体，而不是所有人。尤其是当一个社会从资本主义进入社会主义以后，那些在资本主义条件下身为工人而受剥削的人获益，而那些作为资本家剥削别人的人受损，无论是在生产工具还是在当前收入方面都是如此。因此，对于作为一个总体的社会而言，相对于先前的安排，"退出"并不是一种帕累托更优（Pareto Superior）的安排。工人获益，资本家受损，总量还是一样的。

现在，人们可能会反对这样的观点：历史就是一部阶级斗争史，说"社会是一个整体"是忽视了它的阶级特性，而落入了资产阶级的圈套，等等。但是我持相反的观点。这时我甚至从马克思那里寻求支持，因为马克思当然相信，在帕累托意义上，革命总是进步的（即使它们可能产生可怕的分配性影响，像在产业革命中那样）。马克思坚持认为，革命总是打着普遍利益的旗号，而不是阶级自身利益的旗号，并且这种普世主义并非空谈：只有当处于上升阶段的阶级是反对旧社会的普遍利益的真正代表时，革命才会发生。此外，我认为，如果有所谓的马克思的"伦理命令"（ethical imperatives）的话，它也是普遍的，而不是特殊的。

然而，马克思的信念不是束缚任何人的，所以让我们来分析这个问题。罗默假设，在满足物质需要方面，社会主义并不比资本主义更有效（帕累托更优）。因为工人在从资本主义进入社会主义时是获益的，资本家必然受损。因此，资本家宁要资本主义也不要社会主义。但工人会怎样呢？要记住，罗默进一步假设，工人完全是以自己的物质需要为动力的：他们试图使当前收入最大化。而在现实中，资本主义条件下的工人在社会主义条件下比在资本主义中当前地位要好一些。根据罗默的假设，工人过得更好，不是因为从资本主义中"退出"，而是因为变成了资本所有者。尽管在资本主义条件下受剥削是工人的最后选择，但社会主义并不比那种他们将成为资本所有者、另一些人将成为工人的制度更令人向往。因而，罗默的"伦理命令"可能是从人剥削人的资本主义制度中退到社会主义制度，正如老话所说，它是"反之亦然"。

总之，如果每个人都仅仅是由他的物质需要推动，如果社会主义不比资本主义更有效率——这是罗默使用的两个假设——那么社会主义并不是每个人最偏好的选择方案，包括那些在资本主义条件下受剥削的人。罗默的阐述可能解释资本主义历史的许多内容，但它不能证明对社会主义偏好的合理性。

人们可能有兴趣通过明确争辩罗默假设所隐含的观点——在资本主义条件下任何重要的财富禀赋的再分配都是不可行的——来为罗默的阐述辩护。毕竟，罗默把工人的一系列可用的选择限制在"条件上可行的选择方案"。但是难道这样一种再分配比社会主义更缺少可行性吗？从历史上看，我认为，它并没有表现出更少的可行性。[11] 但是，举证责任落在了罗默身上，而且他从未定义"可行的"是何意。相反，他给我们提供了一个非线性的历史概念。

罗默似乎不能确定他是伦理社会主义者还是历史唯物主义者，他心目中的马克思是康德还是牛顿；他还提出了一个奇怪的混合物，在其中，各种"伦理命令"按照生产方式的必然接续规律来为自己排序。封建主义因其司法上的不平等而受到道德批评，而且从封建主义退出的唯一途径是进入资本主义。资本主义则由于经济上的不平等而在伦理上受到排斥，人们由此退出，只能进入社会主义。社会主义是建立在劳动禀赋不平等之上的。以下两种观点都是重要的：每一种类型的社会都自动产生了一种特殊的批评；所有的伦理评判都必须说明可行的历史替代方案。但是罗默对"退出"模型的说明过于机械，甚至不合常理。我认为，任何此类模型都必须允许以下两点：在一个具体的社会类型限度内变更特定团体福利的转变（"改革"）；多样性的批评和"退出"（例如，女权主义者对资本主义的批评不需要与工人的批评完全相同）。

我不想偏离罗默本人关注的问题太远，但是我希望澄清我提出异议的根由。特别是，我并不请求罗默或者读者赞同以下观点：在满足消费需要方面，社会主义的看得见的手比资本主义的利润驱动机制更有效率。说实话，我并不确定这一点。然而，如果说社会主义制度所要服务的需要就是满足消费的话，那么社会主义必须更有效率，否则为社会主义辩护就不具有说服力。此外，即使社会主义在这一意义上更有效率，仅仅以消费需要为动力的理性的工人，由于资本家能对他们施以暂时的福利损失作为报复，在任何合理的运转良好的资本主义制度下也不会朝社会主义方向运动。因此，社会主义优越性问题可能只是未决的假设。所以，在我看来，如果我们仍然希望了解为什么社会主义更可取以及为什么向社会主义过渡是可行的原因，我们就必须彻底放弃历史上不变的物质利益的狭隘经济观。

的确，现在我准备主张，社会主义是优越的，因为它允许作为一个整体的社会——我这样说的意思是，所有个人通过一个民主程序——集体决定在积累过程中哪一种需要应该得到满足。这种选择在资本主义条件下是不可能的，因为在资本主义条件下的经济机制只能使商品生产最大化，而不受任何人意愿的支配。换句话说，资本主义积累必须直接指向商品生产，而在社会主义条件下，积累的过程可以被组织起来，以实现其他目标。原则上，这些目标可以是一个社会选择的任何目标。在这个意义上，社会主义将优越于任何替代性的社会制度。然而同时，"这种"社会主义的概念——作为单数的社会主义——变得站不住脚。我们可能实现这样一种社会主义，在其中，政治冲突——社会主义也会有冲突——的结果将导致社会资源用于使自由时间最大化；我们可能实现一种使就业最大化的社会主义，使人民追求美好生活的社会主义，人民不留给资本家消费最大化理由的社会主义，也可能实现把所有资源用于军备的社会主义。社会的一个社会主义组织的内在特征，是社会作为一个整体用民主方式在资源配置上选择需要满足的需求的混合体的能力。社会如何配置这些资源不能事先确定，因为我们不知道，如果能自由选择的话人们会做什么。

【注释】

[1] 除了罗默的论文《马克思主义剥削和阶级理论的新趋势》（1982a）以外，我有时还参阅他的著作《关于剥削和阶级的一般理论》（1982b），这部著作包含了上述论文所概括的理论的论据。然而，我并没有对这些论据进行系统的研究。

[2] 大部分被视为马克思主义国家理论的那些理论，实际上是一种资本主义再生产的国家理论，也就是说，是一种根据国家所起的作用来解释资本主义关系的再生产理论。类似地，所谓依附理论根本不是一种典型的关于依附的理论，而是按照依附关系来说明某种发展类型的理论。

[3] 罗默认为，他还论证了剥削的来源不可能是对生产中剩余劳动的榨取。然而如下文所述，这种观点是不正确的。

[4] 我所不理解的是，纯粹的资本家如何在积累模型中出现，而在积累模型中，每个人都可能耗尽他们的劳动限度。或许更全面地阅读罗默的著作会使这一点更加清楚。

[5] 然而，罗默的分类并没有考虑到出卖自己的劳动力并雇用其他人而不是自己为其资本工作的那些人。

[6] 例如，根据沃尔夫（Robert Paul Wolff）的说法："资本家在生产过程中对工人的政治统治，是从工人那里榨取剩余的关键。"（1980：119）

[7] "实际上，全部争论都没有切中要害。在回顾阶段看到了资本主义的发展……但它也看到了另一种不同体系的兴起和发展，即通过工会和社会立法施加的社会控制的兴起和发展。实际上，所产生的不是资本主义的结果，而是社会控制和资本主义互相作用的结果。但当马克思谈到不断恶化的悲惨状况时，他所谈的是未经修改的资本主义的结果。"（Lindsay，1925：25）

[8] 我要强调一下，本节的目标并不是在自认为或被认为是马克思主义者的那些人所写的东西的意义上的"马克思主义经济学"。我的目标是"生产理论"，无论它是不是由马克思主义者所阐述的。关于对所有这方面发展状况的回顾，可以参见 Pasinetti，1977。最近，出现了许多马克思主义著作，它们把工人和资本家的各层次战略行为都纳入了假设中，并结合了罗宾逊（Joan Robinson）的观察："每个人都能发现，他的相对收入取决于他所属集团的讨价还价的能力。"（1972：199）我所青睐的论述是由经济学家黑尔（John Hale）在 20 世纪20 年代所写的一段话："所有收入……都不是由接受者所创造的'产品'：它们是在某种压力的作用下从剩余的商品中得到的补偿。"

[9] 马克思写道："工资的增长被限制在一定的限度内，这种限度不仅使资本主义制度的基础保持完整，而且确保它以累进的规模进行再生产"（1967，1：582），并且"利润率下降的趋势与剥削率提高的趋势有密切关系……由于这一原因，没有什么比用工资率的提高来解释利润率的下降更荒谬的了，尽管这可能以一种例外的方式成为事实"（1967，3：240）。即使伴随着剥削率的提高，

利润率下降了，这也绝不能排除当剥削率下降时利润率也下降的情况。然而，这种经济自动运行的观念正是争议所在。

[10] 我不确定罗默是否想把这种描述应用于东欧国家。我希望不是这样，这些国家不是罗默所说的社会主义。在那里，所有个人在社会的不可转让资源的所有权方面的平等，充其量只是一种空洞的形式，处理这些资源的有效能力被政党的官僚机构所垄断。没有某种政治民主，罗默的社会主义是不可能的。然而这些国家显然也不是罗默意义上的资本主义社会，并且当它们符合罗默的类型时，问题就出现了。

[11] 按照皮雷纳（Henri Pirenne）的说法，"自中世纪开始，直到我们的时代……对于经济史上可以划分的每一时期而言，都有一个与众不同的和分离的资产阶级。换言之，一个既定时代的资本家团体不是从前一时代的资本家团体中产生的。在经济组织的每一次变革中，我们都可以在连续性中发现裂痕。经济史中有多少个时代，就有多少个资本家阶级。"（1914：494-515）

附录：社会民主和社会主义

    三个结论并不能从本书提出的观点中推断出来。这些观点并没有导致对社会民主的否定。它们并没有断言改革是不可能的。它们也并不意味着工人从未选择过社会主义。既然大多数人的观点告诉我们，悲观主义只不过是有教益的乐观主义，所以，我甚至不认为我的观点是悲观主义的，而只是有教益的。

    这种澄清似乎是必要的，因为这样的结论往往出自比我对欧洲左翼，特别是瑞典社会民主党的变革潜力持更乐观看法的那些作者。实际上，我认为，社会民主党人在并非自己选择的历史环境下已经做得尽善尽美了，并且我非常同情他们的尴尬处境。我只是怀疑，他们是否会将其社会引入社会主义。我确信改革是可能的，但这并不意味着改良主义是向社会主义转变的一种可行策略。我不知道在什么条件下工人和其他人宁愿选择社会主义而不选择资本主义，但是我认为，我已经阐明了他们在只追求经济利益的情况下不可能选择社会主义。由于我把资本主义与政治民主的结合视为一种非常有利于追求直接经济利益的社会形式，所以我怀疑通过工会、政党或政府的审慎行为带来社会主义的可能性。

我并不认为我的观点含有否定社会民主的意思，或者更宽泛地讲，是否定改良主义的社会主义，因为我没有看到能接受的历史可选择方案。[1]回顾过去，至关重要的决定是追求政治权力。马克思在1864年批评所有那些试图建立一个自治并独立于现存机构之外的社会主义社会的人时认为，不首先夺取政治权力，他们的方案是不可行的。这就是为什么他给工人阶级规定的"伟大义务"是夺取权力。改良主义者，特别是伯恩施坦最终把这种任务转变成为控制现存政府机构而竞争；而革命者，著名的如列宁，为了摧毁这些机构而想要夺取政权。但是不管在哪种情况下，争取社会主义的斗争都被政治化了；它成为一场为了获取政权的斗争。确实，这种权力最终被用作实现社会主义者所有目标的工具，但同时，他们所追求的所有目标都服从于对政治权力的集中冲刺。不管是地方工厂的工作条件、附近学校、文化中心、工资，还是妇女的地位，所有这一切都并入了一场大的斗争——"阶级斗争"——这需要夺取政权。想改善人们的工作条件，通过斗争赢得平等，形成一个消费者合作团体，或者争取性自由，或者组织起来在当地公园种花，都通过卷入一场用来获得控制政府的竞选（或密谋起义）而与社会主义产生关联。人们不能每天在个人生活中为社会主义斗争；人们也不能在其家庭、工作团体或邻里内转换关系时为社会主义而斗争。社会主义实践需要对各政党极其信赖，因为它们是把每一件事与"工人阶级的伟大义务"联系起来的机构。

　　替代方案是可行的吗？社会主义运动能独立于现存政治体制之外吗？它能以分权的、自发的、多形态的方式自动发展起来吗？对于19世纪60年代和80年代的合作社、工会和俱乐部而言，维持自治并追求它们自己的目标是可行的吗？具有讽刺意味的是，一百年来试图"自我限制"的第一场运动，是在"共产主义"的波兰诞生的。然而阿拉托（Arato，1983）是正确的，这些目标的有限性产生了一个战略上的困境。这是社会主义者和无政府主义者在西欧所面临的相同困境。在面对一个敌对的、镇压性的国家时，任何一场运动没有夺取政治权力就绝不会罢休——即使这场运动只有非常有限的目标，仅仅为了保护自身而已。社会主义者别无选择：他们不得不为政治权力而斗争，因为任何其他的社会主义运动都将被武力镇压；并且，他们不得不利用直接改善工人生存条件的参与机会，否则他们就得不到工人的支持。他们不得不为权力而斗争，他们是足够幸运的，能够在民主的条件下斗争。其他每件事差不多是一种结果。

一旦社会主义者决定为政治权力而斗争，一旦他们开始在现存的代议机构中竞争，随后发生的一切就都受到严格限制了。最初担心的参与的有害结果，大多数的确成了现实：群众不能为社会主义而斗争，而不得不把这项任务委托给领导人—代表，这场运动变得官僚化了，所采用的策略被简化为选择主义，政治讨论被限于下一次选举胜利后能够解决的议题，无助于赢得选举的任何社会方案都被谴责为乌托邦。既然社会主义者仍然不能依靠为实行社会主义纲领——他们最初试图以这种纲领夺取政治权力——所必需的大多数而赢得选举，他们就不得不去做可能的事。他们致力于就业、平等和效率。他们的确做了很多事：社会主义者加强了政治民主，采取了一系列有利于工人的改革，使人们的受教育机会平等化，为大多数人提供了最低的物质保障。至于其他制度下是否引入了某些同样的改革措施，这是有争议的，证据的普遍要点显示，社会民主党在任期间确实影响到效率和平等。在社会民主党人已经获得成功的地方，他们在工人组织与资本家组织之间确立了一种相对稳固的制度化妥协。

社会民主党采取了很多改革措施：有充足的证据表明改革是可能的。实际上，在第一次掌权之前，社会主义者就已经开始了对资本主义的改革，如迪斯累利、俾斯麦、吉奥里提。问题不是改革是否可能，而是改良主义是否可能。那些得出结论认为改革会因瑞典社会民主党执政（例如，Stephens，1979；Esping-Anderson，1984）或者英国实施替代性经济战略（例如，Hodgson，1982）而最终会出现的人，很可能是正确的。但是他们声称已经证明了改革导致社会主义的可能性——并且那不是同一回事。

当且仅当改革是（1）不可逆转的，（2）在效果上是累积的，

（3）有助于新的改革，（4）以社会主义为指向，此时改革才会导致社会主义。正如我们所看到的，自 19 世纪 90 年代以来，改良主义的社会主义者一直认为，改革确实能满足所有这些条件，从而逐渐地累积起社会主义。至少迄今为止的改革还没做到这一点。

改革是可能逆转的。最近一系列的右翼选举胜利，导致了工业的去国有化、福利方案的削减、失业保护的减少、公民自由和组织权利的限制，等等。此外，正如马丁（Martin，1975）所指出的，在很多情况下，政府不做使先前进行的改革回复到原状的事就足够了。

即使改革没有逆转，它也并不必然是累积的。如果每一次新的改革都是迈向我们认为的社会主义世界某种状态的一个步骤，那么改革将是累积的。但是，不管是从过去的改革中产生的，还是独立地出现的，生活中总是不断产生需要解决的新问题。环境污染、危险品扩散、国家机器官僚化、私人领域侵蚀、超出大多数公民理解能力的政策议题复杂化、行政控制增加——由于社会主义者采取改革的途径，所有这些现象都出现了。真实情况是，很多旧有的灾祸被克服或至少有所减少，但相当多的新的灾祸又出现了。的确，在今天的社会主义者方案中要解决的问题，一点也不比世纪之交少。通过观察社会主义者看待今天的使命的方式而得出的最显著印象——勃兰特、克赖斯基（Kreisky）和帕姆（Palme）之间的通信（1976）对此做了最充分的揭示——是他们认为自己在随时准备应对可能出现的任何问题，而不是转变任何东西。而应对问题并不是改良主义。

并不是所有的改革都有助于新的改革。这是关于改良主义战略最古老怀疑的要旨，特别是罗莎·卢森堡曾提出这种怀疑。在几种情况下，满足工人直接需要的改革会损害未来可能实现的利益。卢森堡注意到："在工会能干预生产的技术部门的范围内，它们只能反对技术革新……它们在这里以一个相反的方向行动。"（1970a：21）继续居于争论中心的问题涉及改革对工人阶级运动的影响。卢森堡再一次成为一个我找到了很多历史证据的观点的最强有力的倡导者，即认为改良削弱了动员。然而，瑞典社会民主党的几个学者——著名的是科尔皮（Korpi，1978；1983）——收集经验证据来支持这种观点：每一波新的改革运动都对瑞典工人阶级产生动员的影响。瑞典社会民主党人的成功，常常与英国工党在进行类似改革和持续动员工人阶级方面的失败形成对照（Higgins and Apple，1983）。此时，我们所能说的是，对这种观点的两个方面都有足够的证据，要求比迄今已经接受的问题进行更为系统的经验调查。

似乎已清楚的是，把改革压缩为一场单一的运动并没有解决难题，反而使问题更加棘手。仍有学者认为，向社会主义过渡的热情会使每个人都非常具有生产性，因而可避免经济危机（Hodgson，1982）。然而迄今为止，试图把国有化、收入再分配和增长的加速结合在一起的社会主义实践者总是发现，当收入再分配成为这种一揽子计划的一部分时，通过它来刺激需求作用并不理想。最终，不仅投资下降，生产能力的效用也下降；工资收益受到侵蚀；经济约束让人无法忍受，改革方案未获得预期的成功。

最后，即使改革是不可逆转的、渐进的和起动员作用的，它们会把人们引向何处？引向社会主义吗？这是一个更具争议性的问题，因为我们无法避免要谈论"社会主义"的含义。

如果社会主义由充分就业、平等和效率构成，那么瑞典社会民主党就非常接近这个目标，并且不可能倒退得太远。如果他们在民选的公共董事会下成功地使大部分产业社会化，并且成功地以一种非常有效的方式持续管理国民经济，很多人就会认为，至少瑞典人的航船会走完饶勒斯所描述的航程，尽管不被人注意，却准确无误地漂进社会主义的流域。

那么，假设瑞典人的策略确实有效：在不进行投资的情况下，产业被社会化，公有制持续受到选民的支持，工人训练有素，国民经济在国际体系中享有一种有利地位。利润的追求富有效率，充分就业得到维持，不平等被降到最低限度。人人都工作，人人的工作都能获利，人人平等。这当然是一个有吸引力的愿景。

但是，人们也能够对这种社会进行不同的描述。它是这样一种社会：对利润的盲目追求已经成为社会唯一的理性原则，甚至达到社会上所有企业都受这种原则指导的地步。工资奴役日趋普遍，以至于每个人都身受其累。异化现象（alienation）普遍存在：个人被迫出卖劳动力，甚至作为一个整体的社会也不能控制遵从私人营利性标准的积累过程。家庭和学校被组织和管理起来，以准备参加生产活动。年轻人被迫囿入各种模式，以使他们能够适应这种体制中的位置。继续探讨下去已无必要。

这不是一幅漫画，而是根据一百年前的社会主义方案所做的描述。根据这种方案，社会主义运动要放弃追逐利润、工资奴役和它们所承担的分工，这将带来解放和自由。社会主义将是这样的一种社会：在这个社会中，在个人层次上，人们将获得对自己生活的控制权，因为他们的存在将不再是一种生存的工具；在集体层次上，人们将获得对共有资源和成果的控制权，因为它们的配置将是一个共同商议和理性选择的问题。社会主义不是一场实现充分就业的运动，而是废除工资奴役的运动；它不是一场实现效率的运动，而是实现集体理性的运动；它不是一场实现平等的运动，而是实现自由的运动。

当社会主义者发现在可预见的将来他们不能实现这些目标时，他们就放弃了这些目标。经济条件不成熟，政治支持也不够充分。社会主义者试图提高其选民的直接利益，他们因而选择追求效率、就业和平等的政策——可能实现的次优的和最优的策略。

同时追求高工资和充分就业，将社会主义者置于两难境地。寻求利润最大化的工厂对工资压力的反应是减少就业，并且在资本主义条件下，那些未充分就业的人在物质条件方面明显恶化。因此，社会主义者不得不努力提高就业以保护失业者，在任何一种情况下，都导致工厂雇用比通常情况下更多的人。当社会主义者奋力争取高工资时，他们促使工厂利用节省劳动和产生失业的生产技术；当他们迫使工厂增加雇佣或承担失业的代价时，他们就促使工厂采取劳动密集型的生产技术。因此，要么人们失业并遭受物质剥夺，要么他们进行不必要的劳动。的确，争取充分就业导致了劳动解放的可能性的推延。

由于确保充分就业的努力变得越来越不切实际，社会主义者在制定减少劳动时间和重新分配工作的方案时磕磕绊绊。在工人阶级实现了充分就业的部门，以及在关心效率和竞争的社会主义政治家和管理者那里，这种方案都不受欢迎。然而，这种方案确实是走出两难困境的一条出路。减少劳动时间而不相应地减少工资，就迫使工厂寻求节约劳动的生产技术，从而产生了随后减少劳动时间的可能性。这些可能性受到了国际竞争的约束，这种国际竞争把工人分隔在不同国家并且防止政府通过立法减少工作时间。这些可能性还受到生产技术的可获取性的限制。然而，生产技术不是既定的。它们作为工厂从中选择的"现存"的生产技术是可以获取的，因为社会积极地寻求特定类型的技术。我们都知道，如果没有计算机的发明和使用，今天将会有多少人在银行工作。IBM是正确的："机器应该工作，人应该思考"。

让我们来进行某些乌托邦式的幻想。首先，跟马克思一道，我们想象在一个社会中，人类所做的机器能做的劳动，都停止不做了。生产、维修和分配的全部过程都由机器来完成，而不需要直接劳动的帮助。机器是由机器按照元机器的指令而生产出来的，这些指令被编入程序以生产一系列商品，而且使物质资源的耗费最小化。生产这些商品（包括机器和元机器）的必要劳动时间可以忽略不计。某些人类活动（"间接劳动"）最终进入这一生产过程，但是它们在那时不需要占用我们的时间。

其次，假设这种过程是以下述方式进行的：产出（作为物理学的一个矢量来衡量）总是严格地大于它以前的量。

再次，无论他们的特征和贡献如何，所有个体都得到自己所需要的东西。

这三个特征——自动化、累积、与劳动无关的需求的满足——构成了劳动解放的必要条件，这种解放是脱离劳苦和匮乏的双重解放。社会主义社会将是一种按照两种原则组织起来的社会。第一，生产是有组织的，以至于能够产生几乎瞬时满足每个人物质需要的能力，同时把直接劳动减少到历史上可能的最低限度。第二，除了历史上必要的最低限度的相互主张和保证，其他任何机构都不存在。匮乏、劳苦和社会有组织的镇压将被废除。自由时间是社会主义的一个必要而又充分的条件，因为它构成了免于需要、劳动和社会约束之苦的自由。

不去深究细节，让我们来看看自由时间意味着什么。首先要注意，资本主义的几个问题变得简直毫不相干了。"失业"不再是自由劳动力的命运。由于在那些条件下的工作消失了，那些工作条件也就丧失了它们的重要性。平等不再是一个有意义的字眼，只有在一个非自由的社会，它才是个问题。免于匮乏和劳动的自由，意味着需求变成了异质的东西，它们的满足不能再简化为单一维度。在社会主义条件下，那些人是有着丰富需求的富人（Heller，1974）。甚至民主也不那么成问题了，当几乎没有做出的决定对其他人具有约束力时，民主参与制定有约束力的决定就失去了它的紧迫性。一个民主的家庭中所有成员都是平等的，一个社会主义的家庭中所有成员都是自由的。问题不再是把民主从政治领域扩大到社会领域的问题——这是资本主义条件下社会民主的精髓——而是减少相互约束的问题。因此，如果说其他任何问题依旧存在的话，需求的问题和资本主义的问题已经几乎不存在了。"自由时间——既是闲暇时间，也是高级活动的时间——已经自然地将其所有者转变成了一个不同的主体。"（Marx，1973：712）

免于劳动的时间是自由的时间。尽管划分活动的某种方式可能由于自由表述的选择而出现，但这种划分不再是一种惯例。选择不仅是自由地做出的，也是自由地阐述的。当直接劳动不再是必要的，劳动分工中占据的位置就不存在了。正如萨特所指出的，在我们死去的祖父的意象中，我们不再出生（Sartre，1960：15）。这种选择不再是"我将成为什么人"，其中"什么人"是作为"一位飞行员"、"一名护士"或"一个捡垃圾的人"而先在给定的。"什么人"本身就成了个人造就的客体，它被每个个体自动地不断再造。

这些选择可能导致活动的专业化，就像某些人推动分子生物学的前沿研究，而另一些人推动网球运动的发展。某些人可能乐意教导别人，而其他人可能沉迷于观察树木的生长。这种自由显然提出了卡尔在隐居牛津开展研究时所思考的问题（Carr，1961：ch. 3）：劳动（间接的，即科学劳动，在它仍然是必要的意义上，也是直接劳动）碰巧是由于自由选择的结果而进行的吗？我不知道。我们离这一问题太遥远，以至于不能做出推测。

免于劳动和匮乏的自由时间也意味着社会的——杜撰一个惊骇字眼——"去功能化"（defunctionalized）。组织一种活动的特定方式，将不再为再生产其他活动所必需。再用萨特的话说，社会主义社会在没有被制度化的情况下被组织起来。"家庭"不再是一个机构：当（如果）人们同居，他们就组成了家庭。既然当劳动不再必要时家庭的功能不再是给定的，那么性、养育和维持生计就不必与任何先前的模式联系在一起（Mitchell，1966）。性压迫丧失了其社会基础（Marcuse，1962）。

需求不再以"利益"的形式出现，即它们满足的范围不再是人类活动的具体化。它们的动力仅由其内在结构所驱动和限制。当且仅当它对具体化的需求做出反应时，具体化才会出现：我作画或分离出基因，因为我喜欢了解作画或假设的真相。这里没有出现"历史的终结"，这有时是由以下的观点所假定的：当马克思同时假定需求是动态的而匮乏能被消灭时，他是矛盾的。对此我们必须加以辩证的思考：匮乏被消灭是因为满足物质需求的能力无症状地集中到它们的动态轨迹上了。[2]物质需求在社会主义条件下是否会持续增长，我还不清楚。只要需求的满足受到外部约束，我们就难以说明人类的需求是什么。

马克思在说到巴黎公社时强调，工人阶级没有现成的想法去实现了，它只有使自己获得自由（McLellan，1977：545）。这种陈述不应被视为一个反对乌托邦幻想的训令，至少不应视为反对乌托邦式分析的训令。它所断言的是，我们今天不能明确地说出一个社会主义社会究竟是什么样，因为我们不知道人类如果是自由的，他们想要什么以及他们要做什么。然而，社会主义并不是另外一种社会秩序，它是所有社会秩序的终结：这种陈述应被认真对待。因此，作为单数的"社会主义"这个词在措辞上是一个矛盾，因为社会主义意味着自由，进而也意味着多样化。它意味着自由，但不意味着民主、平等、创造力或幸福。社会主义不是使每个人都有"创造力"的一种新的强迫形式。[3]一个自由的个体可能是没有创造性的；"人类潜力的实现"可能表明，如果这种潜力仍然处于休眠状态，它可能更好一些。如果生命的有限性确实构成攻击性和镇压性力量的基础的话，自由可能转变成普遍的痛苦，自由可能导致对人力资源的真正压迫（Brown，1959）。我们对此并不清楚。社会主义不总是太平盛世，也不一定是幸福的保证。它是一种摆脱了异化的社会——如果异化这个词还能被恢复它的本意，而不是被用作一种泛化的悲叹，在这个社会中，客观条件被废除，人们每时每刻都是自由的，没有哪件事是预先给定的，生命不再是生存的工具，物不再是权力的工具，所有价值都是自发的，一个人与自己的关系不再以物为媒介。资本主义的废除是一种必然，不是因为这符合历史的规律，或因为社会主义在任何方面都比资本主义优越，既不是牛顿的缘故，也不是康德的缘故，而只是因为当我们自由时，资本主义阻碍我们成为我们可以成为的模样。

不幸的是，我们在已经到达了一个未知的目的地的时候，还必须回到最初的一步。我们已经发现，资本主义发展了获得解放的条件，但它不能发展获得自由的条件。我们已经发现，自由对社会主义而言是必要而且充分的条件。但是资本主义产生了对构成向社会主义的政治过渡基础的自由的需要了吗？

这不是一个可以在理论上解决的问题。了解这一问题的唯一方法是实践，通过一种政治实践——这里的"政治"一词是在最广义的、希腊式的意义上使用的。理论和实践的统一，在政党中并没有一个独一无二的储备库。对自由的需要是整体性的。社会主义民主不是可以在议会、工厂或家庭中找到的某种事物：它不是资本主义制度的民主化。自由意味着去制度化（de-institutionalization），意味着个人的自主。只是在社会主义运动重新获得以超出第一国际和第二国际教条的几个趋势为特征的整体视野的条件下，只是在这场运动不再实施以工人阶级物质条件的持续改善为条件的社会主义方案的条件下，社会主义或许才变得具有可能性。当社会主义再一次成为一场社会运动，而不仅仅是一场经济运动时，当它从妇女运动中汲取教益时，当它重新吸收文化议题时，社会主义就成为可能了。

实现社会主义的时机并非近在眼前。每个理由都可以预期资本主义将继续为改善物质条件提供机会，并且无论何时何地，当它不能提供这种机会时，它都会得到武力的保护；而实现社会主义的条件却持续衰退。这就是为什么乌托邦梦想不能替代使资本主义更有效和更人道的斗争。贫穷和压迫依然存在，它们不会由于更好的将来的可能性而有所减轻。通过斗争改善资本主义，像以前一样不可或缺。但是，我们不应把这种斗争与对社会主义的追求相混淆。

【注释】

[1] 人们或者出于根深蒂固的习惯，或者出于敌意，把我的观点解释为对列宁主义的支持，就像西里阿尼（Siriani, 1984）所做的那样。我怀疑，得出这种结论的推论必然是，任何一个改良主义的社会主义批评家必然是一个革命者，即列宁主义者。就个人而言，我感到从精神桎梏中解脱出来，这种选择方案在这种桎梏中得到持续。我不仅把自己看作是列宁的追随者，而且把自己看作另一个伟大的俄国社会主义思想家佩西姆（Georgij Konstantinowich Pessim）的追随者。

[2] 微分学只是辩证法在数学中的一种应用，至少恩格斯在《反杜林论》中的某处是这样说的。

[3] 参见马尔库塞（Marcuse）在《爱欲与文明》一书后记中反对弗洛姆（Fromm）的精彩论战（1962：216-251）。

参考文献

Abraham, David. 1982. Review Essay: The S.P.D. from Socialist Ghetto to Post-Godesberg Cul-de-Sac. *Journal of Modern History*. 54: 417–450.

Ajam-Bouvier, Maurice and Gilbert Mury. 1963. *Les Classes Sociales en France*. Paris.

Alford, Robert. 1963. *Party and Society*. Chicago: Rand McNally.

1967. Class Voting in the Anglo-American Political Systems. In S. M. Lipset and Stein Rokkan (eds), *Party Systems and Voter Alignments*. New York: Free Press.

Allardt, Erik. 1964. Patterns of Class Conflict and Working Class Consciousness. In Erik Allardt (ed.), *Cleavages, Ideologies, and Party Systems*. Helsinki: Westermack Society.

and Pertti Pesonen. 1967. Cleavages in Finish Politics. In S. M. Lipset and Stein Rokkan (eds), *Party Systems and Voter Alignments*. New York: Free Press.

and Włodzimierz Wesołowski (eds). 1978. *Social Structure and Change. Finland and Poland in Comparative Perspective*. Warszawa: Polish Scientific Publishers.

Almond, Gabriel and Sidney Verba. 1965. *The Civic Culture*. Boston: Little, Brown.

Althusser, Luis. 1970. *For Marx*. New York: Vintage Books.

1971. Ideology and Ideological State Apparatuses. In *Lenin and Philosophy*. New York: Monthly Review Press.

Anderson, Perry. 1977. The Antinomies of Antonio Gramsci. *New Left Review*. 100:5–78.

Arato, Andrew. 1973. The Second International: A Reexamination. *Telos*. 18: 2–53.

1983. The Democratic Theory of the Polish Opposition: Normative Intentions and Strategic Ambiguities. Unpublished paper.

Arrow, Kenneth J. 1962. The Economic Implications of Learning by Doing. *Review of Economic Studies*. 29: 155–173.

Balibar, Etienne. 1970. Fundamental Concepts of Historical Materialism. In Luis Althusser and Etienne Balibar, *Reading Capital*. New York: Pantheon Books.

Barber, Benjamin. 1970. Review of Ralph Miliband, *State in Capitalist Society*. *American Political Science Review*. 64: 928–929.

Bauer, Otto. 1919. *Der Weg zum Sozialismus*. (Wien). Translated into French by F. Calissy as *La Marche au Socialisme*. Paris: Libraire de l'Humanité.

Beer, Samuel. 1969. *British Politics in the Collectivist Age*. 2nd edn. New York: Vintage Press.

Bergier, J. F. 1973. The Industrial Bourgeoisie and the Rise of the Working Class. In C. M. Cippola (ed.), *The Industrial Revolution*. London: Penguin.

Berglund, Sten and Ulf Lindstrom. 1978. *The Scandinavian Party System(s)*. Lund: Studentlitteratur.

Bergounioux, Alain and Bernard Manin. 1979. *La Social-Démocratie ou le compromis*. Paris: P.U.F.

Bernstein, Eduard. 1961. *Evolutionary Socialism*. New York: Schocken.

Birnbaum, Pierre. 1979. La question des élections dans la pensée socialiste. In Pierre Birnbaum and J. M. Vincent (eds), *Critique de pratique politique*. Paris: Gallileo.

Bobbio, Norberto. 1967. Gramsci e la concezione della società civile. In *Gramsci e la cultura contemporanea*. Roma: Editori Riuniti.

Bologna, Sergio. 1972. Class Composition and the Theory of the Party at the Origin of Workers-Council Movement. *Telos*. 13: 3–28.

Bonomi, Giorgio. 1975. La théorie gramscienne de l'Etat. *Les Temps Modernes*. 343: 976–998.

Borre, Ole. 1977a. Recent Trends in Danish Voting Behavior. In Karl H. Cerny (ed.), *Scandinavia at the Polls. Recent Political Trends in Denmark, Norway, and Sweden*. Washington, D.C.: American Enterprise Institute.

   1977b. Personal communication.

Bottomore, Thomas B. 1966. *Classes in Modern Society*. New York: Vintage Books.

Boulding, Kenneth. 1970. *A Primer on Social Dynamics. History as Dialectics and Development*. New York: Free Press.

Bourdieu, Pierre. 1976. Marriage Strategies as Strategies of Social Reproduction. In Robert Forster and Orest Ranum (eds), *Family and Society*. Baltimore: The Johns Hopkins University Press.

Braga, Giorgio, 1956. *Il Comunismo fra gli Italiani*. Milan: Comunità.

Brandt, Willy, Bruno Kreisky, and Olof Palme. 1976. *La Social-Démocratie et l'avenir*. Paris: Gallimard.

Braud, Philippe. 1973. *Le Comportement électoral en France*. Paris: P.U.F.

Briggs, Asa. 1961. The Welfare State in Historical Perspective. *European Journal of Sociology*. 2: 221–258.

Brody, Andras. 1970. *Proportions, Prices, and Planning: A Mathematical Restatement of the Labor Theory of Value*. Budapest: Akademiai Kiado.

Brown, Norman O. 1959. *Life against Death. The Psychoanalytical Meaning of History*. New York: Vintage Books.

Bull, Edvard. 1955. Industrial Workers and Their Employers in Norway Around 1900. *Scandinavian Economic History Review*. 3: 64–84.

Burawoy, Michael. 1976. The Functions and Reproduction of Migrant Labor: Comparative Material from Southern Africa and the United States. *American Journal of Sociology*. 81: 1050–1087.

Canbareri, Serafino. 1973. Il concetto di egemonia nel pensiero di A. Gramsci. In Instituto Gramsci, *Studi Gramscani*. Roma: Editori Riuniti.

Cardoso, Fernando H. 1973. Althusserianismo o Marxismo? In R. B. Zenteno (ed.), *Las Clases sociales en América Latina*: Mexico. Siglo XXI.

Carillo, Santiago, 1974. *Demain l'Espagne*. Paris: Seuil.

Carr, Edward H. 1961. *The New Society*. London: Oxford University Press.
   1966. *The Bolshevik Revolution*. London. Volume I.
Castels, Manuel. 1975. Immigrant Workers and Class Struggles in Advanced Capitalism: The Western European Experience. *Politics and Society*. 5: 33–66.
Chenery, Hollis. 1952. Overcapacity and the Acceleration Principle. *Econometrica*. 20: 1–28.
Chiaramonte, Gerardo. 1975. Report to the Central Committee of the P.C.I. October 29–30. *The Italian Communist*.
Chodak, Szymon (ed.) 1962. *Systemy Partyjne Współczesnego Kapitalizmu*. Warszawa: Ksiaźka i Wiedza. 1917.
Clark, Maurice J. 1917. Business Acceleration and the Law of Demand: A Technical Factor in Economic Cycles. *Journal of Political Economy*. 25: 217–235.
Claudin, Fernando. 1975. *The Communist Movement from Comintern to Cominform*. Part One. New York: Monthly Review Press.
Cole, G. D. H. 1919. *Guild Socialism*. London.
Colletti, Lucio. 1972. Bernstein and the Marxism of the Second International. In *From Rousseau to Lenin*. New York: Monthly Review Press.
Colton, Joel. 1953. Léon Blum and the French Socialists as a Government Party. *Journal of Politics*. 15: 517–543.
   1969. Politics and Economics in the 1930s: The Balance Sheet of the 'Blum New Deal'. In Charles K. Warner (ed.), *From the Ancien Régime to the Popular Front*. New York: Columbia University Press.
Coser, Lewis. 1959. *The Functions of Social Conflict*. Glencoe: Free Press.
Craig, F. W. S. (ed.). 1969. *British Parliamentary Election Results, 1918–1949*. Glasgow: Political Reference Publications.
Cripps, Sir Stafford. 1933. Democracy or Dictatorship – The Issue for the Labour Party. *Political Quarterly*. 467–481.
Dahrendorf, Ralf. 1959. *Class and Class Conflict in Industrial Society*. Stanford: Stanford University Press.
   1964. Recent Changes in the Class Structure of European Societies. *Daedalus*. 93.
Damgaard, Erik. 1974. Stability and Change in the Danish Party System Over a Half Century. *Scandinavian Political Studies*. 9: 103–125.
Derfler, Leslie. 1973. *Socialism Since Marx: A Century of the European Left*. New York: St. Martin's Press.
Dogan, Mattei. 1967. Political Cleavage and Social Stratification in France and Italy. In S. M. Lipset and Stein Rokkan (eds), *Party Systems and Voter Alignments*. New York: Free Press.
Droz, Jacques. 1966. *Le Socialisme démocratique*. Paris: Armand Colin.
Edel, Matthew. 1979. A Note on Collective Action, Marxism, and the Prisoner's Dilemma. *Journal of Economic Issues*. 13: 751–761.
Edwards, Stewart. *Selected Writings of Pierre-Joseph Proudhon*. Garden City, N. J.: Anchor Books.
Elster, Jon. 1975. Optimism and Pessimism in the Discussion of the Standard of Living

During the Industrial Revolution in Britain. Paper presented at the 14th International Congress of Historical Sciences, San Francisco.

Elvander, Nils. 1979. *Scandinavian Social Democracy: Its Strengths and Weaknesses*. Stockholm: Almquist & Wiksell.

Engels. 1942. *The Origins of the Family, Private Property, and the State*. New York: International Publishers.

1958. *The Condition of the Working Class in England*. New York: Macmillan.

1959. Socialism: Utopian and Scientific. In L. S. Feuer (ed.), *Marx and Engels. Basic Writings on Politics and Philosophy*. Garden City: Doubleday.

1960. Introduction (1895) to Karl Marx's *The Class Struggles in France, 1848 to 1850*. Moscow: Progress Publishers.

No date. *A Contribution to the Critique of the Social Democratic Draft Programme of 1891*. Moscow: Foreign Languages Publishing House.

and Karl Marx. 1935. *Correspondence 1846–1895*. New York: International Publishers.

Ensor, R. C. K. 1908. *Modern Socialism as Set Forth by the Socialists in Their Speeches, Writings, and Programmes*. New York: Charles Scribner's Sons.

Esping-Anderson, Gösta. 1979. Comparative Social Policy and Political Conflict in Advanced Welfare States: Denmark and Sweden. *International Journal of Health Services*. 9: 269–293.

1984. *The Social Democratic Road to Power*. Princeton: Princeton University Press.

Fiechtier, Jean-Jacques. 1965. *Le Socialisme français: de l'affaire Dreyfus à la Grande Guerre*. Genève: Librairie Droz.

Fiori, Giuseppe. 1973. *Antonio Gramsci: Life of a Revolutionary*. New York: Schocken Books.

Frölich, Paul. 1972. *Rosa Luxemburg: Her Life and Work*. New York: Monthly Review Press.

Fromm, Erich. 1961. *Marx's Concept of Man*. New York: Frederick Ungar.

Furet, François. 1963. Pour une définition des classes inférieures à l'époque moderne. *Annales: Economies, Sociétés, Civilisations*. 18

Fusilier, Raymond. 1954. *Le Parti Socialiste Suédois. Son Organisation*. Paris: Les Editions Ouvrières.

Gay, Peter. 1970. *The Dilemma of Democratic Socialism*. New York: Basic Books.

George, François. 1973. Oubliant à Lenin. *Les Temps Modernes*.

Geras, Norma. 1976. *The Legacy of Rosa Luxemburg*. London: New Left Books.

Glyn, Andrew and Bob Sutcliffe. 1972. *British Capitalism, Workers and the Profit Squeeze*. London: Penguin.

Godelier, Maurice. 1972. *Rationality and Irrationality in Economics*. London: New Left Books.

Goldberg, Samuel P. 1973. *Introduction to Difference Equations*. New York: John Wiley & Sons.

Goldthorpe, John and David Lockwood. 1963. Affluence and the British Class Structure. *The Sociological Review*. 11: 133–163.

Gornick, Vivian. 1977. *The Romance of American Communism*. New York: Basic Books.

Gough, Ian. 1972. Marx's Theory of Productive and Unproductive Labour. *New Left Review.* 76: 47–72.

Gramsci, Antonio. 1971. *Prison Notebooks.* Edited by Quintin Hoare and Geoffrey Nowell Smith. New York: International Publishers.

Green, Nathaniel. 1971..Introduction to *European Socialism Since World War I.* Chicago: Quadrangle Books.

Griffuelhes, Victor. 1910. L'infériorité des capitalistes français. *Mouvement Socialiste.* 226: 329–332.

Guerin, Daniel. 1970. *Anarchism. From Theory to Practice.* New York: Monthly Review Press.

Gustafsson, Bo. 1973. A Perennial of Doctrinal History: Keynes and the 'Stockholm School'. *Economy and History.* 17: 114–128.

1978. A New Look at Bernstein: Some Reflections on Reformism and History. *Scandinavian Journal of History.* 3: 275–296.

Habermas, Jurgen. 1975. *Legitimation Crisis.* Boston: Beacon Press.

Harcourt, G. C. 1972. *Some Cambridge Controversies in the Theory of Capital.* Cambridge: Cambridge University Press.

Harrod, R. F. 1970. Dynamic Theory. In Amartya Sen (ed.), *Growth Economics.* London: Penguin.

Harsanyi, John C. 1977. *Rational Behavior and Bargaining Equilibrium in Games and Social Situations.* Cambridge: Cambridge University Press.

Haupt, Georges. 1980. *L'Historien et le mouvement social.* Paris: François Maspero.

Heidar, Knut. 1977. The Norwegian Labour Party: Social Democracy in a Periphery of Europe. In William E. Paterson and Alastair H. Thomas (eds), *Social Democratic Parties in Western Europe.* London: Croom Helm.

Heilbroner, Robert. 1980. Swedish Promise. *New York Review of Books.* December 4: 33–36.

Heller, Agnes. 1974. *The Theory of Need in Marx.* London: Allison & Busby.

Henderson, Arthur. 1918. *The Aims of Labour.* 2nd edn. New York: B. W. Heubsch.

Hentila, Seppo. 1978. The Origins of the *Folkheim* Ideology in Swedish Social Democracy. *Scandinavian Journal of History.* 3: 323–345.

Higgins, Winton and Nixon Apple. 1983. How Limited is Reformism? A Critique of Przeworski and Paritch. *Theory and Society.* 12: 603–630.

Hill, Keith. 1974. Belgium: Political Change in a Segmented Society. In Richard Rose (ed.), *Electoral Behavior: A Comparative Handbook.* New York: Free Press.

Hobsbawm, Eric. 1962. *The Age of Revolution.* New York: New American Library.

1973. *Revolutionaries.* New York: New Amerian Library.

1978. The Forward March of Labour Halted? *Marxism Today.* September: 279–286.

Hodgson, Geoff. 1982. On the Political Economy of Socialist Transition. *New Left Review.* 133: 52–67.

Horkheimer, Max. 1973. The Authoritarian State. *Telos.* 15: 3–24.

Howard, Dick. 1973. Re-reading Luxemburg. *Telos.* 18: 89–107.

Hunt, Richard N. 1970. *German Social Democracy 1918–1933.* Chicago: Quadrangle Books.

Jacobsen, John K. 1980. *Chasing Progress*. Ph.D. Dissertation. University of Chicago.

Jaffré, Jerome. 1980. The French Electorate in March 1978. In Howard R. Penniman (ed.), *The French National Assembly Election of 1978*. Washington, D.C.: American Enterprise Institute.

Jaures, Jean. 1971. *L'Esprit de socialisme*. Paris: Denoel.

Joll, James. 1966. *The Second International, 1889–1914*. New York: Harper & Row.

Kaldor, Nicolas. 1970. Model of Distribution. In Amartya Sen (ed.), *Growth Economics*. London: Penguin.

　1972. Marginal Productivity and Macroeconomic Theories of Distribution. In G. C. Harcourt and N. F. Laing (eds), *Capital and Growth*. London: Penguin.

Kalecki, Michal. 1936. The Lesson of the Blum Experiment. *Economic Journal*. 48: 26–41.

Kautsky, Karl. 1919. *Terrorisme et communisme*. Paris: Ed. Povolozky.

　1925. *La Révolution prolétarienne et son programme*. Bruxelles: L'Eglantine.

　1971. *The Class Struggle*. New York: W. W. Norton.

Kendrick, John. 1981. Sources of Growth in Real Product and Productivity in Eight Countries, 1960–1978. Paper prepared for the Office of Economic Research, The New York Stock Exchange. New York.

Keynes, John Maynard. 1964. *The General Theory of Employment, Interest, and Money*. New York: Harvest Books.

Kolm, Serge-Christophe. 1977. *La Transition socialiste*. Paris: CERF.

Konopnicki, Guy. 1979. *Vive le centenaire du P.C.F.* Paris: Editions Libres.

Korpi, Walter. 1978. *The Working Class in Welfare Capitalism: Work, Unions, and Politics in Sweden*. London: Routledge & Kegan Paul.

　1983. *The Democratic Class Struggle*. London: Routledge & Kegan Paul.

Korsch, Karl. 1975. What Is Socialization? *New German Critique*. 6: 60–82.

Kramer, Gerald. 1971. Short-Term Fluctuations in U.S. Voting Behavior, 1896–1964. *American Political Science Review*. 65: 131–143.

Kuczynski, Jurgen. 1967. *The Rise of the Working Class*. New York: McGraw-Hill.

Kuhn, Thomas. 1970. *The Structure of Scientific Revolutions*. 2nd edn. Chicago: University of Chicago Press.

Lafferty, William A. 1971. *Economic Development and the Response of Labor in Scandinavia*. Oslo: Universitetforlaget.

Lancaster, Kevin. 1973. The Dynamic Inefficiency of Capitalism. *Journal of Political Economy*. 81: 1092–1109.

Landauer, Carl. 1959. *European Socialism*. 2 volumes. Berkeley: University of California Press.

　1961. The Guesdists and the Small Farmer: Early Erosion of French Marxism. *International Review of Social History*. 6: 212–225.

Lange, Oskar. 1964. *On the Economic Theory of Socialism*. Edited by B. E. Lipincott. New York: McGraw-Hill.

Laski, Harold. 1935. *Democracy in Crisis*. Chapel Hill: University of North Carolina Press.

Lasswell, Harold. 1936. *Politics: Who Gets What, When, and How*. New York: McGraw-Hill.

Lenin, V. I. 1949–1952. *Sochineniya*. Moscow. Volume 29.

1964. *What Is To Be Done*. Moscow: Progress Publishers.

Leser, Norbert. 1976. Austro-Marxism: A Reappraisal. *Journal of Contemporary History*. 11: 133–148.

Lewin, Leif. 1975. The Debate on Economic Planning in Sweden. In Steven Koblik (ed.), *Sweden's Development from Poverty to Affluence, 1750–1970*. Minneapolis: University of Minnesota Press.

Bo Jansson, and Dag Sorbom. 1972. *The Swedish Electorate 1887–1968*. Stockholm: Almquist & Wiksell.

Lichtheim, George. 1965. *Marxism*. New York: Praeger.

Lindsay, John. 1925. *Karl Marx's Capital*. London: Oxford University Press.

Lipset, Seymour M. 1960. *Political Man*. Garden City, N. J.: Doubleday.

Luce, R. D. and Howard Raiffa. 1958. *Games and Decisions*. New York: John Wiley.

Luhmann, Niklas. 1975. *Legitimation Durch Verfahren*. 2nd edn. Darmstadt: Luchterhand.

Lukacs, Georg. 1970. *Lenin: A Study of the Unity of his Thought*. Cambridge, Mass.: M.I.T. Press.

1971. *History and Class-Consciousness*. Cambridge, Mass.: M.I.T. Press.

Luxemburg, Rosa. 1967. *The Russian Revolution and Leninism or Marxism?* Ann Arbor: University of Michigan Press.

1970a. *The Mass Strike, the Political Party, and the Trade Unions*. In M. A. Waters (ed.), *Rosa Luxemburg Speaks*. New York: Pathfinder Press.

1970b. *Reform or Revolution*. New York: Pathfinder Press.

Lyman, Richard. 1957. *The First Labour Government. 1924*. London.

1965. The British Labour Party: The Conflict Between Socialist Ideals and Practical Politics Between the Wars. *Journal of British Studies*. 5: 140–152.

Mabille, Xavier and Val R. Lorwin. 1977. The Belgian Socialist Party. In W. E. Paterson and A. H. Thomas (eds), *Social Democratic Parties in Western Europe*. London: Croom Helm.

McDonald, Ian M. and Robert M. Solow. 1981. Wage Bargaining and Employment. *American Economic Review*. 71: 896–908.

MacIver, R. M. 1947. *The Webb of Government*. New York: Macmillan.

McKibbin, Ross. 1974. *Evolution of the Labour Party, 1910–1924*. London: Oxford University Press.

McLellan, David. 1977. *The Thought of Karl Marx*. New York: Harper & Row.

Maddison, Angus. 1964. *Economic Growth in the West*. New York: Norton.

Magri, Lucio. 1970. Problems of the Marxist Theory of the Revolutionary Party. *New Left Review*. 60: 97–128.

Maier, Charles S. 1975. *Recasting Bourgeois Europe*. Princeton: Princeton University Press.

Mandel, Ernest. 1971. *The Formation of the Economic Thought of Karl Marx*. New York: Monthly Review Press.

Marcus, Steven. 1975. *Engels, Manchester, and the Working Class*. New York: Vintage Books.

Marcuse, Herbert. 1962. *Eros and Civilization*. New York: Vintage Books.

Marglin, Steven. 1974. What do Bosses Do? *Review of Radical Political Economy*.

Martin, Andrew. 1975. Is Democratic Control of Capitalist Economies Possible? In Leon Lindberg (ed.), *Stress and Contradiction in Modern Capitalism*. Lexington, Mass.: Lexington Books.

Martin, Penny Gil. 1972. *Party Strategy and Social Change: The Norwegian Labour Party*. Ph.D. Dissertation. Yale University. University Microfilm # 72–31450.

Marx, Karl. 1934. *The Eighteenth Brumaire of Louis Bonaparte*. Moscow: Progress Publishers.

1952a. *The Class Struggles in France, 1848 to 1850*. Moscow: Progress Publishers.

1952b. *Wage Labour and Capital*. Moscow: Progress Publishers.

1967. *Capital*. 3 volumes. New York: International Publishers.

1967. *The Communist Manifesto*. Edited by Harold Laski. New York: Pantheon Books.

1971. *Writings on the Paris Commune*. Edited by Hal Draper. New York: International Publishers.

1973. *Grundrisse*. Edited by Martin Nicolaus. New York: International Publishers.

1974. Inaugural Address of the International Working Men's Association. In David Fernbach (ed.), *The First International and After*. London: Penguin.

No date. *The Poverty of Philosophy*. Moscow: Progress Publishers.

and Frederick Engels. 1962. *On Britain*. 2nd edn. Moscow: Foreign Language Publishing House.

1964. *The German Ideology*. Moscow: Progress Publishers.

1969. *Selected Works in Three Volumes*. (MESW). Moscow: Progress Publishers.

Matin, Le. 1978. *Le Dossier des Législatives 1978*. Numéro Hors Serie.

Menil, George De. 1971. *Bargaining: Monopoly Power vs. Union Power*. Cambridge, Mass.: Harvard University Press.

Mercurio, El. 1970. September 5.

Michelat, Guy et Michel Simon. 1975. Catégories socio-professionnelles en milieu ouvrier et comportement politique. *Revue Française de Science Politique*. 25: 291–316.

Michels, Roberto. 1962. *Political Parties: A Sociological Study of the Oligarchical Tendencies of Modern Democracy*. New York: Collier Books.

Miliband, Ralph. 1970. *The State in Capitalist Society*. New York: Basic Books.

1975. *Parliamentary Socialism: A Study in the Politics of Labour*. 2nd edn. London: Merlin Press.

1977. *Marxism and Politics*. Oxford: Oxford University Press.

Mitchell, Juliet. 1966. Women: The Longest Revolution. *New Left Review*. 40: 11–37.

Mobil Oil Company. 1976. Paid advertisement. *New York Times*, May 6.

Möller, Gustav. 1938. The Unemployment Policy. *Annals of the American Academy of Political and Social Science*. 197: 47–72.

Monde, Le. 1973. *Les Forces Politiques et les Elections de Mars 1973*.

1977. *Le Dossier des Nationalisations*.

Morishima, Michio. 1973. *Marx's Economics*. Cambridge: Cambridge University Press.

Musgrave, Richard A. 1971. Provision for Social Goods in the Market System. *Public Finance*. 26: 304–320.

Nettl, Peter. 1969. *Rosa Luxemburg*. London.

New York Stock Exchange. 1981. *U.S. Economic Performance in a Global Perspective*, New York.

Nicolaus, Martin. 1967. Proletariat and the Middle Class in Marx: Hegelian Choreography and the Capitalist Dialectic. *Studies on the Left*. 7: 22–49.

Nomad, Max. 1966. The Anarchist Tradition. In M. M. Drakovitch (ed.), *The Revolutionary Intellectuals, 1864–1943*. Stanford: Stanford University Press.

Nuti, Domenico M. 1972. 'Vulgar economy' in the theory of income distribution. In E. K. Hunt and Jesse Schwartz (eds), *A Critique of Economic Theory*. London: Penguin.

O'Connor, James. 1973. *The Fiscal Crisis of the State*. New York: St Martin's Press.

  1976. Productive and Unproductive Labor. *Politics and Society*. 5.

O'Donnell, Guillermo. 1976. Modernization and Military Coups: Theory, Comparisons, and the Argentine Case. In A. F. Lowenthal (ed.), *Armies and Politics in Latin America*. New York: Holmes & Meier.

  1977. Apuntes para una teoria del Estado. Buenos Aires: CEDES.

  1978. Notas para el estudio de la burguesia local, con especial referencia a sus vinculaciones con el capital transnacional y el aparato estatal. Buenos Aires: CEDES.

Offe, Claus and Volker Runge. 1975. Theses on the Theory of the State. *New German Critique*. 6: 137–148.

  and Helmuth Wiesenthal. 1980. Two Logics of Collective Action: Theoretical Notes on Social Class and Organizational Forms. In Maurice Zeitlin (ed.), *Political Power and Social Theory*.

Ohlin, Bertil. 1938. Economic Progress in Sweden. *The Annals of the American Academy of Political and Social Science*. 197: 1–7.

Ohlin, Göran. 1977. The Changing Role of Private Enterprise in Sweden. In Karl Cerny (ed.), *Scandinavia at the Polls*. Washington D.C.: American Enterprise Institute.

Paggi, Leonardo. 1977. Gramsci's General Theory of Marxism. *Telos*. 33: 27–70.

Pappi, Franza U. 1973. Parteiensystem und Sozialstruktur in der Bundesrepublik. *Politische Vierteljahresschrift*. 14: 191–213.

  1977. Sozialstruktur, Gesseleschaftliche Wertorientierungen und Wahlabsicht. *Politische Vierteljahresschrift*. 18: 195–230.

Parti Communiste Français. 1971. *Traité marxiste d'économie politique: Le Capitalisme monopoliste d'état*. Paris: Editions Sociales. 2 volumes.

Parti Socialiste Français, Parti Communiste Français. 1972. *Programme Commun du Gouvernement*. Paris.

Pasinetti, Luigi. 1970. Profit and Growth. In Amartya Sen (ed.), *Growth Economics*. London: Penguin.

  1977. *Lectures in the Theory of Production*. New York, Columbia University Press.

Paterson, William E. 1977. The German Social Democratic Party. In W. E. Paterson and A. H. Thomas (eds), *Social Democratic Parties in Western Europe*. London: Croom Helm.

Perlo, Victor. 1976. The New Propaganda on Declining Profit Shares and Inadequate Investment. *Review of Radical Economics*. 8: 53–64.

Pesonen, Pertti. 1968. *An Election in Finland: Party Activities and Voter Reactions.* New Haven: Yale University Press.

Petersson, Olaf and Bo Särlvik. 1975. The 1973 Election. *General Elections 1973*, vol. 3. Stockholm: Central Bureau of Statistics.

Piccone, Paul. 1975. Korsch in Spain. *New German Critique.* 6.

1977. Beyond Lenin and Togliatti: Gramsci's Marxism. *Telos.*

Pirenne, Henri. 1914. The States in the Social History of Capitalism. *The American Historical Review.* 19: 494–515.

Pirker, Theo (ed.). 1965. *Komintern und Faschismus.* Stüttgart: Deutsche Verlags-Anstalt.

Plekhanov, Georgij V. 1965. *Sochynenya.* Vol. XI. Moscow.

Poulantzas, Nicos. 1973. *Political Power and Social Classes.* London: New Left Books.

1974a. *Fascism and Dictatorship.* London: New Left Books.

1974b. *Les Classes sociales dans le capitalisme aujourd'hui.* Paris: Seuil.

Przemiany w strukturze klasy robotniczej w krajach kapitalistycznych. 1963. Warszawa: Ksiazka i Wiedza.

Przeworski, Adam. 1975. Institutionalization of Voting Patterns, or Is Mobilization the Source of Decay? *American Political Science Review.* 69: 49–67.

1976. Sociological Theory and the Study of Population. Paper presented at the Workshop on Population and Development, CLACSO, Oaxtapec, Mexico.

and Michael Wallerstein. 1982. The Structure of Class Conflict in Democratic Capitalist Societies. *American Political Science Review.* 76: 215–38.

Rabier, Jean-Claude. 1978. On the Political Behavior of French Workers. *Acta Sociologica.* 21: 355–370.

Rehn, Gösta. 1952. The problem of Stability: An Analysis and Some Policy Proposals. In Ralph Turvey (ed.), *Wages Policy Under Full Employment.* London: William Hodge.

Robinson, Joan. 1972. Prelude to a Critique of Economic Theory. In E. K. Hunt and Jesse Schwartz (eds), *A Critique of Economic Theory.* London: Penguin.

Roemer, John. 1978. Neoclassicism, Marxism, and Collective Action. *Journal of Economic Issues.* 12: 147–61.

1979. Divide and Conquer: Microfoundations of a Marxian Theory of Wage Discrimination. *Bell Journal of Economics.* 10: 695–705.

1982a. New Directions in the Marxian Theory of Exploitation and Class. *Politics and Society.* 11: 253–87.

1982b. *A General Theory of Exploitation and Class.* Cambridge, Mass.: Harvard University Press.

Rokkan, Stein and Henry Valen. 1982. The Mobilization of the Periphery. In Stein Rokkan (ed.), *Approaches to the Study of Political Participation.* Bergen: Michelsen Institute.

Rose, Richard and Derek Urwin. 1969. Social Cohesion, Political Parties and Strains in Regimes. *Comparative Political Studies.* 2: 7–67.

Rosenberg, Arthur. 1965. *Democracy and Socialism.* Boston: Beacon Press.

Rothschild, Emma. 1982. The Philosophy of Reaganism. *New York Review of Books.* April 15: 19–26.

Salvadori, Massimo. 1979. *Karl Kautsky and the Socialist Revolution, 1880–1938*. London: New Left Books.

Samuelson, Paul A. 1966. The Pure Theory of Public Expenditure. In *The Collected Scientific Papers of Paul A. Samuelson*. Edited by Joseph E. Stieglitz. Cambridge, Mass.: M.I.T. Press.

Santamaria, Ulysses and Alain Manville. 1976. Lenin and the Problem of Transition. *Telos*, 27: 79–97.

Särlvik, Bo. 1960. Swedish National Election Survey. ICPSR # 7366.

　　1964. The Determinants of Voting in Sweden. ICPSR # 7339.

　　1966. Political Stability and Change in the Swedish Electorate. *Scandinavian Political Studies*. 1: 188–222.

　　1967. Party Politics and National Opinion Formation: A Study of Issues in Swedish Politics, 1956–1960. *Scandinavian Political Studies*. 2: 167–202.

　　1974. Sweden: The Social Bases of the Parties in a Developmental Perspective. In Richard Rose (ed.), *Electoral Behavior: A Comparative Handbook*. New York: Free Press.

　　1977. Recent Electoral Trends in Sweden. In Karl Cerny (ed.), *Scandinavia at the Polls*. Washington, D.C.: American Enterprise Institute.

Sartre, Jean-Paul. 1960. *Critique de la raison dialectique*. Paris: Gallimard.

　　1968. *The Communists and the Peace*. New York: George Braziller.

　　1973. Elections, piège à cons. *Les Temps Modernes*. 318: 1099–108.

Scase, Richard. 1977. *Social Democracy in Capitalist Societies*. London: Rowman & Littlefield.

Schelling, Thomas. 1960. *Strategy of Conflict*. Cambridge, Mass.: Harvard University Press.

Schiller, Berndt. 1975. Years of Crisis, 1906–1914. In Steven Koblik (ed.), *Sweden's Development from Poverty to Affluence, 1750–1970*. Minneapolis: University of Minnesota Press.

Schorske, Carl E. 1955. *German Social Democracy 1905–1917: The Development of the Great Schism*. New York: Harper & Row.

Schumpeter, Joseph. 1942. *Capitalism, Socialism, and Democracy*. New York: Harper.

Shonfield, Andrew. 1969. *Modern Capitalism*. Oxford: Oxford University Press.

Skidelski, Robert. 1970. 1929–1931 Revisited. *Bulletin of the Society for the Study of Labour History*. 21: 6–8.

Sombart, Werner. 1909. *Socialism and the Social Movement*. London: J. M. Dent.

　　1976. *Why is there no socialism in the United States?* White Plains, N.Y.: International Arts and Sciences.

Sondages. 1960 and 1973.

Spriano, Paolo. 1967. *Storia del Partito Comunista Italiano. I. Da Bordiga a Gramsci*. Torino: Einaudi.

Stacklelberg, H. von. 1952. *The Theory of the Market Economy*. Translation and introduction by A. T. Peacock. London: William Hodge.

Stephens, John D. 1979. *The Transition from Capitalism to Socialism*. London: Macmillan.

1981. The Changing Swedish Electorate. Class Voting, Contextual Effects, and Voter Volatility. *Comparative Political Studies*. 14: 163–204.

Stigler, George. 1973. General Economic Conditions and National Elections. *American Economic Review*. 33: 160–167.

Sweezy, Paul. 1942. *The Theory of Capitalist Development*. New York: Monthly Review Press.

and Harry Magdoff. 1980. Are Low Savings Ruining the U.S. Economy? *Monthly Review*. 7: 1–17.

Taylor, Michael. 1976. *Anarchy and Cooperation*. London: John Wiley and Sons.

Terray, Emmanuel. 1972. Prolétaire, salarié, travailleur productif. *Contradictions*. 2.

Texier, Jacques. 1968. Gramsci, théoricien des superstructures. *Pensée*. 139: 35–60.

Theil, Henri. 1976. *Econometrics*. New York: John Wiley and Sons.

Thomas, Alastair H. 1977. The Danish Social Democratic Party. In W. E. Paterson and A. H. Thomas (eds), *Social Democratic Parties in Western Europe*. London: Croom Helm.

Thompson, Edward P. 1963. *The Making of the English Working Class*. New York: Vintage Books.

Tilton, Timothy A. 1979. A Swedish Road to Socialism: Ernst Wigforss and the Ideological Foundations of Swedish Social Democracy. *American Political Science Review*. 73: 505–520.

Tingsten, Herbert. 1973. *The Swedish Social Democrats*. Totowa: Bedminster Press, 1973.

Touchard, Jean. 1977. *La Gauche en France depuis 1900*. Paris: Seuil.

Toutain, J-C. 1963. La population de la France de 1700 à 1959. *Cahiers de l'Institut de Science Economique Appliquée*. Série AF.3: 3-247.

Toynbee, Arnold. 1956. *The Industrial Revolution*. Oxford: Oxford University Press.

Urry, John. 1973. Towards a Structural Theory of the Middle Class. *Acta Sociologica*. 16: 175–187.

Uusitalo, Hannu. 1975. *Class Structure and Party Choice: A Scandinavian Comparison*. Helsinki: University of Helsinki Research Reports.

Vaisov, Mifhat. 1971. Sui concetti di laboro produttivo e emproduttivo. *Critica Marxista*. 9: 121–35.

Valen, Henry and Willy Martinussen. 1977. Electoral Trends and Foreign Politics in Norway: The 1973 Storting Election and the EEC Issue. In Karl H. Cerny (ed.), *Scandinavia at the Polls*. Washington, D.C.: American Enterprise Institute.

Vylder, Stefan de. 1976. *Allende's Chile: The Political Economy of the Rise and Fall of the Unidad Popular*. Cambridge: Cambridge University Press.

Waldenberg, Marek. 1967. Poczatki debaty wok rewizjonizmu. *Kultura l'Spól eczenstwo*. 11: 1–54.

Wall, Irwin M. 1970. The Resignation of the First Popular Front Government of Léon Blum, June 1937. *French Historical Studies*. 6: 538–554.

Wallerstein, Michael. 1982. Working-class Solidarity and Rational Behavior. Unpublished manuscript. University of Chicago.

Weill-Raynal, Etienne. 1956. Les obstacles économiques à l'éxperience Blum. *La Revue Socialiste*. 98.

Wiatr, Jerzy J. 1965. *Spoleczenstwo*. Warszawa: PWN.

Wigforss, Ernst. 1924. Industrial Democracy in Sweden. *International Labour Review*. 9: 667–679.

1938. The Financial Policy During Depression and Boom. *Annals of the American Academy of Political and Social Science*. 197: 25–40.

Williams, Gwyn A. 1975. *Proletarian Order: Antonio Gramsci, Factory Councils and the Origins of Communism in Italy, 1911–1921*. London: Pluto Press.

Wolff, Robert Paul. 1980. A Critique and Reinterpretation of Marx's Labor Theory of Value. *Philosophy and Public Affairs*. 10.

Wright, Erik Olin. 1976. Class Boundaries in Advanced Capitalist Societies. *New Left Review*. 98: 3–42.

当代世界学术名著·政治学系列

图书在版编目(CIP)数据

资本主义与社会民主/（美）普热沃尔斯基著；丁韶彬译. —北京：中国人民大学出版社，2012.5
（当代世界学术名著·政治学系列）
ISBN 978-7-300-15797-9

Ⅰ.①资… Ⅱ.①普…②丁… Ⅲ.①资本主义-民主-研究 Ⅵ.①D033.3

中国版本图书馆 CIP 数据核字（2012）第 101066 号

当代世界学术名著·政治学系列
资本主义与社会民主
［美］亚当·普热沃尔斯基（Adam Przeworski） 著
丁韶彬 译
吴 勇 校
Zibenzhuyi yu Shehuiminzhu

出版发行	中国人民大学出版社			
社　　址	北京中关村大街 31 号		**邮政编码**	100080
电　　话	010 - 62511242（总编室）		010 - 62511398（质管部）	
	010 - 82501766（邮购部）		010 - 62514148（门市部）	
	010 - 62515195（发行公司）		010 - 62515275（盗版举报）	
网　　址	http://www.crup.com.cn			
	http://www.ttrnet.com（人大教研网）			
经　　销	新华书店			
印　　刷	北京东君印刷有限公司			
规　　格	155 mm×235 mm　16 开本		**版　　次**	2012 年 6 月第 1 版
印　　张	19.25 插页 2		**印　　次**	2012 年 6 月第 1 次印刷
字　　数	257 000		**定　　价**	58.00 元